济南大学出版基金资助
Publishing Foundation Project of University of Jinan

高利放贷刑事规制研究

GAOLIFANGDAI XINGSHIGUIZHI YANJIU

张德军　战晓彤 ◎ 著

中国政法大学出版社

2024·北京

图书在版编目（CIP）数据

高利放贷刑事规制研究 / 张德军，战晓彤著. --北京 ： 中国政法大学出版社，2024. 6. -- ISBN 978-7-5764-1587-2

Ⅰ. D922.282.4

中国国家版本馆 CIP 数据核字第 2024HX8075 号

出 版 者	中国政法大学出版社
地 　 址	北京市海淀区西土城路 25 号
邮寄地址	北京 100088 信箱 8034 分箱　邮编 100088
网 　 址	http://www.cuplpress.com (网络实名：中国政法大学出版社)
电 　 话	010-58908586(编辑部) 58908334(邮购部)
编辑邮箱	zhengfadch@126.com
承 　 印	固安华明印业有限公司
开 　 本	720mm×960mm　　1/16
印 　 张	13.75
字 　 数	230 千字
版 　 次	2024 年 6 月第 1 版
印 　 次	2024 年 6 月第 1 次印刷
定 　 价	69.00 元

▶目 录

绪　论

　　"高利贷"自古以来就是备受关注的社会问题。近年来高利放贷行为出现新样态。职业化、规模化、网络化、中介化的高利放贷现象日益突出，使得传统的风险防范机制面临着逐步失灵的危机。从刑事视角对高利放贷行为予以系统性考察和规制无疑是应对这一危机局面的一剂良药。目前"校园贷""套路贷""黑网贷""地下钱庄"等打着小额贷款的幌子，通过"砍头息""利滚利"的方式扰乱社会借贷秩序。更甚者以金融创新为名规避金融监管进行制度套利，涉众广泛、环节复杂，增加民间借贷纠纷治理难度。据最高人民检察院公布的数据来看，高利放贷行为的案例每年增加数万起，这为研究高利放贷行为提供了庞大的案例检索资源库。这些层出不穷的"校园贷""套路贷"事件引发了强烈的社会反响，因高利放贷引发的刑事案件也数以万计，但自 1997 年《刑法》[1]实施以来，我国在立法层面始终没有将高利放贷纳入刑事规制范畴。2019 年最高人民法院、最高人民检察院、公安部、司法部联合发布的《非法放贷意见》[2]在司法层面将高利放贷纳入非法经营罪的规制范围，引发学界广泛讨论。2020 年出台的《民法典》阐述了国家对于高利放贷行为的否定性态度。2021 年《刑法修正案（十一）》增设催收非法债务罪，意图遏制暴力催收非法债务引起的犯罪行为。在此背景下，高利放贷的法律定性以及高利放贷刑事规制路径问题值得重视。针对高利放贷刑事规制问题，全方位、多角度分析其刑事规制必要性及合理性，提出刑事规制路径选择的合理建议，具有一定理论和实践意义。

　　随着我国市场经济体制的不断完善，市场主体的经营主动性得到更为充

---

　　〔1〕《刑法》，即《中华人民共和国刑法》。为表述方便，本书中涉及法律文件直接使用简称，省去"中华人民共和国"字样，全书统一，后不赘述。

　　〔2〕《关于办理非法放贷刑事案件若干问题的意见》（下文简称《非法放贷意见》）。

分的展现，国家直接掌控的金融模式已无法充分满足其日益强烈的资金需求，在此情势之下，以高利放贷为主要形式的民间借贷活动日益显现出其强大张力。问题是，高利放贷在满足了市场主体资金需求的同时，其对金融秩序的破坏和冲击也日益凸显并引发了社会各界的广泛关注。我国当前对于高利放贷行为的讨论主要集中在高利放贷行为是否应该选择刑事路径进行规制以及如何进行刑事规制入罪路径选择两方面。在对高利放贷的规制是否应该选择刑事路径的问题上，主要有否定说和肯定说以及折中说。否定说认为高利放贷行为原本就不属于刑法规制的范畴，应当通过非刑事手段进行规制。肯定说赞成将高利放贷行为进行刑事规制。折中说认为应当将部分其所认为的严重危害社会的行为进行刑事规制，而其他社会危害性较小的不予进行刑事规制。在刑事规制入罪路径选择上，主要存在"以非法经营罪进行规制"以及"增设新罪名"两种观点。主张用非法经营罪进行规制的原因是我国存在将高利放贷行为在司法层面用高利放贷进行规制的现象。"增设新罪名"是另一种观点，该观点主要分为对全部高利放贷行为单独增设新罪名以及对部分"经营性"或"职业性"高利放贷行为增设罪名，部分学者对于增设新罪名的方式进行了讨论以及提出该罪名的立法设计建议。邱兴隆认为民间高利放贷行为不应该被泛刑法化，规制衍生犯罪行为存在合理性；傅星杰认为不应当将高利放贷入罪，应当通过非刑罚措施进行规制；王志远认为应当采取"直接规制+间接规制"的刑事规制模式；[1]刘伟提出高利放贷入罪应当注重民刑衔接问题；桑本谦聚焦民间借贷的制度变迁；叶斌、熊秉元基于利率上限调整和高利放贷入罪进行了实证研究，推理出"高利贷"产生的主要原因为民间资金需求无法得到满足，支持在增加合法融资渠道的同时打击职业放贷人；董朝阳认为民间借贷中放贷人的经营"营利性"这一影响因素十分重要；卢春雨认为高利放贷行为不宜认定为非法经营罪，并指出司法实践中高利放贷的危害性；李书社、高蕴嶙通过大量实证分析，将"高利贷"划分为涉黑型高利放贷、涉赌型高利放贷以及财产型高利放贷，并提出将"放贷型"高利放贷以财产犯罪入罪；赖早兴、王家伦认为应当针对"职业放贷行为"增设新罪，将职业放贷行为与"民间自助高利放贷行为"区分对待，并且提出以

〔1〕 王志远：《非法放贷行为刑法规制路径的当代选择及其评判》，载《中国政法大学学报》2021年第1期，第180页。

对于高利放贷的打击可以采用与 LPR 挂钩的动态利率模式；曾佳禾认为应当增设"发放高利放贷罪"，并进行了立法设计。

　　简言之，高利放贷是指大幅超出了央行基准利率而为的借贷行为。其在行为类型上可区分为"非经营性高利放贷"与"经营性高利放贷"两种。前者系以个人名义持自有资金向特定某个人或几个人非经常性发放高利贷的行为，后者则是具有非法发放贷款性质，面向社会不特定公众，经常性发放高利贷的行为。通过网络可溯资料，以高利放贷为对象进行专门研究的甚少，但是研究高利放贷相关行为的文献近年来不断增多。由 1997 年至今，期刊文献总计百余篇，其中与刑法规制直接相关的仅 18 篇。发表的 18 篇尤以近两年开始增多（2020 年 4 篇，2021 年 6 篇），可见其重视程度呈上升趋势。专门系统研究的图书为零。他处对于高利放贷的提及更多散见于金融犯罪研究中的一小篇节，论述篇幅有限且研究关注点不在此处，如：薛瑞麟主编的《金融犯罪研究》、曲新久主编的《金融与金融犯罪》、周道鸾与张军主编的《刑法罪名精释（上）》等。观其专门研究内容，主要见于三方面。一是，刑事立场的规制争议。高利放贷行为是否入罪始终是 21 世纪各学者热议之点（随"入罪意见"出台，该争议有趋少之势），如：《论民间高利贷不应司法犯罪化》（李腾，2017 年）、《论民间高利贷的司法犯罪化的不合理性》（刘伟，2011 年）、《论刑法中高利贷及其刑事可罚性》（周铭川，2018 年）。部分学者认为在罪刑法定原则的视野下应当对高利放贷行为做无罪化处理，高利放贷行为并未违反任何国家规定，也不属于非法经营行为，因此不应以非法经营罪定罪处罚。部分学者认为，高利放贷行为应当以非法经营罪定罪处罚，这样既规制了高利放贷行为，也未违反罪刑法定原则。当然，也有少部分学者认为，有必要通过在刑法中增设高利放贷罪或者发放高利贷罪对之进行处罚。二是，入罪规制范围的探讨。主要是围绕纳入非法经营罪后的妥当性研究，对后续适用问题未做太多篇幅研究，如：《高利放贷的法律规制：刑民双重视角的考察》（陈兴良，2021 年）、《〈关于办理非法放贷刑事案件若干问题的意见〉的理解与适用》（朱和庆、周川、李梦龙，2019 年）。三是，规制模式的选择。对于适用问题进行了一定纵深研究，相继提出了"划类""二元式处理"等构想，关注点多聚焦于对非法经营罪的研判及改善上，如：《民间高利贷刑法规制的困境与路径选择》（陈庆安、罗开卷，2015 年）、《我国高利贷刑法治理的困境与破解路径》（吕垚瑶，2019 年）、《非法放贷行为刑法规制路径的当代选择及其评判》（王志远，2021 年）。总体而言，学界对此研究关注度较弱，高利放贷行为规制研究虽粗胚渐成，但对于其伴生行为、经营性高利放贷、套路贷、涉黑问题等相关的处理仍有较大讨论空间。未来对高利放贷行为的规制应采取以采用疏堵结合的立法理念，即以疏为主，将民商事手段作为疏导高利放贷行为的主要手段；以堵为辅，以行政手段作为堵截超越合理利率上限的高利放贷行为的措施，以刑事手段作为堵截超越合理利率上限的职业高利放贷行为的措施。

目前，就国外而言，无论是英美法系抑或大陆法系都注重对高利放贷行为的研究。各国相继规定了相关罪名，如：《美国法典》第 18 篇第 1014 节为了保护特定的金融机构，规定了虚假贷款与信用申请罪，《德国刑法典》第265 条 b 规定了信贷诈骗罪，《俄罗斯刑法典》规制贷款犯罪的罪名为第 176条的非法取得贷款罪。再作分析可见各国既有大同亦有特色，各国大都将其定义为行为犯，入罪门槛稍高。但美国的贷款犯罪立法偏向于惩治行为人的欺诈行为，德国的贷款犯罪立法则是为了解决司法证明的难题，而俄罗斯贷款犯罪立法则侧重于犯罪人的实施行为本身，主观意图次之。

美国实行的是联邦制，其立法存在独特性即立法分为联邦立法和各州立法。总的来说，美国从联邦和各州两个方面采取民事和刑事手段相结合的方式对高利放贷进行规制。从联邦层面来看，主要是依据《反欺诈腐败组织法案》来规制高利放贷行为。民法上，该法案规定了民间借贷的利率上限；刑法上，双方约定借贷利率不得超过各州法定利率上限的 2 倍，否则放贷主体就成立相关犯罪，须接受刑事处罚。利率上限会通过各种方式影响信贷市场，例如较高的利率上限会增加借款人拖欠贷款的概率、较高上限也可能会导致某个借款人申请更高的贷款等[1]。从各州层面来看，各州有独立的立法权，可以根据本州的实际情况规定法定最高利率的标准，一方面以最高利率标准为参考来实现民事规制，另一方面也对高利放贷犯罪规定了相应的刑事处罚措施。例如佛罗里达州法律规定，如果双方约定的借贷年利率在 25% 至 45%之间，则放贷人的行为就会成立二级轻罪，处以相应的罚款，如果高于 45%则构成三级重罪。

---

[1] Rigbi O, Jin G, Kastl J, et al., "The Effect of Usury Laws: Evidence from the Online Loan Market", *Review of Economics & Statistics*, 4 (2009), 1240.

　　20 世纪 70 年代左右，日本"低消费高积累"的传统消费观念受到美国等国外金融公司的影响，日本民众逐步接受提前消费理念，高利贷在日本不断发展壮大。到 21 世纪初，高利贷问题日渐严重，成为日本最严重的社会问题之一。日本对民间高利贷的规制一直处于不断修改与完善的过程中，1954 年日本政府颁布了《出资法》，在民事领域规定，超过年利息 15% 至 20% 发放贷款的超过部分无效，在刑事领域规定借贷的年利率如果超过 109.5% 就会构成高利放贷罪，国家虽然设置了利息上限，但是，与民法中有效利息上限之间存在着一个滋生高利贷问题的"灰色地带"，放贷人的债权利益得不到法律保护。[1] 1983 年对《出资法》进行了修改，区分个人放贷与职业放贷行为，并且颁布了《贷金业法》。1999 年和 2003 年又进行了两次修改，但仍不足以有效规制日益泛滥的高利放贷行为。2006 年日本对《出资法》修订时将职业放贷的年利率上限下调到 20%，并且增加了加重处罚情节，基本实现了与民事规制的有效衔接，至此，日本对高利贷的规制路径基本定型，监管体系逐步完善。

　　总体而言，贷款犯罪规制为何如此重要，究其原因在于当下金融机构无法完全满足经营主体对资金的需求，借贷乱象冲击金融秩序变得活跃，如何有效规制乱象成为破局关键。尽管 2019 年最高人民法院、最高人民检察院、公安部、司法部发布了《非法放贷意见》，将符合条件的高利放贷行为定性为非法经营罪，但仍存在诸多问题。一是理论争议难以消弭。尤以是否"违反国家规定"为甚，这也使得非法经营罪与违法发放贷款罪出现交叉竞合难题。二是在司法适用中操作性较低，常出现"诉判不一"现象。据统计，全国法院以非法经营罪定罪处理的高利放贷案件屈指可数。因此对于高利放贷行为的刑事研究并提出应对之策的需求日益迫切。

　　我们认为，在目前我国市场经济蓬勃发展的背景下研究高利放贷问题具有特殊意义。学术价值方面，在肯定部分高利放贷行为符合非法经营罪的前提下，进行类别化、层次性研究。通过考察，将高利放贷行为细致化处理，严防非法经营罪落入"口袋罪"之嫌。对于该行为的伴生行为、次生行为进行专题研究；对于与该行为相关的套路贷进行厘清、辩驳；对于拥有发贷权

---

〔1〕　于佳佳：《刑法对高利贷的"打击点"——以日本法为比照的评析》，载《浙江学刊》2020 年第 2 期，第 106~107 页。

限的公司违法高利放贷的行为进行专门规制。澄澈该行为脉络，形成系统严密的理论体系。该研究领域的应用价值不容小觑。具体表现为：其一，为司法实务提供应用指南。廓清高利放贷行为模糊地带，明确进行位阶化处理。通过确定客观构成要件要素、主观构成要件要素、罪量要素三方面来具化规制。研究高利放贷刑法规制，可以弥补我国司法部门适用高利放贷的欠缺，严防刑法教义学下的古板主义，推动刑法理性的运用，使罪责刑相适应。其二，为立法部门提供完善建议。①在刑事立法方面拟设立"高利放贷罪"进行规制以及完善非法经营罪对高利放贷部分行为的规制。对于以营利为目的的职业性向不特定对象发放贷款，扰乱金融市场秩序的，情节严重的可认定为犯罪。②协调刑事、民事、行政立法。放贷行为未达一定罪量条件，通过民事或行政手段调整，个人非法放贷数额累计在 200 万元以上，单位非法放贷数额累计在 1000 万元以上可作为刑事犯罪认定条件。过去以高利放贷行为为对象的研究文献主要探讨该行为的去罪入罪化，极少讨论对于相关行为的细致化解决方案。本书力图解构高利放贷之本，拓清放贷新形式，提出行之有效的层级式方法论，运用刑事手段予以规制，进而为严密法网、整治新式乱象提供助力。

本书的研究对象为高利放贷及其相关行为。究其原因主要有两个：一是现下此行为存在司法认定之难题，未有相对专业完善的指导建议；二是高利放贷出现新形势、新变化、借贷乱象走向相对复杂区间，针对高利放贷的研究应提上议程。

本书所采取的基本思路是：首先，肯定高利放贷入罪化的必要性及合理性（现已正式入罪），可具化为先进理念的指引、以往经验的贯彻、现下危害性的证成；其次，立足我国国情，探究我国在立法、执法上的不足以及发展变化，尤其是对于非法经营罪出现的弊端进行分析；再次，进行类别化、精准化规制，对于经营性高利放贷行为进行确定并提出规制措施，对于非经营性高利放贷行为分析现有不足的范畴作去罪化探讨；最后，引用刑民交叉新视角将高利放贷行为作进一步界分，在确定实质刑民交叉的范围下，提出有关立法、司法的规制策论，以期形成精准化、专业化的理论指导体系。为进一步明晰思路，现将具体研究路径融贯框架之中。

本书的分析论述不仅是理论层面的推演论证，而且是结合近年来高利放贷相关案例对我国法治实践的现实影响进行直接关注与对策性分析。本书立足新经济形势，依托刑事理性主义进行分析，形成仅针对高利放贷行为的专门研究成果。

本书的内容主要包括两个方面：一是现实问题及其成因分析，主要通过研究国内外高利放贷（国外相似罪名）的起源及相关思想变迁史，探究入罪深层次驱动理念及文化支撑，通过可溯史料，肯定国内外高利放贷入罪之沿袭必要性，提出新样态下其社会危害性。二是分析各种高利放贷刑事规则可能性，包括经营性高利放贷行为的刑事规制，非经营性高利放贷行为的刑事规制，高利放贷的伴生与次生行为的刑事规制。本书还涉及对高利放贷行为刑民界限的探究，刑民交叉视角下法律规范的建构及司法适用的厘定等。

本书研究的重点主要是在刑民交叉视角中对高利放贷行为的认定。第一，在刑民交叉视角中，一些高利放贷行为形式上是民事法律关系实质上是刑事法律关系，反之亦然。第二，在刑民交叉案件中，通过形式思维、实质判断结合新形势变化的准确分析，为司法位阶认定提供一套具有可操作性的实践指南。第三，如何精准厘清高利放贷行为的性质，如将哪些部分行为划入直接规制的范畴，哪些行为可作实践中的去罪化处理，如何有效衔接直接规制与间接规制行为的过渡。

本书所期待通过刑事规制使高利放贷在理论上趋于完善并且可以有效适用于司法实务。在理论方面，依据高利放贷行为新形势将其有效类型化，敲定各类型之间的理论界限，并运用交叉视角厘清刑事法律关系和其他法律关系的关联。在实务方面，为司法机关提供类型化案例模型，合理区分其与非法经营罪的界限。本书研究的重点在于对高利放贷行为性质的甄别，精确界分行为样态，剥离以高利放贷为外壳的套路贷现象，进行部分去罪化研究。讨论依法治国进程中高利放贷行为产生的一些新问题、新理念以及如何进行规制。这在一定程度上促进了高利放贷行为规制路径的专业化、细致化进程。

我们试图通过本书的写作实现高利放贷刑事规制在学术观点上的创新。根据我国的现况，分析我国当下刑法学者关于高利放贷刑事规制方面的不同理论；结合现在的经济市场状况，研究并精准区分各种新式高利放贷行为，形成有效策论与专业的理论指导体系。由此我们特别注意在该领域研究方法上的创新。首先，搜集多数案件，分析犯罪手段、司法裁判等，并进行归纳梳理及性质甄别。其次，运用法社会学、金融学的相关理论以及刑民交叉的方法研究高利放贷的动态。最后，借鉴国（境）外对于高利放贷行为的规制方式并结合我国当代的国情与社情进行研究。

毋庸讳言，本书写作过程中也遇到诸多困境。一方面，高利放贷行为的伴生行为、次生行为不易被类型化。实践中伴生行为较多，难被类型化。高利放贷行为所衍生的暴力催收、套路欺诈等行为需要分类治理，运用刑法重点打击社会危害性较强的相关恶性行为，而对于社会危害性较弱的放贷类型，可以借助民事、行政法律予以规制。比如"互助性"高利放贷可以通过民法予以规制；"经营型"高利放贷可以通过行政法予以规制；"暴力型"高利放贷和非法催收以及"欺诈型"高利放贷可以通过刑法规制。另一方面，高利放贷行为具有一定隐蔽性，在相关金融犯罪中难以识别。高利放贷行为在刑法中并未规定，司法实践中常与非法经营罪相混淆，甚至与一些金融诈骗罪存在不易区分的状况。要通过了解不同学者的理论观点，以此为基础进行深入分析，并通过了解我国相关司法实践，从个案中归纳结论。

随着我国市场经济体制的不断发展与完善，法治成为我们这个时代的主旋律。"推进国家治理体系和法治能力现代化必须确保在法治轨道上有序进行，确保符合现代法治精神。"〔1〕我们力图通过本书的研究，为我国刑法的理论研究部门及实践部门（如社科院、综合性大学的法学院、法院、检察院等）提供一些理论参考及制度建议。另外，也可以面向其他行使公权力的相关机关和人员，促进对高利放贷刑事规制的实践活动。

---

〔1〕 李坤轩：《法治政府理论热点与实践进路研究》，人民出版社 2023 年版，第 6 页。

第一章

高利放贷行为概述

一、高利放贷行为界定

"高利贷"，是指索取特别高的利息的贷款[1]。高利贷一词由来已久，在民间素有"地下钱庄""驴打滚"等俗称，对其可以简单理解为高利率贷款，但是高利贷并不是一个法律概念，仍然缺乏一个精确且统一的定义。虽然高利贷一词让人联想到一个贪婪的人有意识地通过各种行为甚至欺诈手段利用另一个人处于弱势地位的处境牟取钱财，但这仍是一个系统性问题，或者说是社会歧视问题。[2]

（一）高利放贷的概念界定

从法律角度来看，现行法律法规并没有对高利放贷作出明确的规定。目前确定高利放贷标准的方式主要有两种：一是量化利率，二是相对确定利率。我国采取的是第一种方式。从本质上讲，高利贷是民间借贷的一种形式。最高人民法院曾经通过司法解释给民间借贷下过定义，即非正规的、没有经过批准的主体之间进行的资金融通行为就是民间借贷行为。不同时期的法律规定不同，高利率的标准在不同时期也有所不同。2020 年 8 月 19 日发布的最高人民法院《关于审理民间借贷案件适用若干法律问题的规定》（下文简称《借贷规定》）中明确将民间借贷利率的司法保护上限规定为一年期贷款市场报价利率（LPR）的 4 倍。

从学术角度来看，对高利贷概念的界定也是百家争鸣。陈兴良教授早在他的文章中对高利贷作出定义，他认为"高利贷是指索取特别高额利息的借

---

〔1〕 中国社会科学院语言研究所词典编辑室编：《现代汉语词典》，商务印书馆 2013 年版，第 431 页。

〔2〕 Neuberger D. ，"Reifner U. Systemic Usury and the European Consumer Credit Directive"，*Vierteljahrshefte zur Wirtschaftsforschung*，1（2020），116.

款"。[1]这仅是从语义上进行定义,并没有明确利率的标准。赵秉志教授认为高利贷是指放贷人将资金借给借贷人使用,以牟取高额利息的行为。学者们的定义通常比较笼统宽泛,并且由于研究领域的不同所侧重的方向也有所不同,相对缺乏全面性。

从高利放贷的特征来看,高利放贷区别于正规的金融借贷和合法的民间借贷行为,存在其特殊性,在发展过程中主要形成了以下几个方面的特征:

(1)利率高,以牟取暴利为目的。高利贷最主要的特征就是其高利率,即远高于正规贷款的利率。在正规的金融机构贷款和合法的民间借贷行为中行为人的主要目的是资金融通,即使规定了较高的利率也主要是出于对借款风险的考虑,并且一般仍在法律限度内或者略微高于法律规定的利率。而高利贷的放贷者主要目的是牟取暴利即营利,通过高利放贷利用自身的资金优势来赚取远远高于法定利率的高额利息。

(2)影响范围广泛。一般的民间借贷大多发生在亲友、同事等熟人之间,对象是特定的,借贷双方之间除了借贷关系之外,还有较强的信用基础为支撑,违约风险一般仅限于自身和亲友。而高利贷放贷对象通常是社会上不特定的群体,与一般的民间借贷相比对借款人的资质审查更为宽松,贷款发放对象条件限制较少。一旦发生资金链断裂等情况,容易牵涉上下游的企业,引发系统性的金融风险。

(3)易引发其他犯罪。一方面放贷者为了进行高利放贷行为,在自身资金不充足的情况下,通常会面向社会公众非法吸收存款或者利用其他违法手段进行集资,这些所谓的准备行为就可能会触犯非法集资罪、非法吸收公众存款罪等罪名。另一方面,由于高利放贷人在放贷之初就未对借款人进行资质审查或审核的标准低,并且过高的利率导致在短时间内就产生了高额的利息,因此大量借款人不能按约定还款,同时高利贷的放贷人一般也不会通过合法途径实现债权,因此为了实现债权,通常会采取暴力或者软暴力的方式催收借款,触发非法拘禁罪、侮辱罪、故意伤害罪、催收非法债务罪等犯罪。

(二)高利放贷的分类和判定标准

在明确了高利贷的概念和特征之后,需要明确高利贷的分类,对高利放贷行为进行区分之后才能更精确地讨论刑法规制问题。

---

[1] 陈兴良:《论发放高利贷罪及其刑事责任》,载《政法学刊》1990年第2期,第18页。

根据 2001 年中国人民银行办公厅作出的《关于以高利贷形式向社会不特定对象出借资金行为法律性质问题的批复》和最高人民法院审判委员会通过的《全国法院民事审判工作会议纪要》（以下简称《九民纪要》），我们可以将高利贷划分为民间个人借贷关系和职业放贷关系，也可以称为非营业性高利贷和营业性高利贷。职业放贷指的是违反国家规定，以营利为目的，超越经营范围或者未经批准，经常性地向不特定对象发放贷款的行为。并且在《九民纪要》中首次明确了"职业放贷人"的概念，一旦被认定为职业放贷人，其行为就应当认定无效。

非营业性高利贷和营业性高利贷的区别主要表现为：

（1）借贷是否以营利为目的。营业性高利贷主要发生在日常生产生活中，一般发生在亲友同事等熟人之间，具有较强的信用基础，这种借贷的主要目的是帮助借款人解决一时的资金需求，并不具有营利目的。而营业性高利贷的放贷人主观上就是以营利为目的来牟取高额非法收入，并且一般具有职业性特征。

（2）针对的对象是否为不特定人。非营业性高利贷一般发生在熟人之间，针对特定对象发放，借贷双方之间除了借贷关系还存在亲属、朋友、同事等其他社会关系。为了规避风险，放贷人对于出借人的经营状况、资金水平等可以通过日常生活进行简单的资质评估。而营业性高利贷是针对不特定的对象发放的，并且放贷人以此为业，形成一种金融业务，涉及的范围、人群更广泛。

（3）发放的频率不同。营业性高利贷与非营业性高利贷相比，发放频率更高。"个贷"的发生存在一定的偶发性，由于个贷一般发生在熟人之间，借贷一般是放贷人以自身的闲散资金帮助借款人度过资金危机，目的是一时的资金周转，因此发生频率相对较低。而职业放贷人以放高利贷为业，放贷的目的是牟取高额利润，因此放贷人必须保证借款发放的频率和借款金额达到一定的高度，即职业放贷具有反复性、经常性。

（4）法律后果不同。"个贷"究其本质仍然是民间借贷行为，虽然其利率高于法律保护的范畴，但是仅仅就超出法定利率的部分认为不受法律保护，其余部分的利息仍然合法有效。而营业性高利贷属于违法发放借款的行为，属于无效的行为，其约定的利息均不受法律保护。并且对于非营业性高利贷主要通过民法和行政手段进行规制，对于营业性高利贷如果存在高利转贷的行为或者衍生犯罪触犯相关的罪名，还应当承担相应的刑事责任。

二、高利放贷行为历史溯源

高利放贷现象就其产生渊源而言，并非新生事物，它经历了数千年的演变，在不同的社会和经济时期以不同的样态呈现，人们对高利放贷行为的态度也有所不同。高利放贷在我国民间被称为"印子钱""大耳窿"等，最初主要是指通过放货币贷或实物贷谋取高利的行为。国外也有相关记载。《布莱克法律词典》将"高利贷"阐释为"非法的高额利息"，《朗文法律词典》将其解释为"过高的或非法的利息或利率"。由此可见，高利放贷在国内外均有深厚的历史背景。对高利放贷现象的起源和变迁进行追溯，能够从源头上深层次把握高利放贷的驱动理念与文化基础，为规范和打击高利放贷行为提供理论和实践支持。

（一）中国高利贷发展思想状况

高利放贷在我国有着数千年的历史，高利贷的剥削性质不断加深着社会矛盾，动摇着历代王朝的政治统治基础。我国古代的高利放贷在长时期内是朝廷经营与民间经营、货币借贷与谷物借贷同时并存的综合体。

在中国，作为信用的一种基本形式，放贷现象产生于原始社会末期，在奴隶社会和封建社会成为较为普遍的金融方式，这种放贷最初为无偿借贷，后来逐步发展为有息甚至高利放贷。在商周时期关于有息借贷就开始零星出现，大多是国家主持或监管借贷工作。史书《周礼》中就有关于国家机关"泉府"贷放货币的记载，"泉府，掌以征布之市，敛市之不售，滞货于民用者，以其贾买之……凡赊者，祭祀无过旬日，丧纪勿过三月；凡民之贷者，与其有司辨而授之，以国服为之息"。[1]其中，"泉"通"钱"，在当时有专门掌管市的税收的职位，主要是收购市上滞销商品以待将来需要时出售，管理百姓对财物的借贷及利息。百姓可以向泉府借贷，对于丧事或者祭祀之类的生活性贷款，只需要按期偿还，并不需要另付利息。若要向泉府借贷用于耕作的生产贷款，则必须附带利息。此时的利息主要是对借款期限过长的补偿，利息也没有给百姓造成过重的负担。此外，《周礼》中还有"听称责以傅别"的记载，要求官员在审理借贷纠纷时要有凭有据。由此可见，借贷在最

---

[1] 参见徐正英、常佩雨译注：《周礼·地官·泉府》，中华书局 2014 年版，第 167 页。

初产生时的出发点是与民更始，休养生息。

　　到了春秋战国时期，放贷取息已经非常普遍。《管子·轻重丁》记载了齐国的四方高利贷，分别为"钟也一钟""中伯伍也""中伯二十也"三个档次的利率，即 100%、50% 和 20%。但在战争来临时齐国的借贷利率仅存有 50% 和 100% 两个档次。《管子·轻重丁》中齐桓公子和管子的对话就印证了这一说法，齐桓公子询问管子曰："峥丘之战，民多称贷负子息，以给上急，度上之求。"管子答曰："凡农者，月不足岁有余者也，而上征暴急无时，则民倍贷以给上之征矣。"〔1〕有学者对此评价认为高利贷早在春秋战国时期就已普遍存在，并随着商业经济的发展和货币交易与支付手段的不断丰富而逐步走向专业化，最终形成一个专门行业。〔2〕在当时，高利放贷被官方称为"子贷金钱"，利率同齐国的四方高利贷。此时的有息借贷已经逐渐异化，背离了借贷对社会经济与百姓生活促进价值的初衷。由于利息过高威胁着社会经济发展秩序与社会的安定和谐，许多政治家与思想家开始提出反对意见。比如儒家学派代表人物孟子在《孟子·滕文公章句上》批评道："为民父母，使民盼盼然，将终岁勤动，不得以养其父母，又称贷而益之。使老稚转乎沟壑，恶在其为民父母也?"〔3〕这一评价体现了当时高利率的有息借贷对社会的日益严重的危害，从此高利放贷行为不断腐蚀着历代王朝的政治统治和经济社会的发展。

　　秦汉时期高利放贷的主要形式被固定为货币。秦始皇一统天下后社会分工逐步扩大，生产力水平的不断提高使得社会财富愈加丰富。随着商品经济的不断繁荣，货币应运而生。封建社会经济的初步发展使得货币在借贷中的作用日渐突出并成为借贷最主要的中介。这一时期高利贷主要盛行于地主、商人和官僚贵族之间。商业经营的繁荣盛况导致商业周转的借贷方与出借货币的富商贵胄之间的相互依赖关系的出现，一时间高利贷在民间盛行起来。东汉时期光武帝朝中任议郎、给事中的桓谭分析了高利放贷的危害并提出了控制措施。其在《陈时政所宜》的上书中指出"百姓流亡，盗贼并起"，高利放贷者"不耕而食，不织而衣"，并提出"夫理国之道，举本业而抑末利，

〔1〕《管子·轻重丁》。
〔2〕姚遂主编：《中国金融史》，高等教育出版社 2007 年版，第 51 页。
〔3〕意为贫民虽终年辛苦劳作，仍然无法养活父母，还要借高利贷才能凑够纳税的钱，最终一家老小抛尸露骨于山沟之中。《孟子·滕文公章句上》。

是以先帝禁人二业，锢商贾不得宦为吏，此所以抑并兼长廉耻也"的基本思想。桓谭认为要抑制高利放贷活动，避免百姓流离失所，防止高利放贷者好逸恶劳，维护统治安定就要限制商人和官吏的合作，避免商人仗势盘剥百姓，还要重视农业的发展。为限制过高的放债利息，朝廷颁布了许多应对政策。《汉书食货志》记载："诸贾人末作贯贷卖买……虽无市籍，各以其物自占，率缗钱二千而算一。"为了抑制高利放贷活动，国家制定了一些限制措施，如通过收取贷款税6%来予以限制。高利放贷者偷逃纳税将会受到惩罚。《汉书·王子侯表》中记载："旁光侯殷，河间献王子，元鼎元年，坐贷子钱不占租，取息过律，会赦，免。"西汉景帝末年，规定放债的最高利息只能到20%。南北朝时期，随着佛教的传入，民众和贵族兴建寺庙，捐赠大量功德款给寺庙的僧众，寺庙和僧众大多经济实力雄厚、拥有大量土地与财富。由此，高利放贷主体的行列又增加了寺院。

唐宋元时期高利放贷行业繁荣兴盛。此时国内市场和对外贸易规模宏大，经济空前繁荣，典当质押这一高利放贷的新形式应运而生。都城长安的西市是中国最早的金融市场，各种借贷机构林立，有提供普通借贷的公廊，有提供抵押借贷的质库，有收受存款或提供保管便利的柜坊和各种商店，当今社会存在的借贷形式，在当时基本都已产生。唐代的抵押放款得到了较大的发展，民间借贷主要有两种形式：信用放款和抵押放款。信用放款就是放贷求利，地主将小额的贷款短期借给农民，利率大多较高。抵押放款主要包括一般抵押和质库，质库多以实物进行出质换取贷款，一般抵押包括人质抵押、动产抵押和不动产抵押等，在当时最常见的抵押场所就是当铺。官方借贷主要是指"公廨本钱"，即官府用公款投入商业或贷放市肆，主要是通过对城市商人和手工业者的放款并从中取利。唐代政府对借贷活动的利率有所限制，《唐令》中规定"积日虽多，不超一倍"，但实际中借贷利率却高达200%至300%。唐朝虽然允许借贷利率上下浮动，但对于复利始终是禁止的。敦煌、吐鲁番等地曾经出土唐朝大批借贷契据的文书，忠实地展现了古代民间借贷的面貌。唐朝的银钱有息借贷的标准契约当数《唐乾封三年张善举钱契》。这一契约的核心部分是"举取银钱贰拾文，月别生利银钱贰文"，意即月利率为10%，即年利率为120%。同时契约中还规定"到月满张即须送利"。事实上每月送利和到期一次性还本付息，其实际收益是有差别的，且这种差率随借贷额高低而相应浮动。我国民间的私人借贷，尤其是在江浙一带，至今仍保留这种按月送利方式，可为古代信用借贷之印证。宋朝更是出现了"库户""钱民"等民间高利借贷的繁荣局面，大都叫作"交子铺""交引铺""钱引铺"。金钱富裕的高利放贷者无须亲自联络借贷者，仅需要通过设立分店将货币借贷出去，不仅扩大了高利放贷的活动范围，获取利息更可达事半功倍之效果。由于信贷行业已经非常发达，宋代甚至出现了贷款代理类业务，即由金主雇佣"行钱"作为代理人共同放债，然后利息五五分成，这就有些类似于现代的网贷平台。该时期还有一种利息特别高、盘剥很重的借贷方式被称为"九出十三归"，指若当期3个月，月息就是10分。也就是说典当10元物品，每个月需要纳息1元，但在当物时，当押店只付出9元，这就是"九出"。客人到期取赎时，要加收3个月的利息3元，合收13元，故称为"十三归"。"九出十三归"因为易记易懂，从此就一直在后世民间广泛流传，逐渐成为高利贷的一个显著标记。宋代官营的放贷机构叫"交子务""会子务"。王安石的"青苗法"也体现了官方借贷的意味，其指出："人之困乏，常在新陈不接之际，兼并之家乘其急以邀倍息，而贷者常苦于不得。"就是在青黄不接时，政府以低息借钱或粮给有需要的农民，等到丰收之后再连本带息归还，以帮助农民度过困难。王安石的"青苗法"就是与预购相结合向农民放款。王安石推行"青苗法"本是好意，但后来由于贪官污吏从中作祟，这一改革逐渐沦为官营高利贷。针对这一现象王安石曾经发表过评论，其在《续资治通鉴长编》中指出："今富者兼并百姓，乃至过于王公，贫者或不免转死沟壑。陛下无乃于人主职事有所阙，何以报天下士民为陛下致死？"对于当时的高利放贷局面，欧阳修在《原弊》一文中也有如下论述："夫此数十家者，素非富而畜积之家也，其春秋神社、婚姻死葬之具，又不幸遇凶荒与公家之事，当其乏时，尝举债于主人，而后偿之，息不两倍则三倍。尽其成也，出种与税而后分之，偿三倍之息，尽其所得或不能足。"这就可以看出当时民间借贷利息之高，对社会的危害之大。元代高利放贷资本非常发达，而且利率极高，一般是"年利倍称"即100%的年利率，而且实行唐朝禁止的"复利"。元朝蒙古贵族出钱委托善于经营的中亚商人经营商业和放贷，谋取高额利息，他们发放的高利贷叫"斡脱钱"。《新元史·食货志》中记载："斡脱官钱者，诸王妃主以钱借人，如期并其子母征之，元初谓之羊羔儿息。时官吏多借西域贾人银以偿所负，息累数倍，至没妻子犹不足偿。"斡脱这群商人，由王公贵族给予本金，并设有一个归还本金利息的期限，在期满之时，连本带息都要还给贵族们。而百姓从斡脱手中借钱，通过这种高利息的借贷行为解决经济困境往往是饮鸩止渴，有的人把老婆赔进去都无济于事。其中的"羊羔儿息"是指一种回利为本，利上加利的利息模式，也就是我们俗称的"利滚利"。《元史·史天泽》传中就记载着这种利息模式的危害可谓"积银一万三千锭，天泽倾家赀"。可见，当时利滚利的高利借贷模式使得民不聊生，对社会生产发展造成严重的破坏，这也是元朝走向没落乃至被推翻的原因之一。[1]

从明朝开始，高利放贷有了缓和的趋势。明朝的高利放贷主要分为三类：一类是抵押动产的典当借贷模式，一类是抵押谷物粮食的实物借贷模式，还有一类是以货币为主的金钱借贷模式。[2]万历时期的《通州志》中记载的"方其谷秀于田，则有催租之胥，放债之客，盼盼然履亩而待之；比其登场，揭囊负担者喧嚣满室矣……"形象描绘了当时民间高利贷的情景。农民丰收在望的时候，官府里的"催租之胥"和高利放贷的"放债之客"就已经做好了准备，等到收割完毕，这些人则"喧嚣满室"。农民一边给官府交税，一边给放债者付息，其最终结局就是入不敷出了。明太祖朱元璋在明律中规定："今后放债，凡私放钱债及典当财物每月取利并不得过三分，年月虽多，不过一本一利；违者笞四十，以余利计赃，重者坐赃论罪，止杖一百。"其中"一本一利"指利率100%。现存史料上记载的贷款利率多半维持在20%至36%之间，当然个别也有超过100%的高利贷现象。明律里同时也规定"如有年月过期，叠算不休"者论罪，算是有记载的首部明确禁止"滚复利"的封建法律。

清代利率政策基本继承明代，月息上限3分，年化即36%，这也是历史前后都经常出现的标准线。在清朝前期高利贷市场基本遵守着市场准则和法律政策，但随着康乾盛世的到来，清朝时期的金融行业泛滥，高利放贷行为有挣脱规制的迹象。乾隆在位的60年间，清朝进入鼎盛时期。社会经济文化较为发达的情况下，商业经济获得初步发展，商贸业较为繁荣，此时的金融行业开始暗潮涌动，江苏的"祥永发"账局，山西"日升昌"票号等钱庄随处可见。清嘉庆年间，陕西有当铺30多处，散布于渭南、临潼、蓝田、咸

---

[1] 参见刘秋根：《元代官营高利贷资本论述》，载《文史哲》1991年第3期，第14~18页。

[2] 参见刘秋根：《明清高利贷资本》，社会科学文献出版社2000年版，第111~121页。

宁、长安数百里之间。最为典型的是和珅所开设的钱庄和典当行，分布在京城和一些主要大城市。根据《查抄和珅家产清单》等历史资料记载，和珅被抄家时，查封的当铺就有 75 座、钱庄有 42 座。除典当外，商人、地主还以其他形式经营高利贷。清代山西商人遍布各地，其中许多人经营高利贷，并多在北方各省活动，专以放贷为业。清代真正进入高利放贷肆虐的时期是鸦片入关后，由于吸食大烟者上瘾，需要大量的银子来支撑，就导致民间的高利贷大量出现。历史总有很多相同之处，当时高利贷经营者十分自信，觉得自己能将银子放出去，自然有本事将其收回来。于是，出现大量暴力催收，逼死人的事件时有发生。根据历史资料统计，清朝晚期因高利贷逼死人的案件达 5000 余件。尽管清朝在《大清律例》中规定了高利放贷入刑，但始终没有堵住汹涌泛滥的高利放贷活动。在中国漫长的封建社会中，放贷行为从最初的善意之举变为牟利手段。尽管高利放贷在短期内能够缓解贫困者的生活困难，能够促进货币在市场上的流转，但其重利盘剥加剧了贫困差距，不断加深社会矛盾，严重阻碍经济和社会发展。社会底层的人们深受高利放贷行为困扰，每个朝代的覆灭都与高利放贷行为脱不开关系。

民国时期，传统高利放贷行为仍普遍存在于中国广大的农村地区。根据国民政府南京中央农业实验所在 1933 年对当时的 21 各省份中的 820 份各县调查可知，农村借贷有 68.7% 来自个人，其中就包括地主、商人、富农等。在我国近代资本主义发展的时期，高利放贷行为并没有转变为规范的商业借贷，而是成为垄断官僚资本。据统计，1938 年到 1946 年官僚统治下的高利放贷分别是 26%、32%、37%、51%、57%、52%、43%、46%。[1]可见，当时官僚资本已经全面垄断了国民政府统治下的农村金融业务。

在新中国成立后，我国的社会阶层发生了巨大变化，在社会主义改造完成以后的近 20 年里，高利放贷在中国社会基本不复存在。改革开放之后，我国对包括高利放贷在内的民间借贷经历了从禁止到限制的演变过程。在我国改革开放初期，随着我国提出的有计划的商品经济体制的构建，日益活跃的商品经济活动对金融需求的剧烈增加，我国最先开放的经济开发地区出现了诸多形式的民间融资形式，民间借贷活动非常活跃。这种包括高利放贷的民间借贷为中小企业的发展提供了资金支持。但是高利贷固有的破坏性作用不

---

〔1〕　严中平等编著：《中国近代经济史统计资料选辑》，科学出版社 1955 年版，第 270 页。

断暴露出来。高利放贷主要通过以低息吸收他人资金后以较高利率的形式放贷，即所谓倒贷；或者利用从国家金融机构套取优惠贷款后高利转贷，以取得高额利息。这些具有非法经营性质的高利转贷行为对市场经济秩序，尤其是金融秩序具有严重的破坏性。进入 20 世纪 90 年代以后，随着我国市场经济体制的不断完善和金融法制的健全，对民间借贷的管制更加严格。例如，1995 年制定的《商业银行法》第 3 条明确规定了只有商业银行才具有经营吸收公众存款和发放贷款业务的合法资质，这是授予以商业银行为代表的金融机构金融垄断权。因此，银行从事借款业务是合法的，而以牟利为目的的民间借贷是不被允许的。1998 年 7 月 13 日国务院颁布的《非法金融机构和非法金融业务活动取缔办法》对非法金融业务活动进行严厉禁止。该办法规定，非法金融业务活动包括民间借贷和企业之间的借贷都在禁止之列。1996 年中国人民银行发布的《贷款通则》第 73 条对企业之间擅自办理借贷或者变相借贷的行为，规定由中国人民银行对出借方按违章收入处 1 倍以上至 5 倍以下罚款。由此推定民间借贷更是被禁止的。进入 21 世纪尤其随着加入世贸组织以来，我国金融面对更加开放的国际环境政策，压力骤增，金融体制改革势在必行，对民间借贷的控制逐渐放松，民间借贷的作用又体现出国家开始允许、鼓励和引导私有资本和民间资本进入金融行业的现象，民间借贷再次活跃，成为众多中小企业融资的主要渠道。中国人民银行的一份调查报告指出，2010 年市场的资金存量就已超过 2.4 万亿元，近年来，民间借贷资金量逐年增长，存量资金增长超过 28%。

（二）国外高利贷发展思想史

如果私有制的产生是潘多拉魔盒的开启，那么高利放贷就是其中释放的罪恶之一。高利放贷行为不仅在我国产生与发展的历史悠久，全世界范围内都普遍存在着高利贷，从古印度到两河流域，从古埃及到古欧洲，均存在对高利放贷的记载。高利放贷不论在何种社会、什么时期对国家和统治都存在相似的危害，都不断加深着社会矛盾，促进财富的极具差异化和社会不平等。国外对待高利放贷行为在利率、手段、政策和影响上虽然类似于中国，但在相关观念和制度方面还是与中国存在差异，不同的国家对高利贷的态度基于不同的文化、宗教信仰和经济水平而有不同。

两河流域的古巴比伦对借贷取息并不反对，但根据其设置利率上限规定来看古巴比伦地区是反对高利放贷行为的。古巴比伦地区经济从诸城邦争霸的停滞阶段渐趋复兴，至第一王朝的第六位国王汉穆拉比统治时期，全部苏美尔地区统归于巴比伦权力之下，使两河流域的农业、手工业和商业出现了空前繁荣的局面。土地和奴隶的买卖以明确的法律契约所确认，刻在雪花岩石柱上的著名《汉穆拉比法典》就详尽地记载了当时奴隶制经济的内容。根据英国作家爱德华滋整理的《汉穆拉比法典》记载，该法典的第 66 条至第 97 条对借款关系作出了明确的规定，虽然其中有些条款存在缺失，但留存下来的第 90 条对借贷的利率作了如下规定："商人贷与（谷或）银，约定有利息者，每'干'之谷应取一百'夸'为利息。贷与白银，约定是利息者每舍客勒之银应取六分之一舍客勒与六格来姆为其利息。"第 91 条规定了超额取息的法律后果，即高利放贷的法律后果："借有利息之债务，无银而有谷偿还之者，依国王之敕令，商人应按每'干'一百'夸'之率收取利息。如商人反对，欲于每'干'一百'夸'外受领银每舍客勒六分之一舍客勒与六格来姆之利息者，丧失其贷与总额之全部。"[1] 其中"舍客勒"是圣经中指金钱的价值的用词。同时，在南部的拉尔萨和北部的吉尔巴特、西巴尔等遗址出土的泥板文书中，也保存了大量买卖、交换、雇佣、租赁、借贷的文据，生动地阐述了公元前 19 世纪至前 16 世纪两河流域的私有土地、私有奴隶的具体状况。这些记录都展现了古巴比伦对高利借贷的禁止态度，但只是在民法上加以限制规定，要求借贷者不能收受限额以外的"舍客勒"，否则借贷的全部本金与利息均不能收回，并没有进一步用公权力去规制高利放贷行为。

在信仰伊斯兰教的国家和地区，穆斯林们的信仰之书——《古兰经》严厉禁止高利贷。《古兰经》第三章第 133 条明确规定："信道的人们啊！你们不要吃重复加倍的利息，你们当敬畏真主，以便你们成功。"[2] 第四章第 160 条规定："因为他们多行不义，常常阻止人们遵循主道，且违禁而取利息，并借诈术而侵蚀别人的钱财，我已为他们中不信道的人而预备痛苦的刑罚。"[3] 在伊斯兰金融制度中，有一个专用词叫"里巴"，是指向他人放贷并从中收取利息，以及在买卖交易中牟取暴利。伊斯兰法明令禁止任何形式的"里巴"和

---

〔1〕［英］爱德华滋：《汉穆拉比法典》，沈大銈译，中国政法大学出版社 2005 年版，第 37~38 页。

〔2〕《古兰经》第三章第 133 条。

〔3〕《古兰经》第四章第 160~161 条。

类似"里巴"的行为，认为借贷必须公平公正，不能过度损害借款方的利益。[1]相比于法律，《古兰经》的规定更能约束穆斯林的行为，他们更多的是希望在死后能够进入"天园"，来生有个好的归宿，因此信仰伊斯兰教的地区相关法律并不健全，多数时候是根据信仰来规范人们的放贷行为。

西方国家出现高利放贷行为起源于古罗马时代。事实上，根据柏拉图和亚里士多德对货币和借贷的研究记载，古希腊时代就已经出现了民间借贷行为。比如亚里士多德说过："高利贷受人憎恨完全理所当然，因为在这里，货币本身成为赢利的源泉，没有用于发明它的时候的用途……因此，在所有的赢利部门中，这个部门是最违反自然的。"[2]法国中世纪社会史学家阿利埃斯·杜比在《私人生活史Ⅰ：古代人的私生活》中描述了古代西方的高利贷状况；"像嫁妆、农田和遗产一样，高利贷被认为是一种获取财富的高尚的方法。"[3]"到了公元3世纪，高利贷的泛滥和经济的衰落导致罗马帝国分裂并走向灭亡。与古代东方不同，中世纪西欧是一个宗教氛围异常浓厚、宗教势力格外强大的社会。以宗教为中心的天主教会在当时对于经济事务的处理无时无刻不渗透着宗教伦理道德。欧洲国家吸取了古罗马时代的高利放贷行为破坏社会经济的教训，认为高利贷剥削穷人，破坏社会经济有悖于人类道德，从而进行了全面禁止。教会认为凡是借贷取息的均属于高利放贷行为，应当从思想上断绝这种罪恶的行径。在中世纪时期的西方，凡是有息借贷都会被教会认定为是高利贷而严令禁止。当时的罗马教皇对高利贷做出了五个明确的界定：①高利贷是指通过借贷而要求高于借贷价值的任何情况；②通过高利贷赚钱是一种罪孽，这是被《旧约》和《新约》都禁止的；③在所有物之外希望接受另外的所有物，是一种罪孽；④通过高利贷获得的东西必须完全归还给真正的主人；⑤要求赊账购买者以更高的价格购买是清清楚楚的高利放贷行为。通过上述的观点来看，当时的理论界和教会不加以区分地将高利贷等同于有偿借贷，认为除了表达感谢的礼物之外，只要是得到报酬的贷款都属于高利放贷行为。这一"高利贷禁令"贯穿整个中世纪并影响着当时整

---

〔1〕 马少彪：《伊斯兰法文化中禁止高利贷与鼓励善贷理念之探析》，载《中国穆斯林》2009年第5期。

〔2〕 [古希腊]亚里士多德：《政治学》，吴寿彭译，商务出版社1965年版，第31~32页。

〔3〕 [法]菲利普·阿利埃斯、乔治·杜比：《私生活史Ⅰ：古代人的私生活》，李群等译，北方文艺出版社2016年版，第128页。

个西欧社会的经济发展，诸多教会学者围绕这一禁令建立起来的教会高利贷学说就是最好的证明。

《旧约》就记载了《圣经》关于高利贷的首条规定："如果你借钱给我的人民，就是与你们在一起的穷人，你对待他们不可像放债的人一样，不可在他们身上取利。"[1]这一规定中的"人民"指的是耶和华之子民，同时还包含"穷困人民"的意味，这在《利未记25：35-37》和《申命记23：19-20》中也有类似规定。和《旧约》禁令同样的《新约》对于高利放贷行为的规定更具有权威性，在其中的一篇《路加福音6：35》中记载着："你们要爱仇敌，善待他们；借出去，不要指望偿还；这样你们的赏赐就大了，你们也必做至高者的儿子，因为神也宽待忘恩的人和恶人。"《新约》对于高利放贷行为的覆盖又多了一项——针对仇敌也不能放高利贷。显然，《新约》给予了放贷者更高的要求。由此看来，《圣经》对高利贷的态度是坚决禁止的，这种禁止不仅体现在禁令的用词上，还体现在禁令对高利贷违反的宗教道德上，更体现在禁令的范围拓展上。为了将这些禁令推广到社会公众心中，教父关于高利贷的教诲活动不断展开。科莫迪亚努斯教父通过以感情充沛、不遗余力讲解高利贷对穷人的危害的方式来宣传高利贷禁令；德尔图良教父通过比较不同的规定，分析利弊的方式推广高利贷禁令；拉克坦提乌斯教父也倡导放贷者要关心穷人，不要将自己的收益建立在穷人的痛苦之上。早期教父的教诲主要围绕着高利贷不可针对穷人和兄弟，对待外族人可以有所区别，高利贷与灵魂拯救之间的矛盾等问题展开。这一观点的主要代表有安布罗斯和奥古斯丁。安布罗斯在他的《论善终》中指出："假如有任何人放高利贷，那么他就是在进行抢劫，从此不得永生。"这体现了安布罗斯对高利贷的痛恨。与安布罗斯不同的是奥古斯丁提出了一个新问题——教士放高利贷。奥古斯丁认为："上帝特别禁止教士放高利贷，因为倘若教士放高利贷，普通信徒们就会效尤，就会有放贷取息的借口，而这是绝对不允许的。"

进入20世纪以后，教会高利贷禁令用语逐渐专业化、表述日渐明晰化。在格拉提安的《格拉提安法令集》中就开始用具有专业色彩的术语来解释高利贷，虽不比今日同类言说之科学化，却也让人察觉其含义之清晰："高利贷就是贷者向借者索取的任何超出放贷本金的东西。"其中"放贷本金"就是格

---

[1] 《圣经繁体中文和合本》。

拉提安原创的名词。在格拉提安之后，罗马教皇乌尔班三世也给出了自己的界定：一切被拿来与放贷之物相交换的、超出放贷之物本身价值的东西。与乌尔班三世同为教皇的格里高利九世也对高利贷做出了解释：高利放贷者就是那些在贷款本金之外从债务人（或借款人）那里获取额外收益的人，尽管他们要为此承担风险。在理论界和教会对高利贷的一番界定中，构成高利贷的要素得到了空前的展现：贷者（债权人）、借者（债务人）、借贷行为、放贷本金、额外收益等。和已有的界定类似，教会法学家帕维亚的伯纳德精练地提出高利贷就是从放贷中获取利润。另一位教会法学家科勒莫纳的希卡尔杜斯基于罗马法提出高利贷属于借贷，人们获取金钱这一流动性财产这一观点。与教会法学家们的出发点不同，中世纪罗马天主教早期神学家代表欧赛尔的威廉更关注人们的高利贷意愿，他指出，高利贷就是一种试图通过放贷获取放贷本金的收益的意愿。而同为神学家的圣阿尔伯特从自然法角度看待高利贷，认为高利贷就是钱生钱，这是违背自然的。作为中世纪经院神学家的杰出代表和兼涉基督教与非基督教智识传统的集大成者，圣托马斯·阿奎那对已有界定进行了深化——以分析"可消费｜消耗品"与"不可消费｜消耗品"的区别为切入点。阿奎那通过深度剖析最终得出了高利贷中的金钱和实物作为"可消费｜消耗品"使用权和所有权是不可分离的，借贷应该是所贷与所还在数量或价值上相等的借贷，因此向人索取利息无异于要人购买一件"并不存在的东西"，这显然是不合理合法的。在圣托马斯·阿奎那基于哲学修为和智识传统做出的深层辨析后，作为阿奎那的信徒、多米尼克修会的修士和神学家，勒希内斯所作的阐述常常颇具阿奎那之风。

　　从早期教父时代以来的教会和理论学者们对高利贷的态度和界定的历史性分析可以得知，这些学者们眼中的"高利贷"和今天所称的"高利贷"有明显区别。中世纪西方对高利贷的看法远远超出了经济层面，更多的是浓厚的宗教伦理道德意味。讽刺的是，尽管学者们对"高利贷"行为大加批判，但在世俗社会中借贷取息行为仍在暗流涌动，而主要从事高利贷活动的是为罗马教会管理税费的意大利人。这些人在13世纪逐渐成为银行家，主要为商业提供金融服务并不断扩大高利贷活动范围，将高利贷的罪恶之手伸向欧洲各国的王公贵族、政府、主教、商人和普通民众。到了14、15世纪，西方商业活动不断发展，中世纪的经济政策已不再适用。在詹姆斯·W.汤普逊编著的《中世纪晚期欧洲经济社会史》中提到，教会经过与世俗政权长期斗争后，证明它无力统治世界。人性再也不能容忍经济学家们的笼统概念和抽象要求。个人的活力势不可挡，而政府则支持为教会所不齿的商业活动。当时社会上人们用汇票、出售土地并收租的方式进行有息借贷的活动逐渐普遍，最终有息借贷行为被社会普遍接受。随着资产阶级革命的胜利，对高利贷的解读不再仅从教义、道德角度剖析，而是能够从经济学角度分析，比如法国经济学家杜阁就从经济层面论证了借贷取息的合理性："放贷取息与投入农工商业一样，是资本运用的一种方式；价格即利率的高低是供求关系决定的。"法国经济学家萨伊认为："利息就是资本收入，它由资本的租金与补偿资本家所冒全部地或局部地失去资本风险的保险费组成；资本收入的决定是一个自然的过程，利息率应根据具体情况自由而定。"奥地利经济学家也认为："利息起源于现在物品和未来物品的价值'时差'，其本质并不腐败。"随着新教改革和英国工商业的迅猛发展，16世纪后期的工厂主、船主和商人占据着社会上的大部分财富，重商主义思想不断蔓延，及至17世纪资产阶级成员数量相当可观，在英国各阶层群体中依仗其经济实力与天主教和清教徒们相抗衡。1624年托马斯·卡莱尔呈送给英国国会高级法院一封文件，上面写着："让那些神学家们去看所谓高利贷违法的证据吧。这也许应该是处理有关类似问题的最佳方案吧，这些一直都没停下来的争辩开始严重伤害了英国君主的现实利益。"不久后，国会通过了高利贷法律，允许了那些高于合理利息低于过高利息的高利放贷行为。一直到18世纪60年代，封建政教政权对高利贷的限制进一步放宽，商业高利贷的产生不断推动资本主义的发展，高利放贷行为在思想上得到了彻底改变。此后，资本主义进入自由资本主义阶段，在古典经济学理论的基础上，高利贷资本发展的法律限制逐步被完全解除。20世纪时期，由于经济危机的循环爆发，古典经济理论遭到质疑，凯恩斯主义经济学被资本主义国家认同，高利贷又被采取各种不同方法加以限制。

　　不论是古代东方还是古代西方，高利贷总是伴随着私有制和贫富分化而产生。高利贷在人类社会的存在已有千年历史，在中国传统观念下，高利贷总是与不幸的悲惨结局相连接。在国外文学作品中，高利贷也是被丑化和攻讦的对象。从历朝历代各国思想发展史来看，高利放贷是完全不能被接受的。尽管市场经济发展至今，追逐经济利益已经除去遮羞布成为正当行为，但超额回报率的高利放贷行为一直为人诟病，被称为扰乱金融市场和经济秩序的根源。

三、高利放贷规制之沿革

据前文所述，中国历史源远流长，高利贷现象古已有之。在古代，民间借贷行为十分活跃，高利贷现象广泛存在。受社会发展程度、经济文化水平等各类因素限制，高利贷在彼时无疑加重了贫苦百姓的负担，因此古代官民对于高利贷多持否定态度，对于高利贷在不同时期都有不同程度的规制。[1]自西周起，高利贷便与"礼"冲突，至汉代时已被设刑禁。[2]明清时期的压制表现尤为明显，其在继承唐宋时期禁止复利和取息不过本钱的基础上，又进一步降低法定最高利率和增加更为严厉的处罚。无论是从官令法令还是民间惯例来讲，打压高利放贷在中国已有几千年的历史，这样的历史渊源奠定了当代我国公众对于高利贷负面评价居多的伦理规范和文化基础。无论我国还是西方各时期的高利放贷对社会经济和秩序的荼毒不断反复。我国历代的君主和国外的统治者都认识到高利放贷对整个社会的危害，都为此采取了包括金融财政手段、行政手段、道德和法律制裁手段等针对高利放贷行为的综合管理措施。

另一方面，宗教在欧洲历史上扮演了至关重要的角色，古罗马并不禁止高利贷，不过在基督教兴起之后，高利贷成为基督徒必须遵守的禁令。与欧洲中世纪不一样的是，中国历史上基本没有过将高利贷视为非法，但是在重农抑商的政策基调下，高利贷的过度扩张，往往会加剧土地兼并，影响政治稳定——受高利贷迫害的贫下中农，被迫将土地交出去，在削弱中央政府财权的同时，还制造出大量流民，因此打击高利放贷在古代中国成为一种政治传统。

（一）国内规制措施

1. 金融财政措施

为了限制高利放贷活动，统治者先从经济运行方面进行干预，通过采取开办官营信贷机构、设立平价借贷基金、对超额利息借贷者进行课税等方式抑制高利放贷行为的畸形发展，既能够较大程度地利用贷款带来的资金流通效益，也能够剔除贷款引发的不利后果。早在西周时期，官府就设立了泉府

---

〔1〕 赖早兴、王家伦：《刑法对高利贷的规范路径：演进与展望》，载《烟台大学学报（哲学社会科学版）》2022年第4期，第19页。

〔2〕 桑本谦：《民间借贷的风险控制 一个制度变迁的视角》，载《中外法学》2021年第6期，第64页。

作为官方信用借贷机构，前文也提到过古代文献中关于泉府的记载，其主要作用就是向农民借贷生活生产资金。对于偿还较快的生活借贷基本不收取利息，对于季节性的生产借贷，由于偿还期间较长会收取部分低息。根据这一规定就可以看出该时期的人们对于货币的时间价值给予了肯定，即认为货币若不出借便会产生其他孳息价值，若出借给他人便丧失了利用货币获取更多利益的机会，因此这个机会的丧失便计算到借贷人身上，通过收取利息加以弥补，这与早期西方认为货币只有流通的价值，不能成为赢利源泉的观点相左。周朝这一制度开通了百姓的官方借贷渠道，避免民间借贷独大，遏制了高利放贷对社会统治基础的不良影响。这一措施的产生对后世产生了深远的历史影响，为后世的统治者所效仿。秦汉时期设置的机构基本沿袭了这一规定。例如西汉末年，王莽变法，为了抑制高利放贷，政府推出"五均赊贷"。赊是借钱给城市居民作非生产性的消费，如祭祀丧葬的用费，不收利息，短期即还；贷是借钱给小工商业者作资金，期限较长，按借款者的纯利润额收取年利十分之一（月息3%，即年利36%）。据《管子·山国轨》记载，秦朝还提出设立"环乘之币"或"公币"，[1]即国家设立一种平准基金，集中调节粮食的囤积和粮食价格的升降，将国家预购粮食、发放贷款与抑制兼并和打击高利放贷行为相结合，维持国家境内的货币与粮食稳定。这一举多得的设想也为后世许多朝代借鉴采用。汉代时期在此基础上又增加了课税，即以高利贷为对象的税收，要求高利放贷者主动申报纳税，避免高利放贷者自行设立高额利息加剧百姓负担。前文中提到的《汉书·食货志》和《汉书·王子侯表》都提到了高利放贷者课税率大概在6%，若逃避纳税，高利放贷者就会受到惩罚[2]。到了唐代，出现了兼营公廨钱的官署，即政府发放信贷用以"出举回利"的机构。宋代出现了抵当所、抵当库和检校库，检校库是宋朝政府为了管理户绝没官财产和官员的孤幼来应获之父母遗产，且用这些财产来抚养遗孤（主要是官员的遗孤）而设立的政府职能机构，隶属开封府。《宋史》中就记载太府寺"所隶官司二十有五"。抵当所便是其一，其职责便是"掌以官钱听民质取而济其缓急"[3]。清代则出现了官当、官钱铺等机构，

---

〔1〕《管子·山国轨》。
〔2〕《汉书·王子侯表》《汉书·食货志》。
〔3〕《宋史》。

其主要业务是兑换银钱，并借官钱铺平抑钱价。尽管这些官方信用机构存在滥用职权层层剥削百姓的弊端，但也在一定程度上起到了遏制高利放贷、济百姓于缓急的作用。

2. 行政规制

古代统治者为了缓和高利放贷行为带来的社会矛盾，维护自身的统治秩序，对逐渐展露弊端的高利放贷行为采取了行政手段，即通过皇权下令颁布免除债务、国家代偿利息或其他命令的方式限制高利放贷行为的蔓延。例如在汉成帝永始三年（公元前 14 年），时任丞相的翟方进和御史大夫孔光体察地方民情，发现富民"多畜田出货（贷），与县官并税以成家致富，开兼并之路"。遂上奏成帝，请求汉文帝下令"除贷钱他物律"即由官府向出贷者付还利息，成帝予以下令执行；[1] 元朝时，由于高利贷使百姓不堪重负，元太宗下令由国家替民众偿还一部分高利贷债务；北魏时甚至出现了直接免除全部高利贷债务的做法，据《魏书·释老志》记载，北魏宣武帝元恪永平四年诏令："若收利过本，及翻改初券，依律免之，勿复征责。"[2] 此后，后世朝代都沿用了行政赦免高利贷的做法。

3. 刑事规制

上文所述统治者所采各种治理措施并没有长久地遏制高利放贷行为，短暂的安定往往会产生更为严重的回蚀，因此我国古代还通过规定利率上限和相关的法律惩罚措施来限制高利放贷行为。

早在西汉时期就有法律对借贷利率作出了规定，比如上文提到的《汉书·王子侯表》就记载了旁光侯殷因为过高谷息被免，这就体现了当时已经对高利放贷行为有了相关律令进行规范，但相关律令现已无从考证。有明文可考的当推唐代的法律，唐代有关律令明文规定了借贷的利息上限，主要从利率和利息总额两个方面对借贷利息进行限制。例如，《杂令》规定，出举债务利息"每月取利不得超过六分，积日虽多，不得过一倍""不得回利为本"。质言之，借贷年利率上限为 72%，利息总额不得超过 100%。随着社会经济的进一步发展，这一借贷利息限度仍过高，高利放贷者的牟利空间依然很大。因此唐代中后期进一步降低了利率上限。唐玄宗开元十六年（728 年）下诏：

---

[1] 涂世虹主编：《中国法制通史》（第 2 卷），法律出版社 1999 年版，第 468 页。

[2] 《魏书·释老志》。

"比来公私举放，取利颇深，有损贫下，事须厘革，自今已后，天下私举质宜四分收利，官本五分收利。"据《宋刑统·杂律·受寄财物辄费用门》记载，唐文宗开成二年（837年）敕规定私人出举"不得五分以上生利"。由此可见，唐代中后期的借贷年利率被控制在50%以下。[1]对超出利率上限的私人借贷行为，唐代律令还明确规定了刑罚措施，如《唐律疏议》明确规定："公私债负，违契不偿，应牵掣者，皆告官司听断。若不告官司而强牵掣财物，若奴婢、畜产过本契者，坐赃论。"此谓如果制定契约的人在契约到期以后不能还清债务，就可以请求政府派人强制执行契约上的内容，如果借钱的人无钱去偿还债务，则可用他的任何财产抵债，奴隶、牲畜、房产等都在此限。这一规定不但保护了借款人的利益，也保护了债务人的利益，更体现了国家政府干预的实质。《唐律疏议》对高利放贷者的约束不仅没有止步于此，还针对超出的钱目做了不同的规定："负债者，谓非出举之物，依令合理者，或欠负公私财物，乃违约乖期，不偿者一匹以上违二十日，笞二十，二十日加一等，罪止杖六十。三十匹加二等，谓负三十匹物，违二十日笞四十，百日不偿，合杖八十……"这条法令中明显的规定了要根据不同的钱款额度，不同的违约天数，采取不同的处罚方式。每种处罚方式都有一个上限，如果债务人不按时偿还债务，不但会被政府强制执行，还会遭受人身惩罚。逾期不能偿还债务者，在承担鞭笞之刑的同时，还会被处以监禁处罚。此外，唐代对涉嫌高利放贷之诉的诉讼时效也有规定，一般规定为30年。即谓此宗违约案件发生于30年以前，而且只有一个契约书没有其他证据，该项纠纷就不再受理。[2]前述提到的唐文宗开成二年颁布的敕令不仅明确规定了私人借贷的利率上限，也规定了相关的惩罚制度："其利止于一倍，不得虚立倍契，及计会未足，抑令翻契，回利为本。如有违越，一任取钱人经府县陈论，追堪得实，其放钱人请决脊杖二十，枷项令众一月。"唐代之政府虽然对高利放贷现象依法行使其职权，但主要是以一种市场监督者的身份参与协调和监督借贷双方的行为，政府行为更多表现为规范和震慑作用，以规范借贷主体的身份和借贷利息的数目。如果借贷双方没有按照契约中规定的内容去执行，政府方可出面进行解决纠纷，甚至动用刑罚措施惩罚高利放贷者，让民众的合法权益

---

〔1〕《宋刑统》卷二十六《杂律·受寄财物辄费用门》引唐《杂令》。

〔2〕《唐律疏议》。

得以保障。宋代基本延续了唐代对于高利放贷的法律制度。《宋刑统·第二十六条杂律引杂令》规定:"诸公私以财物以出举起者,任依私契,官不为理,每月取利不得过六分;积日虽多,不得过一倍;家资尽者,役身折酬役,通取户内男口又不得迴利为本。"《宋刑统》中各种问答疏议大多引用唐代皇帝的敕令,对高利放贷行为的惩罚便是引用前文提到的唐文宗开成二年颁布的敕令。宋代继续沿用唐代法律制度的做法对稳定市场金融秩序和经济发展,为后世提供了更为合理的制度经验。元代对高利借贷行为采取了更为严苛的规定,利率上限作为基础规定,在元世祖即位之初就下诏旨规定:"民间私借钱债,止还一本一利。其间虽有续倒文契,当官毁抹,并不准使。若先有已定数目,前后通同照算,止还一本一利。"至元三年(1266年)圣旨:"债负止还一本一利;虽有倒换文契,并不准使。"后又颁布:"今后若取借钱债,每两出利不过叁分。"元代不仅对借贷的利率规定较为严厉,对违反者更是通过刑律进行定罪处罚。元政府议定曰:"若有似此违犯之人,许诸人陈告,取问是实,即将多取利息,追还借钱之人,本利没官,更将犯人严行断罪。"[1]明代在此基础上对违禁取利的高利放贷者明确规定了罪名及刑事责任。《大明律·钱债》第一条规定:"凡私放钱债及典当财物,每月取利,并不得超过三分。年月虽多,不过一本一利。违者,笞四十。以余利计赃重者,坐赃论。罪止杖一百。若监临官吏,于所部内举放钱债、典当财物者,杖八十;违禁取利,以余利计赃重者,依不枉法论。并追余利给主。"[2]清朝时期借鉴前朝经验,在明代的基础上进一步对高利放贷行为进行规制。顺治年间,朝廷谕令天下:"今后一切债务,每银一两止许月息三分,不得多索及息上增息。"《大清律例》除了采纳《大明律》的相关惩罚规定外,还另附加了两条规定:"如借银一两,按每月三分取利,积至三十三个月以外,则利钱已满一两,与本相等,是谓一本一利,虽年月之多,不得复照三分利算,即五年十年,亦止一本一息,此债当取利之限制也。"[3]即清朝政府将年利率进一步限缩至36%,利息总额不能超过本金100%。及至近代,国民政府也颁布了诸多条令规制高利放贷行为。1927年7月19日,国民政府发布训令,要求于8月1日

---

〔1〕 韩玉林主编:《中国法制通史》(第6卷),法律出版社1999年版,第594~595页。
〔2〕《大明律》卷九《户律·钱债·违禁取利》。
〔3〕《大清律例》卷十四《户律·钱债·违禁取利》。

起一律实行现颁布的利率——年利率不得超过 20%，不能将利作本滚算。此后这项规定具体体现在国民政府颁布的于 1930 年 5 月 5 日施行的《民法债编》第 205 条至第 207 条中。1935 年又进一步在《刑法典》中规定了重利罪，将高利放贷行为纳入刑法规制范围。与此同时，在 1927 年，中国共产党建立了地方政权，中央苏区在扩大和巩固的同时主张废除高利放贷和债务等传统债权。这一主张后来逐渐演变为金融政策。中共中央在 1942 年下达的《关于抗日根据地土地政策的决定》及执行指示中指出："抗战后的息额，应以当地社会经济关系，听任民间自行处理，政府不应规定过低利息额，致使借贷停滞，不利民生。"[1]

总体而言，尽管中国古代社会对高利息作出了不同界定，但总体精神都是有条件性地予以限制，并综合采用了行政手段、经济手段和法律手段甚至刑罚措施进行规制。封建社会后期将高利放贷行为纳入刑罚惩治范围的趋势日渐明朗。从实际效果来看，这些措施的确对高利放贷行为起到了一定的限制作用。但是由于封建时代法律不够完善，加之中央集权羸弱，皇权缺乏足够的执行力，另外由于民间不断涌现的规避策略，高利放贷活动历经千年仍不能禁绝，这就充分体现了高利放贷现象的存在和发展具有极其复杂的社会制约因素。纵观中国古代和近代对高利放贷行为的治理措施的经验教训，国家干预利率上限并结合行政法和民法进行前期预防，利用刑法进行事后惩罚可能是规制高利放贷行为较为有效的综合管控途径。

新中国成立后，高利放贷问题一直备受关注，一度被置于高度谴责批判的舆论场。建国初期，为谋求经济发展和缓解公民经济压力，政府给予了公民相对自由和宽松的民间借贷环境，催生了高利放贷行为快速扩张。直至 20 世纪 60 年代初，有关政府部门才明确采取措施压制高利放贷发展势头，高利放贷的刑法规制也可以追溯到这段时期。在刑事规制层面，1963 年国务院发布《暂行规定》，其中将高利放贷行为认定为投机倒把。1979 年《刑法》实施之前，该规定起到了类似刑法的规制作用。但 1979 年《刑法》仅仅规定了投机倒把罪，并没有对投机倒把进一步作出明确界定，因此对于高利放贷行为的刑事规制并未取得任何效果，基本仍然延续了上述 1963 年规定对高利放

---

[1] 中央档案馆编：《中共中央文件选集（1943-1944）》，中共中央党校出版社 1980 年版，第 45 页。

贷行为予以打击。

20世纪80年代，随着改革开放的深入，我国经济快速发展，民间经济融资需求不断增加，对于高利放贷的管制政策力度也相对减弱。1985年最高人民法院、最高人民检察院发布《关于当前办理经济犯罪案件中具体应用法律的若干问题的解答（试行）》中放弃了将高利放贷行为认定为投机倒把罪的入罪形式。至此高利放贷行为又重新偏离刑法规制的轨道，但依然保留了入罪空间。1997年《刑法》将投机倒把罪进行分解，增设高利转贷罪和非法经营罪。问题在于高利转贷罪并没有规制高利放贷行为本身，仅仅规制套取金融机构信贷资金再高利转贷给他人的行为，所以并没有解决根本问题。

进入21世纪之后，国家先后在民事和行政领域发布了有关高利放贷界定和标准的规范和文件，但始终没有在刑事领域对高利放贷行为进行规定。2003年涂某江非法经营案件审判是司法领域对高利放贷行为刑法规制的标志性案件，自此开始以非法经营罪对高利放贷行为进行定罪处罚的案件不断涌出，高利放贷也开始进入刑事规制的舞台。但对高利放贷的刑事规制仍然缺乏明确的法律条文。以非法经营罪来规制高利放贷行为持续到2012年"何某光、张某泉案"，该案件在经历两审和最高人民法院批复后最终未将行为人认定为非法经营罪，随后司法实践中对于高利放贷行为适用"非法经营罪"进行规制的态度变得谨慎。此后直至2019年《非法放贷意见》出台之前，随着扫黑除恶工作的深入，官方多次发布了关于高利放贷行为规制的相关文件，对于高利放贷行为的态度也逐渐严厉，强调将高利放贷行为规制在法律红线以内。2019年，最高人民法院、最高人民检察院、公安部、司法部联合发布《非法放贷意见》，真正针对非法放贷包括高利放贷在内的行为进行明确的刑法打击，以非法经营罪对相关行为定罪处罚。2021年，《刑法修正案（十一）》增加了催收非法债务罪，将采取暴力手段等催收非法债务的行为纳入刑事惩处范畴，高利放贷行为有广泛采用刑法规制的趋势。

在民事和行政领域，法律通常通过界定高利放贷的标准和明确高利放贷的概念来规制高利放贷行为，并且多次通过各种司法文件阐述法律对于高利放贷行为的态度。1979年开始我国才正式形成高利放贷民事规制和刑事规制两个层面。由于民间借贷利率浮动的特殊性质等原因，我国的各项相关司法解释也常常处于变动之中，经历了多次改版和修订。1991年，最高人民法院发布了《关于人民法院审理借贷案件的若干意见》，该意见第6条规定借贷利率不得超出银行同类贷款利率的 4 倍，并指出超出限度的利息不予保护的法律后果。另外，2001 年，中国人民银行办公厅发布《关于高利贷认定标准问题的函》解释了非法金融业务的有关概念；随后 2002 年，中国人民银行又发布了《关于取缔地下钱庄及打击高利贷行为的通知》，其中首次对高利放贷的概念进行了界定，明确了法律允许的民间借贷利率以及国家对高利放贷的否定性评价。2015 年，最高人民法院发布《关于审理民间借贷案件适用法律若干问题的规定》，该规定第 26 条划分了"两线三区"的利率标准，以利率为 24% 和 36% 两个点为基础进行细化，将民间借贷的最高司法保护利率上限调整为 36%。2020 年，最高人民法院《关于修改〈关于审理民间借贷案件适用法律若干问题的规定〉的决定》，其以 2019 年中国人民银行贷款市场报价利率（LPR）机制正式形成并成为金融机构确定贷款利率的主要标准为背景，将 4 倍的一年期贷款市场报价利率（LPR）作为划分高利放贷与普通民间借贷的标准，并将其规定为借贷利率保护上限，体现了一定的灵活性。同年出台的《民法典》第 680 条明确禁止了高利放贷行为，体现了立法方面的进步和立场。

（二）国外规制措施

古代欧洲关于高利放贷的教诲与《圣经》有着紧密联系，这种精神上的权威性推动着现实法律的制定。针对高利放贷现象，教会出台了一系列具体的法令法规，产生了不同于中国古代的新类规范。由于这些规范出自教会这样一个特殊主体，又经历了中世纪这样一个特殊的时代，因此关于高利放贷的立法蕴含着道德伦理教诲的主旨精神，呈现着一种独特的发展轨迹。从德尔图良到奥古斯丁的诸位教父的观点来看，教会对高利放贷有着超脱经济领域的理解与约束，主要表现在针对"穷人"和"兄弟"之间的高利放贷不允许存在，与"敌人"和"外族人"之间的高利放贷允许存在。因为这体现了"基督教之爱"与"兄弟之爱"的教会理念。从另一角度来说，由于高利贷带来深重的罪孽，所以放贷者死后不能进天堂，上帝不会对其进行灵魂救赎。根据中世纪西方的立法沿革，可以将其分为三个发展阶段：第一阶段是尼西亚宗教会议时期；第二阶段是教皇圣列奥至查理大帝时期；第三阶段是 11 世纪以后的立法情况。

1. 尼西亚宗教会议立法

这一阶段的立法主要表现为宗教会议立法。[1]在尼西亚宗教会议前夕，罗马帝国东部地区正面临着"阿里乌异端"的强劲攻击。为了终结这场混战并稳住人们的思想，基督教界开展了一次全体会议来为人们提供一种信仰教义。[2]东西部教区于325年在尼西亚召开会议，罗马帝国皇帝康斯坦丁也亲自到场支持。会议一共通过了20条教规，[3]其中第17条专门针对高利贷问题。提出"鉴于许多在籍教士受贪婪欲念和可耻收益的诱惑，忘记了《圣经》中'贷出金钱不取利息'的训言，向借钱人收取每个月1%的利息，会议决定在此决议之后，一旦发现有人通过契约或其他任何方式收取利息……或者通常情况下使用其他任何一种手段以获取可耻的收益，他们都应该被免除教职，并且从教士名册上除名。这一规定针对教士的高利放贷行为，原则上对普通信众是没有约束性的，但是这一规定得到了出席会议的罗马帝国皇帝的支持，[4]成为一项兼具宗教意味和世俗力量的法规，因此也就当然对所有民众具有合法性效力。

2. 教皇圣列奥至查理大帝时期立法

在前述教规出台后不久，教会出台了一道禁止高利贷的教皇教令即教皇圣列奥的《此事亦不可（忽略）》（Nechocquoque），开启了教会反对高利贷立法的第二阶段。相对于第一阶段而言，这一教令在禁止高利贷的问题上展现出了三个方面的新态势：第一，高利贷禁令的对象不再局限于教士，而是扩展到普通信徒之中；第二，增加了高利放贷的规制形式即教士借他人名义为自己放贷并获取利息；第三，对实施高利放贷行为的基督徒实施更为严厉的惩罚，教士被免除教职，普通信徒被剥夺基督徒资格。与第一阶段的尼西亚会议从宗教道德角度出发批判高利放贷者的贪婪与可耻不同，圣列奥的教令则将高利放贷行为规定为犯罪。这一教令作为发给坎帕尼亚、皮科努姆、埃特鲁利亚以及其他教皇的信函中的一部分，最终成为此时期教会地区的审

---

〔1〕 借用努南（Noonan）的概念，See John T. Noonan, J. R. Cambridge, *The Scholastic Analysis of Usury*, Harvard University Press, 1957, p. 20.

〔2〕 Norman P. Tanner, S. J., *Decrees of the Ecumenical Councils*, Georgetown University Press, 1990.

〔3〕 Norman P. Tanner, S. J., *Decrees of the Ecumenical Councils*, Georgetown University Press, 1990, pp. 1~4, "Introduction".

〔4〕 Norman P. Tanner, *Decrees of the Ecumenical Councils*, Georgetawn University, 1990, Vol. I, p. 4.

判依据。公元 774 年左右，为了改革法兰克教会，教皇阿德里安一世向查理大帝递交了一部教规集，名为"迪奥尼西奥哈德里亚纳"。这一教规集将尼西亚会议的相关内容和圣奥列教皇的教令纳入其中，融汇成当时针对高利放贷行为的较为全面的教规教令。在该教规集呈交给查理大帝之时，加洛林帝国颁布了"查理大帝法令集"。这两部集册成为教会与政府共同反对高利贷立场的典范，适用对象泛及基督徒与普通民众，是中世纪西方反高利贷立法的前所未有的立法实践。

3.11 世纪后的立法

如上所述，宗教立法第一阶段和第二阶段的教令与法规虽然在一定时期内有效遏制了当时社会的高利放贷行为，但随着基督教中犹太人势力的出现，高利放贷活动呈现出与日俱增的趋势，越来越多的基督教徒与犹太人建立了高利放贷业务关系。于是教会在 814 年针对犹太高利放贷者颁布了新的法令："（1）不要让犹太人擅自以抵押形式或任何债务关系从基督徒那里拿走任何属于教会的东西，金的、银的，或是其他种类的；假如他擅自那样做，即违反了上帝的禁令，那么就让他的所有东西一并被收缴，并被砍去右手。（2）不要让犹太人擅自用基督徒抵押犹太人，或用基督徒抵押基督徒，也不要让他做更恶劣的事情；假如他擅自那样做，就让他按照自己的法律（犹太人法）作出赔偿，与此同时，他将失去抵押以及债款。"[1]这一禁令以严厉的方式规制了犹太人的高利放贷行为，体现了对犹太人的一种深深的敌意。

及至 11、12 世纪，得益于西欧经济的繁荣发展，教会反高利贷运动开启了第三阶段立法。首先，教会立法者对高利贷有了更为深入的考察后，增加了新的立法形式，即教规集。作为教规集作者，卢卡的安瑟伦将高利贷视为违背第七戒的罪孽，并要求人们像偿还偷盗一样偿还高利贷收益，安瑟伦还将奥古斯丁对高利贷的态度纳入其中，这一规定得到了许多学者的支持。[2]沙特尔的伊沃作为作者在教规集的《三法合编》中描述了高利贷与慈善的对立性，并对"借贷"与合法的合伙契约进行区分。[3]这一教规集旁征博引，融入了早期以奥古斯丁为代表的教父教诲、以尼姆威根法令为代表的诸教俗

---

〔1〕　Cf. Roy C. Cave, Herbert, H. Coulson, *A Source Book for Medieval Economic History*, The Bruce Publishing Co., 1936, pp. 172~173.

〔2〕　John T. Noonan, *The Scholastic Analysis of Usury*, Harvard University Press, 1957, p. 17.

〔3〕　John T. Noonan, *The Scholastic Analysis of Usury*, Harvard University Press, 1957, p. 18.

法令、圣列奥的《此事亦不可（忽略）》以及《圣经》中的《诗篇》。[1]在教规集的编纂之外，宗教会议也在不断讨论并制定新的法规。例如在 1139 年召开的第二次拉特兰宗教会议中，高利放贷行为再一次遭到教会的强烈谴责，会议认为"神法和人法"都视高利贷为"可鄙的和该受谴责的"。《新约》与《旧约》也都谴责高利贷为"高利放贷者的极度贪婪"。[2]由此该会议规定："任何一个大主教或主教、任何一个修道院的院长或教士都不得接纳高利放贷者；要让他们臭名远扬，终其一生不得改变；不让他们死后得到一名基督徒所应享有的葬礼，除非他们悔悟。"[3]此后第三次拉特兰宗教会议仍一如既往地禁止高利贷，足见教会对高利贷排斥态度之坚决。

13 世纪及以后的教会反高利贷立法仍继续一路高歌，在前述基础上对"高利贷"有了更多的关注和讨论，并进行了更为深入的规范，所涉及的群体呈现多样化状态并不断贴近社会发展的步伐采取新的禁止措施。例如 1209 年的阿维农宗教会议、1225 年的第四次拉特兰全体宗教会议、1254 年的阿尔比宗教会议体现了教会对犹太高利贷的排斥趋势；1245 年的第一次里昂全体宗教会议主要是针对教士失职行为的一系列纠正措施；1274 年的第二次里昂全体宗教会议主要是针对外来高利放贷者的高利贷与公然的高利放贷者的收益偿还两大问题。对于外来高利放贷者，教会对那些提供帮助的教士和信徒予以免职和绝罚，对于公然高利放贷者，要求其做出偿还。此时期召开的诸次宗教会议对高利贷的特别规定主要体现在以下五个方面：①犹太人的高利贷问题以及相应对策；②基督教会教士在应对高利贷问题上失职行为及相关措施；③外来高利放贷者基督徒应当具有的态度；④公然高利放贷者的收益偿还问题；⑤对于高利贷持认可态度的人的惩罚问题。

作为有代表意义的中世纪欧洲的教会规定遍及于信仰基督教的欧洲、美洲和大洋洲等地。随着工业革命的兴起，各个国家经济发展速度突飞猛进，对于借贷取息的观点不断发生着变化。16 世纪后期，资产阶级和资本主义生产方式取得了胜利，契约自由成为借贷关系的原则之一，允许合理利息存在

---

〔1〕 John T. Noonan, *The Scholastic Analysis of Usury*, Harvard University Press, 1957, pp. 18~19.

〔2〕 Norman P. Tanner, *Decrees of the Ecumenical Councils*, Georgetown University Press, 1990, Vol. I, p. 200, canon13；COD, p. 176, canon13.

〔3〕 Norman P. Tanner, *Decrees of the Ecumenical Councils*, Georgetown University Press, 1990, Vol. I, p. 200, canon13；COD, p. 176, canon13.

成为普遍现象，但是过高利息的借贷行为仍是法律规制的对象。例如，《意大利刑法典》第644条规定："除第643条规定的情况外，以任何形式要求他人向自己或其他人给付或者许诺给付高利贷性质的利息或其他好处，以作为对钱款或其他利益借贷的报偿的，处以1年至6年有期徒刑和600万至3000万里拉罚金。"[1]尽管德国和瑞典没有规定专门的"高利放贷罪"，但是《瑞士联邦刑法典》第二章《针对财产的犯罪》第157条规定："1. 利用他人的困境、从属性、不知情或判断能力低下，让他人为其自己或第三人给付财产利益或允诺给付财产利益，而此等给付或为给付的允诺显失公平的，或者购得具有暴利性质之债权且将其继续转让或索要债款的，处5年以下重惩役或罚金。2. 行为人以此为职业的，处10年以下重惩役。"[2]《德国刑法典》第二十五章中《应处罚的利欲性犯罪》第291条也针对高利放贷行为规定了暴力罪："一、乘他人处于困境、缺乏经验、缺乏判断能力或严重的意志薄弱，让他人为自己或第三人为下列财产利益的允诺或给付，而其给付或为给付的允诺显失公平的，处3年以下自由刑或罚金：……二、情节特别严重的，处6个月以上10年以下有期徒刑。具备下列情形之一的，一般认为情节特别严重：1. 犯罪行为致使他人陷于穷困的，2. 以犯罪为本职业的，3. 以汇票使他人为暴力性财产利益的允诺。"[3]美国联邦和多数州都对高利贷做出了规定。美国国会在《反犯罪组织侵蚀合法组织法》中规定超出当地两倍高利贷界限的利率进行放贷的非法行为应当构成联邦重罪。

从以上所述可见，域外国家对于高利放贷行为的入罪是普遍认同的，并具有以下特点：①在犯罪本质上大多属于财产性犯罪；②在构成要件上存在两种情况：一种规定只有行为人利用了借款人处于困境或缺乏经验等情况而借贷，第二种只要求放贷利率过高；③在法定刑方面，大多将高利放贷犯罪定为重罪，并设置两个量刑档次。

总体来看，在人类历史上的绝大多数时期，不论是宗教力量还是政府力量控制着整个社会，对高利放贷行为均持反对态度。即便在中世纪欧洲，基督教会的教义高度统治着人们的精神世界，有息借贷在世俗社会中仍暗流涌

---

[1] 黄风译：《意大利刑法典》，中国政法大学出版社1998年版，第192~193页。
[2] 徐久生译：《瑞士联邦刑法典》，中国法制出版社1999年版，第55页。
[3] 徐久生、庄敬华译：《德国刑法典》，中国法制出版社2000年版，第199~200页。

动。在资本主义生产方式兴起发展的时期，经济生活的复杂性隐藏着高利借贷行为。表面上资本主义经济在蓬勃发展，实际上高利放贷已经在侵蚀其根本。正如美国学者詹姆斯·汤普逊指出："用产生于农村贸易实践中的概念表达的社会道德理想主义，无论其何等正确，也根本不能约束新的国际商业主义及其广泛而复杂的联系。经济生活日益世俗化了，所以指导经济的不是法律，只不过是深思熟虑的自我利益，这主要是由于基督教的理想主义在发现旧的思想工具无能为力时，不能熔铸出新的控制工具。"[1] 进入现代社会后，经济飞速发展，经济自由被政府干预成为资本主义国家的共同政策，主要体现在国家对于严重扰乱经济秩序的行为的刑法干预。由于高利放贷行为对作为市场经济命脉的整个金融行业和社会经济发展的阻碍影响，对情节严重的高利放贷行为进行入罪处理成为大多数国家刑事立法的选择。

四、高利放贷行为的实证考察

当前，通过考察我国司法实践中高利放贷行为采取的放贷方式与司法裁判方式可以看到，高利放贷行为尚未引起社会足够重视，而且高利放贷方式不断升级并向多元化转化。即使最高人民法院、最高人民检察院、公安部、司法部已经颁布了相关司法解释予以规范调整，但从实际的案例来看并没有对司法实践产生根本影响。笔者以"高利放贷"为关键词在中国裁判文书网上查阅，发现从 2009 年至今涉及高利放贷的案件高达 24 540 件，且高利放贷行为逐年增加，呈蔓延之势。将案件限缩到刑事案件中，可以发现在《非法放贷意见》颁布之前，法官多采用"诈骗""非法拘禁""寻衅滋事"或上游犯罪等来规制相关犯罪行为。下面将引用部分经典案例进行逐一分析与论证。

案例一 云南省高级人民法院刑事二审裁定——刘某英非法拘禁案[2]

基本案情：

2002 年 3 月，田某与高某、王某秋在缅甸"创新"赌场以高利放贷形式借给被害人张某 13 000 元人民币用于赌博，张某 1 赌输了以后，被田某、高

---

〔1〕[美] 詹姆斯·W. 汤普逊：《中世纪晚期欧洲经济社会史》，徐家玲等译，商务印书馆 1992 年版，第 683 页。
〔2〕[2020] 云刑终 431 号。

某非法拘禁，并让被告人刘某英、杨某华看守并对其实施殴打，张某1在被非法拘禁期间被殴打、体罚，后因颅脑损伤死亡。被害人张某1死后，田某让被告人刘某英、杨某华、周某和高某、陈某把尸体运至"创新"赌场外的水塘边掩埋。

2002年2月，被害人杨某因借了王某、李某林、张某威的高利贷无法还清，被关押在田某向张某学租用的房间内，后杨某之妻张某2被田某、孙某伟、李某林带到青龙赌场关押。在被害人杨某被关押期间，由被告人杨某华、周某、刘某英、张某学负责看守并对其二人实施殴打。被害人杨某、张某2在被非法拘禁期间被殴打、侮辱。后杨某因综合性损伤死亡，张某2被殴打致轻伤。杨某死后，田某安排周某、陈某、许某才把尸体运至"创新"赌场外的水塘边掩埋。

2002年2月，田某、吴某忠、王某刚（在逃）合伙以高利贷形式借给被害人雷某2万元人民币用于赌博，雷某输钱后被非法关押，并由杨某华、小唐（在逃）看守。期间，被害人雷某非法拘禁期间被殴打致颅内出血死亡。被害人雷某死后，田某安排被告人刘某英、卢某涛、陈某和吴某忠把尸体运至"创新"赌场外面的水塘边掩埋。

法院裁判：

原审法院根据查明的事实，认定被告人刘某英犯非法拘禁罪，判处有期徒刑13年。

但是刘某英认为量刑过重且其不存在殴打、折磨他人的情况。二审法院认为上诉人刘某英受人雇用，伙同他人为境外赌场高利放贷者充当打手逼取赌债，参与非法拘禁致3名被害人死亡的行为，已构成非法拘禁罪，应依法惩处。

案例二：云南省高级人民法院刑事二审裁定——郑某成、高某军非法拘禁案[1]

基本案情：

2018年6月以来，被告人郑某成、邓某德和刘某（在逃）为牟取非法利

---

[1] ［2020］云刑终56号。

益，先后纠集被告人胡某、张某立、高某军、尚某满、唐某伟、王某阳等人为成员的恶势力犯罪团伙，依托境外缅甸赌场针对中国公民实施高利放贷签单赌博，并通过跟单、抽水的方式牟取非法利益，先后以暴力、威胁等手段把签单赌博欠债的被害人关押在宾馆、出租房等地，通过电话、视频通话等方式向被害人亲友索要赌博欠款，严重侵害被害人权利，扰乱经济和社会生活秩序，造成较为恶劣的社会影响。具体犯罪事实如下：

（1）2018 年 6 月 7 日，被告人郑某成和刘某（在逃）在缅甸豪瑞达赌场与被害人吴某签单 5 万元人民币的筹码赌博，后将被害人吴某送至缅甸豪瑞达宾馆一房间内关押，并通过电话联系家属索要欠款，因家属未打钱，吴某被继续关押。

（2）2018 年 6 月 27 日，被告人郑某成、邓某德和刘某（在逃）在缅甸豪瑞达赌场与被害人李某 1 签单 2 万元人民币的筹码赌博，后将被害人李某 1 带至缅甸老街顺利宾馆、出租屋关押，用手铐铐住，由胡某和张某立负责看守，并通过电话联系家属索要欠款，后李某 1 家属先后转付 4800 元人民币，因未还清欠款，李某 1 被继续关押。

（3）2018 年 8 月份，被告人邓某德在缅甸豪瑞达赌场与被害人尚某满签单 2 万元人民币的筹码赌博，后将被害人带至缅甸老街顺利宾馆关押，由胡某、张某立负责看守，并通过电话联系家属索要欠款，尚某满在家属还清欠款后获取自由。之后，尚某满受邓某德雇佣看押其他被害人。

（4）2018 年 8 月 21 日，被告人邓某德在缅甸豪瑞达赌场与被害人程某 1 签单 2 万元人民币的筹码赌博，后将被害人程某 1 带至缅甸老街顺利宾馆关押，由胡某、张某立负责看守，并通过电话、短信威胁家属索要欠款，程某 1 在其女儿程某 2 转付 2.3 万元人民币后获取自由。

（5）2018 年 9 月 17 日，被告人邓某德在缅甸缅北赌场与被害人陈某签单 5 万元人民币的筹码赌博，后将被害人陈某带至缅甸缅北酒店关押，由高某军、尚某满负责看守，通过电话联系家人索要欠款，后家人转付 1 万元人民币。同年 9 月 21 日 17 时许，被害人陈某被缅甸果敢自治区特行处解救。

（6）2018 年 9 月 19 日，被告人郑某成、唐某伟、王某阳和刘某在缅甸鼎盛国际赌场与被害人邹某签单 2 万元人民币的筹码赌博，后将被害人邹某带至唐某伟、王某阳所住的缅甸傣宴宾馆 403 房间关押，后转至傣宴宾馆 202 房间关押，由胡某、张某立、王某阳、唐某伟负责看守，通过发送邹某被涂抹红药水假装被打伤的视频向家人索要欠款，9月20日22时许，被害人邹某被缅甸果敢自治区金象治安队解救。

（7）2018年9月20日，被告人邓某德在缅甸缅北赌场与被害人李某2签单3万元人民币的筹码赌博，后将被害人李某2送至缅北酒店与陈某一起关押，由高某军和尚某满负责看守，还没来得及电话联系家人索要欠款，李某2和陈某就一起被缅甸果敢自治区特行处解救。

法院裁判：

（1）原法院根据上述事实，认定高某军与郑某成构成非法拘禁罪。

（2）二审法院认同了原审法院的判决，裁定驳回上诉，维持原判。

案例三：呼和浩特市中级人民法院二审刑事裁定——贾某与李某侗非法侵入住宅罪案[1]

基本案情：

2017年5月份，段某伟（已判刑）在未经相关部门批准，且未取得营业执照的情况下，擅自成立"闪电贷"小额贷款公司。该公司租用呼和浩特市回民区海亮广场E座28楼2801室作为办公场所。段某伟雇佣业务员开展高利放贷业务。业务员对于有需要借款的人员进行所谓的"家访"，即业务员去到借款人家里，了解借款人的家庭条件，住房是否为借款人所有，以及借款人亲属朋友的身份信息。对于符合条件的借款人，业务员要求借款人手持身份证，自诉其向被告人段某伟借款的数额，归还期限，并拍摄下视频。业务员还要和借款人签订一份借款合同，借款合同签订后，借款人实际得到的钱数是提前扣除了利息的；同时签订一份虚假的租房协议，该租房协议内容是出借方向借款人租房，并已支付了租房款。如果贷款公司的人员拿着租房协议来租房时，借款人不在且联系不上，可让开锁公司开锁后直接进入房间。如果借款人被多次催收仍不还款时，该公司就会利用掌握的借款人亲属朋友的身份信息，给借款人的亲属朋友打电话、发短信，采用威胁恐吓的手段催收贷款，严重影响借款人及借款人亲属朋友的正常生活。同时段某伟雇佣被

――――――――――
〔1〕［2019］内01刑终152号。

告人贾某、凌某（已判决）、韩某挺（已判决）等人员为其索要"赖账"，该团伙构成"恶势力"。

2017年12月8日，被害人赵某与段某伟签订了一份借款合同，向段某伟借款人民币60 000元（本金42 000元，利息18 000元），借款期限1个月。同日，段某伟通过银行转账方式向被害人赵某转账人民币42 000元。2018年1月8日，借款到期后，被害人赵某无力偿还借款，段某伟在未实际发生债务的情况下，逼迫被害人赵某又写了一张36 000元的借条。2018年1月19日上午，段某伟指使被告人贾某、李某侗和凌某（已判刑）来到呼和浩特市赛罕区万豪名园高层3号楼1单元13层东户被害人赵某家中催收欠款，发现被害人赵某不在家后，被告人贾某、李某侗和凌某将被害人赵某家的门锁破坏进入其家中，经电话联系段某伟后将防盗门锁更换。当天下午，被告人韩某挺（已判刑）受段某伟指使来到被害人赵某家中。2018年1月20日上午10时许，被害人赵某回家后发现门锁被换，遂报警。报警未果后，被告人贾某、李某侗、凌某和韩某挺将被害人赵某控制，让其想办法还款，并拘禁被害人赵某，期间对被害人赵某进行了殴打。2018年1月22日凌晨，被害人赵某趁机逃走。

法院裁判：

（1）原审法院认为，被告人贾某、李某侗为索要债务，伙同他人非法侵入他人住宅，非法限制他人人身自由，并具有殴打情节，其行为均构成非法侵入住宅罪、非法拘禁罪。

（2）二审法院认为上诉人贾某、原审被告人李某侗为索要债务，伙同他人非法侵入他人住宅，其行为均已构成非法侵入住宅罪，又非法限制他人人身自由，并具有殴打情节，其行为均已构成非法拘禁罪，应当实行数罪并罚。

对以上案件的简要分析评判如下：

案件一在判决中提到了犯罪人刘某英3次高利放贷索债情形，这一犯罪团伙主要以非法拘禁作为主要的索债方式，同时也是高利放贷群体索债最为常见的方式。反观法院对这一现象的判决主要将重点放在非法拘禁这一犯罪行为中，直接忽略了高利放贷行为本身，案例一中刘某英可能仅是索债成员，不是发放高利贷的主体，仅对其行为进行处罚并无不妥。但案例二中高某军与郑某成均为放贷主体且实施了非法拘禁行为，而且该团伙实施高利放贷的行为已被认定，但法院仍未提到高利放贷行为，仅定性为非法拘禁罪。案例三中发生的非法侵入住宅，威胁恐吓索债的方式亦是较为普遍的高利放贷行为引发的下游犯罪，但司法实践中，大多法院仍较为关注次生犯罪行为，对高利放贷行为的关注较少，没有刑事立法的牵引很难处置高利放贷行为本身。

案例四：山东省济宁市中级人民法院刑事二审判决——李某方诈骗罪、非法拘禁罪案[1]

基本案情：

被害人苏某（已去世）通过梁某（已去世）联系，向被告人李某方借款与朋友共同使用。2013年9月12日，在李某方经营的龙泉茶庄内，苏某和其妻子陈某以陈某名下的嘉祥县演武小区北关组团1号楼4单元101室房产抵押，以梁某为证明人，向李某方借款15万元，又以经韩某联系的任某1为担保人、梁某为证明人向李某方借款15万元，借款期限均为3个月，李某方扣除30万元借款的首月利息1.5万元后，实际向苏某支付本金28.5万元。借款到期后，苏某等人无力归还本金，应李某方的要求，苏某、陈某于2013年12月11日，仍然以原房产抵押、梁某为证明人续签了原15万元借款的借贷合同一份，约定借款期限3个月、月利3分、服务费2分，逾期还款违约金每天1500元，并出具以苏某、陈某为借款人、梁某为证明人向李某方借现金15万元的借条一张；另15万元借款因任某1拒绝继续担保，又由韩某联系任某2做担保人，当日苏某、陈某又以任某2为担保人、梁某为证明人签订了15万元借款的借贷合同一份，约定借款期限3个月、月利3分、服务费2分，逾期还款违约金每天1500元，并出具以苏某、陈某为借款人、任某2为担保人、梁某为证明人向李某方借现金15万元的借条一张。因借款到期未能归还，2014年3月20日，被告人李某方在其经营的龙泉茶庄内，以作为原借款的还款保证为由，在未实际向苏某交付借款的情况下，胁迫欺骗苏某出具以苏某为欠款人、梁某为证明人的"欠李某方现金30万元"的欠条一张，并承诺原30万元借款还清，该30万元的欠条即作废。2014年4月，李某方因苏某不能归还借款，遂分别向担保人任某1、任某2索要借款本息。在李某方的要求下，任某1向其归还借款本息25.8万元，任某2归还借款本息17.2万元。

---

[1] 参见［2021］鲁08刑终373号。

2014 年 7 月 1 日，被告人李某方隐瞒借款真相，以苏某、陈某 2013 年 12 月 11 日以房产抵押的借款 15 万元和 2014 年 3 月 20 日苏某欠款 30 万元未偿还为由，提起诉讼，要求苏某、陈某共同偿还借款本金 45 万元。法院于 2015 年 1 月 15 日判决苏某、陈某偿还李某方借款 45 万元。后李某方申请对抵押物强制执行，在法院执行期间，李某方多次到陈某住处索要债务。经委托评估，苏某、陈某抵押的演武小区北关组团 1 号楼 4 单元 101 室房产价值为 31.9466 万元。经两次网上拍卖流拍后，于 2016 年 4 月 15 日以拍卖底价 28.752 万元的价格裁定将该房产抵偿给李某方，折抵苏某、陈某同等数额的债务。李某方办理过户登记后又将该房产出售给他人。被告人李某方通过胁迫欺骗苏某签订"欠条"虚增借款，后又隐瞒事实真相提起诉讼，要求苏某、陈某偿还 30 万元虚增债务的手段，非法占有苏某、陈某的财物，既遂 14.502 万元，未遂 15.498 万元。2019 年 12 月 3 日，被告人李某方被公安机关抓获归案。

赵某、岳某因代他人筹款，于 2014 年 1 月 17 日，在被告人李某方经营的嘉祥县冠亚 E 区龙泉茶庄内，以赵某为借款人、岳某为担保人、梁某为证明人向李某方借款 10 万元并出具借条。因赵某、岳某不能如期归还借款本息，被告人李某方于 2014 年 3 月 29 日夜间，将赵某、岳某控制在龙泉茶庄内，要求二人借钱还款。因二人借钱未果，次日 15 时许，李某方强迫岳某出具欠条做保证，放岳某外出借款，赵某继续被控制、看管在龙泉茶庄内。李某方等人将赵某限制在龙泉茶庄二楼，夜间将楼梯门上锁，并逼迫赵某借钱还款。其间，赵某伺机给其妻子孙某及亲属打电话要求报警，并让他人为其准备工具试图在夜间逃离。孙某于 2014 年 4 月 2 日 17 时许报警，公安机关出警后，李某方于次日强迫赵某出具欠条做保证，安排曾某跟随赵某离开龙泉茶庄外出借款，赵某连续被拘禁 5 日之久。

法院裁判：

(1) 一审法院认定被告人李某方犯诈骗罪。

(2) 二审法院认定上诉人李某方犯诈骗罪与非法拘禁罪，数罪并罚。

案例五：贵州省黔西南布依族苗族自治州中级人民法院刑事二审裁定书——彭某荣、李某等寻衅滋事罪、开设赌场罪案[1]

基本案情：

2002 年至 2010 年期间，被告人覃某、彭某华在普安县（白沙街上）彭某华家的老房子里开设赌场，以扑克牌"挖豹子"方式聚众赌博。每天参赌人数达十余人，覃某、彭某华在赌场抽头渔利，并向赌客发放高利贷，该赌场持续多年，在普安县造成了恶劣的影响。2003 年，被告人彭某荣租用普安县的房屋（位于普安县）开设"红某亮"旅店并邀约彭某云参与管理。经营一段时间后，彭某荣便在"红某亮"内开设赌场抽头渔利，后被告人彭某华和彭某云、谭某林、李某伟、黄某等人陆续加入参与开设赌场，彭某荣、彭某华各占赌场的一个大股；谭某林、彭某云占赌场一股；李某伟、黄某占赌场一股。由彭某荣负责提供赌博场所；彭某华负责邀约参赌人员并在赌场中抽取水钱；谭某林、彭某云、李某伟、黄某负责赌场中的日常杂务及抽取水钱。赌场采用"挖豹子"方式赌博，每次参赌人数 20 余人，直至 2006 年下半年。2015 年下半年至 2016 年上半年期间，被告人覃某、陈某云、李某、胡某锋先后在普安县晴隆县马场乡茶际村铜钻岭等地开设赌场，用扑克牌以"挖豹子"的方式聚众赌博抽头渔利，被告人谭跃为赌场抽头渔利，获取非法利益。开设赌场期间，每天参赌 20 余人，覃某主要负责邀约、召集赌博，向参赌人员发放高利贷；陈某云、胡某锋主要负责组织并参与赌博；李某主要向想参赌人员发放高利贷。2017 年年底至 2018 年年初，舒某孔、杨某祥、胡某习、龙某虎、张某、龙某南、胡某杰、何某锋、罗某平、刘某、冯某贤（均另案处理）等人先后于普安县刘某友家、双山组陶某平家、领岗组易某发家、坪子组谢某彦家、地泗村马蹄坡组匡某江家、下米淌组的李某发家、对门寨组龙某毕养殖场内和捧古坪组郑某良家，冬瓜村光寨组舒某孔家，嘎坝社区上嘎坝组的陈某国家，朝阳村泥冲组何某平家、朝阳村徐家田组何某臣家、干子田组的一荒山上，普安县某电站宿舍、棉某电站宿舍，普安县高棉乡地泗村黑泥田组，棉花村坪子头等地开设赌场，用扑克牌以"挖豹子"的方式聚众

---

[1]　[2021] 黔 23 刑终 102 号。

赌博，抽头渔利，每天参赌达 20 余人。在开设赌场期间，龙某南、龙某虎、张某、胡某刁、舒某孔、杨某祥主要负责提供赌具、联系赌场位置、联系参赌人员、安排抽头渔利、维护赌场秩序并参与赌博；胡某杰、何某锋、刘某、冯某贤、罗某平等人主要负责参与赌博，龙某男负责为赌场放哨，郑某康、龙某关负责开车接送参赌人员。庞某在上述赌场发放高利贷获利，被告人谭跃为上述赌场抽头渔利，获取非法利益。

法院裁判：

（1）原审法院认定彭某荣、李某等犯开设赌场罪。

（2）二审法院认为原判认定事实清楚，证据确实、充分，定性准确，量刑适当，审判程序合法。因而驳回上诉，维持原判。

对以上案件的简要分析评判：

案例四中犯罪人李某方主要采取诈骗的方式发放高利贷款，案例五中放贷人利用高利贷控制赌徒，并以此来给赌场提供收益。开设赌场并通过借高利贷给赌徒的"双盈利"方式是赌场中最为常见的方式，犯罪行为人触犯了开设赌场罪是毋庸置疑的，但法院常常将赌场中的高利放贷行为作为开设赌场的一部分，作为量刑情节加以考虑。显而易见，司法实践中法院忽视了高利贷给赌博行业资金循环带来的助益，助长了高利放贷行为与赌博业的日渐猖獗。上述两种做法作为高利放贷司法实践中常见的放贷方式而言，法院显然又将重点放在了"诈骗"与"赌博"上，进而忽视了高利放贷行为本身。

案例六：云南省昭通市中级人民法院——何某银非法吸收公众存款案[1]

基本案情：

被告人何某银于 2012 年 12 月 19 日登记成立昭通市昭阳区银云寄售有限公司，企业类型为自然人独资有限责任公司，法定代表人（负责人）何某银，经营范围普通物品寄售服务（贵重金属、珠宝除外），注册资本 10 万元，住所地昭通市昭阳区。2013 年至 2016 年期间，被告人何某银以其公司承接多种项目开发、建设需要吸收资金为名，并承诺每月支付 2% 至 5% 利息给出借人，

---

〔1〕〔2020〕云 06 刑终 537 号。

以签订内容为借款还款、金额、期限、利率，借款人为何某银的借条，加盖昭通市昭阳区银云寄售有限公司公章，以银行卡接受转款和收取现金方式融集资金，分别向昭阳区、大关县、彝良县、盐津县等社会不特定人员共38人吸收存款共计2106.25万余元，被告人何某银支付出借人利息或本金共计270.125万余元。被告人何某银非法吸收公众存款后分别用于高利放贷、支付出借人利息、购买高档车辆、房产等行为。2016年下半年因资金无法还本付息，后何某银失联，直至2019年10月2日被抓获归案。

法院裁判：

（1）原审法院依照事实及证据认定被告人何某银犯非法吸收公众存款罪。

（2）二审法院认为上诉人（原审被告人）何某银未经有关部门依法批准，违反国家金融管理法律法规的规定，向不特定社会公众吸收数额巨大资金的行为，已构成非法吸收公众存款罪，且属数额巨大。

案例七：山西省晋中市中级人民法院刑事二审裁定——刘某军高利转贷案[1]

基本案情：

2011年至2018年期间，和顺县粮油总公司下属李阳粮库库管员杜某（已另案起诉）以做生意用钱等理由陆续向被告人刘某军借钱，按照每月4分至7分不等的高额利率支付利息。2015年开始，杜某无力支付高额利息，便挪用变卖李阳粮库、牛川库点玉米，以诈骗手段骗取昔阳县、和顺县粮户玉米的方式获得资金，用于支付刘某军等人高额利息及自己的资金周转、日常花销。截至2019年5月，刘某军通过对杜某高利放贷获取高额利息达180余万元。

2017年5月8日，刘某军以自己的轿车作为抵押在太原平安银行借款17.57万元，年利率16%（月利率约1.33分）。同年5月11日刘某军以银行转账的形式将此笔借款中的15万元转借给杜某（扣除当月利息9000元，实际转账14.1万元），刘某军按月利率6分向杜某收取利息，每月9000元；

---

[1]　[2020]晋07刑终58号。

2018 年 2 月份开始，刘某军按月利率 4 分向杜某收取利息，每月利息 6000 元；2018 年 7 月后，刘某军不再向杜某收取利息。杜某向刘某军支付利息共计 11.1 万元。2017 年 6 月至 2019 年 5 月，刘某军将 17.57 万元的借款本息结清，共支付平安银行借款利息 40 983.03 元，根据利息本金比例计算，刘某军此笔借款违法所得共计 76 011.64 元。

2017 年 9 月 13 日，刘某军和其妻子冯某一起到华安财产保险股份有限公司咨询办理借款事宜，以其妻子冯某名义向浙江网商银行借款 118 000 元，年利率 7%（月利率约 0.58 分）。2017 年 9 月 13 日、14 日，刘某军将其中的 5 万元、1.5 万元转账给杜某，以月利率 6 分向杜某收取利息，每月 3900 元；2018 年 2 月份开始，刘某军按月利率 4 分向杜某收取利息，每月利息 2600 元；2018 年 7 月后，刘某军不再向杜某收取利息。此笔借款杜某向刘某军支付利息共计 3.25 万元。2019 年 8 月 28 日，此笔借款本息结清，共支付浙江网商银行借款利息 11 567.5 元，根据本金利息比例计算，刘某军此笔借款违法所得共计 26 128.07 元。

被告人刘某军以赚取利息差为目的，向平安银行、浙江网商银行借款，将借款的部分资金以远高于银行利率的利息转借给杜某，从中非法获利共计 102 139.71 元。

法院裁判：

（1）原审认为，被告人刘某军以转贷牟利为目的，套取金融机构信贷资金高利转贷他人，违法所得数额较大，其行为已构成高利转贷罪。

（2）二审法院认为上诉人（原审被告人）刘某军以转贷牟利为目的，套取金融机构信贷资金高利转贷他人，违法所得数额较大，其行为确已构成高利转贷罪。

案例八：湖北省孝感市中级人民法院二审刑事裁定——龚某贪污、受贿案[1]

基本案情：

贪污犯罪事实：2015 年 2 月至 2017 年 1 月，龚某在任汉川市公安局汈汊

---

〔1〕［2020］鄂 09 刑终 255 号。

派出所所长期间，利用职务上的便利，采取收入不上账的手段，将汉川市汈汊湖养殖场、市公安局拨款和外单位赞助款共计人民币 202 898 元非法据为己有。受贿犯罪事实：被告人龚某在担任汉川市公安局西江派出所、回龙派出所、汈汊派出所所长期间，利用公安干警身份及职务形成的便利条件，从王某 2 黑社会性质组织设立的投资公司收受"干股"，并以股份分红的名义获取利益，收受贿赂共计人民币 132 万元；另外龚某利用担任派出所所长的职务便利，为他人谋取利益，多次索取、收受他人贿赂共计人民币 12.9 万元。龚某收受贿赂共计人民币 144.9 万元。其中被告人龚某在担任西江派出所、回龙派出所、汈汊派出所所长期间，利用公安干警的身份及职务形成的便利条件，参与黑社会性质组织领导者王某 2 设立的投资公司并入干股，合伙经营，对外进行非法高利放贷，为黑恶势力站台撑腰，充当黑恶势力"保护伞"，并以股份分红名义收受贿赂共计 132 万元。

法院裁判：

原判认为，被告人龚某身为国家机关工作人员，利用职务便利，采取收入不上账的手段，多次非法侵吞公款，数额巨大；利用公安干警的身份及职务形成的便利条件，多次非法索取或收受贿赂，数额巨大，其行为已分别构成贪污罪、受贿罪。被告人在黑社会性质组织设立、经营的公司入"干股"分红，为黑势力站台撑腰，充当"保护伞"，应当依法从严惩处。二审法院支持了一审法院的判决。

对以上案件的简要分析评判：

高利放贷需要大量资金，由此可能产生上游犯罪。大多涉嫌罪名是非法吸收公众存款、高利转贷、集资诈骗等，甚至会诱导国家工作人员贪污受贿。案例六中高利放贷与非法吸收公众存款行为的引发关系中显然后者是犯罪手段，前者是犯罪目的，即使认定为牵连犯，非法吸收公众存款的犯罪行为也应当被合并，凸显出来的是高利放贷。案例七中犯罪分子刘某军将银行借款作为高利贷本金，且具有从中牟利的非法目的，前行为符合高利转贷罪的构成要件，但后行为高利放贷并未被提到。案例八中官员实施贪污受贿，甚至充当黑社会保护伞，并将非法收入作为发放高利贷的本金，给社会与国家带来双重损失。高利放贷产生的巨额利润是引发这些上游犯罪的决定性因素，但由于立法的缺失，司法实践中将上游犯罪作为定罪依据的案例比比皆是，无法使高利放贷行为得到应当的处置。

案例九：安徽省宣城市中级人民法院民事二审判决书——周某、林某兵高利贷案[1]

基本案情：

一审法院认定事实：林某兵以转角茶楼和泰升典当行为据点，从事放贷业务，周某因资金周转需要多次向林某兵借款。2020年9月30日，合肥市蜀山区人民法院作出［2020］皖0104刑初56号刑事判决，认定林某兵、鲍某兵等人组成犯罪集团，采取限制人身自由、暴力威胁、恐吓等方式勒索他人财物，行为构成非法拘禁罪。合肥市中级人民法院二审以［2020］皖01刑终708号刑事裁定书，维持一审判决。周某因对2014年8月8日至2015年12月10日期间与林某兵发生的借贷利息返还存有争议，于2021年2月2日诉至一审法院，请求判如所请。

二审另查明关于出借的情况：周某系合肥市秉诚商贸有限公司股东、法定代表人。二审中，周某确认其是向林某兵一人借款，借款用途主要是用于偿还银行贷款，其向林某兵借款属于过桥资金。

（1）双方无争议出借款为2500万元。①2014年8月8日，周某、杨某作为共同借款人向林某兵借款300万元，约定借款期限为2014年8月8日至8月15日，月利率为2%，逾期还款按每日5%支付违约金。林某兵于当日向周某转账支付出借款300万元。②2014年8月31日，周某、杨某、朱越作为共同借款人向林某兵借款700万元，约定借款期限为2014年8月31日至2014年10月30日，月利率为2%，逾期还款按每日5%支付违约金。林某兵于2014年9月1日向周某转账支付出借款490万元、210万元，合计700万元。③2014年9月30日，周某、王某某、秦某发作为共同借款人向林某兵（借条所载出借人为林某兵侄子林某）借款1500万元，约定借款期限为2014年9月30日至2014年10月14日，月利率为2%，逾期还款按每日5%支付违约金。林某于当日向周某转账支付出借款1500万元。2015年1月29日，周某在原借条上注明"此借条款已全部结清。此借条作废"；同时在原承诺书上注

---

［1］［2023］皖18民终1245号。

明"此笔借款已于2015年1月29日全部付清，此承诺书作废"。

（2）双方争议出借款。林某兵主张以现金方式向周某出借420万元。包括：①2014年9月20日，周某向林某兵出具一份借条，主要内容为"今借到林某兵人民币现金壹佰伍拾万元整（¥1 500 000元）。（期限2014.9.20-2014.10.16）"。周某在该借条上注明"备注：此款于2014.10.16已付清。周某2014.10.16"。②2014年9月22日，周某向林某兵出具一份借条，主要内容为"今借到林某兵人民币现金壹佰叁拾伍万元整（¥1 350 000元）。"周某在该借条上注明"此款付清。周某2014.10.30"。③2014年10月19日，周某出具一份借条，主要内容为"今借到朱某品人民币壹佰叁拾伍万元整（现金）（¥1 350 000元）"。周某在该借条上注明"（注：此款已结清）。周某2014.11.18"。周某辩称，林某兵未实际向其交付前述三份借条项下的出借款，事实上是林某兵为规避高额利息而让周某出具借条，其系受林某兵逼迫而在同一时间出具了该3份借条，其对应时间向林某兵、朱某品转账支付的420万元均系偿还借款利息。

二审另查明关于利息的情况：

（1）2020年4月30日，合肥市某局蜀山分局向周某调查形成一份《询问笔录》，反映：周某称借款300万元、700万元的利息均是每日8‰，即月利率24%；1500万元的利息是每日6‰，即月利率18%。二审中，周某表示双方约定的月利率每次不等，具体计息标准其记不清楚；林某兵代理人确认实际收取的月利率超过3%，但具体如何结算利息其不清楚。

（2）"砍头息"情况。周某主张林某兵提供的2500万元借款存在预先扣除利息的情形，分别为：①2014年8月8日，林某兵出借300万元的当天，周某向徐勇账户转账支付168 000元，该款属于"砍头息"。②2014年9月1日，林某兵出借700万元的当天，颜挺向林某兵账户转账支付46万元，该款属于"砍头息"。③2014年9月30日，林某兵出借1500万元的当天，周某向鲍某兵账户转账支付56万元，该款属于"砍头息"。

法院裁判：

一审法院认为，本案中，周某主张2014年8月8日至2015年12月10日期间向林某兵借款2500万元，还款36 444 000元。经查，结合林某兵提交的借条等证据，可以确认周某向林某兵的借款发生额不止2500万元。至于周某主张其本人及郭某、徐某、颜某、杨某账户向林某兵、鲍某兵等人转账，均系为了归还周某与林某兵之间的借款本息一节，一方面周某无法证明其向朱某品的转账系为了归还林某兵借款，另一方面该主张也在一定程度上由林某兵提交的杨某向林某兵借款证据、颜挺代杨某向林某兵还款证据所驳斥。即使周某主张的借、还款金额均成立，依据最高人民法院《关于适用〈中华人民共和国民法典〉时间效力的若干规定》第 1 条第 2 款规定，《民法典》施行前的法律事实引起的民事纠纷案件，适用当时的法律、司法解释的规定。因双方借贷发生于 2014 年至 2015 年间，当时具有法律效力的《最高人民法院印发〈关于人民法院审理借贷案件的若干意见〉的通知》第 6 条规定："民间借贷的利率可以适当高于银行的利率，各地人民法院可根据本地区的实际情况具体掌握，但最高不超过银行同类贷款利率的四倍（包含利率本数）。超过此限度的，超出部分的利息不予保护。" 2015 年 9 月 1 日施行的《关于审理民间借贷案件适用法律若干问题的规定》第 26 条规定："借贷双方约定的利率未超过年利率 24%，出借人请求借款人按照约定的利率支付利息的，人民法院应予支持。借贷双方约定的利率超过在利率 36%，超过部分的利息约定无效。借款人请求出借人返还已支付的超过年利率 36% 部分的利息的，人民法院应予支持。" 经审查认为，双方 2014 年至 2015 年间形成的借贷合同，符合当时的法律规定，周某无权以合同无效主张返还全部已付利息，而对于已计付超出法律限度的利息，周某又无法明确举证予以证明，其应当对此承担于己不利的后果。

二审法院认为原判决认定事实基本清楚，虽未援引《民法通则》第 92 条、第 135 条、第 137 条，《合同法》第 211 条，最高人民法院《关于审理民事案件适用诉讼时效制度若干问题的规定》第 8 条、最高人民法院《关于人民法院审理借贷案件的若干意见》第 6 条等实体法律条文规定，适用法律存在瑕疵，但裁判结果并无不当，二审指正后予以维持原判。

案件十：辽宁省丹东市中级人民法院二审判决——孙某红与徐某栋、马某钱民间借贷纠纷案[1]

基本案情：

一审法院认定事实：被告孙某红因经营需要，于 2017 年 8 月 7 日向原告

---

〔1〕［2022］辽 06 民终 165 号。

借款 150 万元，被告马某钱及案外人由某义提供连带担保保证，双方口头约定利息为月息 0.04 元，被告为原告出具了借款凭证，被告马某钱及案外人由某义在连带保证人处签字。随后，原告扣除 6 万元砍头息，计付被告孙某红 144 万元。2018 年 3 月 30 日，被告孙某红向原告借款 50 万元，口头约定利息为月息 0.04 元，被告为原告出具了借款凭证。原告在扣除砍头息 2 万元后，实际支付给被告孙某红 48 万元。2018 年 6 月 7 日，被告孙某红再次向原告借款 50 万元，仍口头约定利息为月息 0.04 元，被告为原告出具了借款凭证，被告马某钱在连带保证人处签字。原告在扣除砍头息 2 万元及借款 150 万元的当月利息 6 万元后，支付给被告孙某红 42 万元。一审法院认为，合法的借贷关系受法律保护。原告提供的证据已经证明双方借贷关系成立，被告孙某红在原告向其主张权利时应偿还借款，否则应承担民事责任。本案争议焦点为原告是否适格；是否属于职业放贷人；被告所借款项是否已偿还完毕。第一，原告代理人庭审中提供了监狱管理部门出具的证明，可以证实本次诉讼系原告所主张。第二，关于职业放贷人的认定需要满足三个条件，即放贷行为经常性、放贷目的营利性、放贷对象不特定性。实践中，中关于"经常性地向社会不特定对象发放贷款，是指 2 年内向不特定多人以借款或其他名义出借资金 10 次以上"的规定，可参照适用。经查询一审法院受理的原告以民间借贷为由提起的诉讼，2015 年至 2016 年共计 8 次，金额为 21.5 万元，其中三件判决，金额共计为 5 万元，其余的均已撤诉，而判决的三起案件原告均只要求偿还本金，并未要求偿还利息，可以看出原告上述出借行为并不具有营利性质，故原告不构成职业放贷人。

二审法院关于孙某红所借徐某栋的款项是否已偿还完毕的问题：本案共涉及三笔借款。第一笔借款时间 2017 年 8 月 7 日，借据载明借款金额为 150 万元，徐某栋在转账交付借款时扣除砍头息 6 万元，实际交付给孙某红 144 万元；第二笔借款时间 2018 年 3 月 30 日，借据载明借款金额为 50 万元，徐某栋在转账交付借款时扣除砍头息 2 万元，实际交付孙某红 48 万元；第三笔借款时间 2018 年 6 月 7 日，借据载明借款金额为 50 万元，徐某栋在转账交付借款时扣除砍头息 2 万元，又因孙某红没有按照约定支付第一笔 150 万元借款的当月利息，徐某栋在该笔借款中扣除了 6 万元利息，实际交付孙某红 42 万元。三笔借款合计本金数额应为 144 万元+48 万元+42 万元＝234 万元。孙某红于 2017 年 9 月 8 日至 2018 年 8 月 15 日期间，共计偿还徐某栋现金 86 万元。最高人民法院《关于审理民间借贷案件适用法律若干问题的规定》（法释〔2015〕18号）第26条第2款规定："借贷双方约定的利率超过年利率36%，超过部分的利息约定无效。借款人请求出借人返还已支付的超过年利率36%部分的利息的，人民法院应予支持。"本案中，孙某红与徐某栋约定的利息利率为月息4分，高于当时法律规定的自愿还款保护年利率36%的上限，超出部分应返还或抵扣借款本金。故一审判决结合上述法律规定和徐某栋出借的金额、时间，按照法律保护的已支付利息最高上线即年利率36%计算至2020年8月20日，将孙某红计付利息超出年利率36%的部分抵顶借款本金，并无不当。

法院裁判：

一审法院认为，合法的借贷关系受法律保护。原告提供的证据已经证明双方借贷关系成立，被告孙某红在原告向其主张权利时应偿还借款，否则应承担民事责任。本案争议焦点为原告是否适格；是否属于职业放贷人；被告所借款项是否已偿还完毕。①原告代理人庭审中提供了监狱管理部门出具的证明，可以证实本次诉讼系原告所主张。②关于职业放贷人的认定需要满足三个条件，即放贷行为经常性、放贷目的营利性、放贷对象不特定性。实践中，《非法放贷刑事意见》中关于"经常性地向社会不特定对象发放贷款，是指2年内向不特定多人以借款或其他名义出借资金10次以上"的规定，可参照适用。经查询一审法院受理的原告以民间借贷为由提起的诉讼，2015年至2016年共计8次，金额为21.5万元，其中三件判决金额共计为5万元，其余的均已撤诉，而判决的三件案件原告均只要求偿还本金，并未要求偿还利息，可以看出原告上述出借行为并不具有营利性质，故原告不构成职业放贷人。被告的此项抗辩理由不予采信。③关于借款是否偿还完毕。原、被告双方均认可在借款时约定了利息，月利率为0.04元，对于原告主张利息一节予以确认。最高人民法院《关于审理民间借贷案件适用法律若干问题的规定》第26条规定："借贷双方约定的利率未超过年利率24%，出借人请求借款人按照约定的利率支付利息的，人民法院应予支持。借贷双方约定的利率超过年利率36%，超过部分的利息约定无效。借款人请求出借人返还已支付的超过年利率36%部分的利息的，人民法院应予支持。"本案双方约定的利率及被告实际偿还的利息高于当时的法律规定的自愿还款保护年利率36%的上限，超出部分应返还或抵扣借款本金，因被告尚欠原告借款，故将被告计付利息超出年利率36%的部分抵顶借款本金。最高人民法院《关于审理民间借贷案件适用法律若干问题的规定》第27条规定："借据、收据、欠条等债权凭证载明的借款金额，一般认定为本金。预先在本金中扣除利息的，人民法院应当将实际出借的金额认定为本金。"本案中，双方均认可计付借款时先扣除了"砍头息"，该行为违反了法律强制性规定，应按实际出借的数额认定本金。2017年8月7日，被告借款150万元，扣除"砍头息"6万元，实际借款本金应为144万元。2018年3月30日，被告借款50万元，扣除"砍头息"2万元，实际借款本金应为48万元。2018年6月7日，被告借款50万元，扣除"砍头息"2万元及150万元借款的当月利息6万元，实际借款本金应为42万元，被告合计向原告借款本金为234万元。关于2018年6月7日，被告借款50万元中扣除借款150万元借款利息的问题，因被告实际收到借款42万元，故借款本金应为42万元。

二审法院认为一审法院判决正确并维持一审判决。

对以上案件的简要分析评判：

当高利放贷者摒弃了武力索债的方式，"文明放贷"成为当前的高利放贷的主流方式。案例九中高利放贷者在合同上标注的借款数额与实际发放的数额不匹配，提前扣除利息不仅能够免去索债成本，当借款人无法归还欠款时，法院也会依据借条来认定借款金额。即使在本案中法院已经查明"砍头息"的存在，但也只是认定超出利息不予承认。但这一行为已经构成了高利放贷，若仅如此草草了事，必定会为金融市场经济秩序与他人合法财产权益的安全埋下隐患。案例十中一审法院对放贷人的行为进行了审查，虽然审查结果认定放贷人不符合经营性高利放贷的放贷次数要求，但体现了司法机关对规制高利放贷行为的重视，为打击高利放贷行为提供了较好先例。

第二章
经营性高利放贷行为的刑事规制

高利放贷行为复杂多样，可以按照其不同属性进行不同划分。从借贷关系的设立角度，可以将高利放贷行为划分为四种类型：欺诈式的高利放贷、诈取式的高利放贷、自愿性的高利放贷和平等性的高利放贷。从高利放贷可实现的角度，可以将其划分为公务性、机构性、自由性等高利放贷类型。本书主要从是否盈利的角度将高利放贷行为分为两类：一为经营性高利放贷，二为非经营性高利放贷。这种划分主要考虑到高利放贷行为的内在动机，也是选择对其规制手段的重要依据。这一划分所遵从的法律依据来源是中国人民银行办公厅发布的《关于以高利贷形式向社会不特定对象出借资金行为法律性质问题的批复》（下文简称"央行办《批复》"）和国务院颁布的《非法金融机构和非法金融业务活动取缔办法》（以下简称《办法》）。本书将以此为基础来探究高利放贷行为的规制问题。在学术研究领域，学者们对高利放贷行为的规制存在诸多争议。例如林毅夫、孙希芳教授在其文中提到："鉴于中小企业由于信息不透明使得其向正规金融机构融资存在困难，而相对于正规的金融机构，民间非正规金融机构有助于克服中小企业信息不透明导致的信息不对称的问题，从而具有相对优势。"[1]李腾教授在其文中提到高利放贷行为的非法性质与非法经营罪规制的不合理性；认为《办法》所规制的行为并不能完全涵盖民间高利贷，因此不能取得民间高利放贷属于违法甚至犯罪行为的结论。司法实践中不应依照该《办法》来论证民间高利放贷行为的非法性……也不能基于同质性解释将高利放贷行为归为非法经营罪之中，因为其并不符合非法经营罪罪质的要求。[2]龙登高、潘庆中和林展教授认为各

---

[1] 参见林毅夫、孙希芳：《信息、非正规金融与中小企业融资》，载《经济研究》2005 年第 7 期，第 36 页。

[2] 参见李腾：《论民间高利贷不应司法犯罪化》，载《法学杂志》2017 年第 1 期，第 112~120 页。

种形式的高利借贷，其本质是一种自由自愿的交易，具有其生存空间与内在逻辑，以其需求偏好和资本偏好满足某种选择，是多元化金融手段体系中的一种高风险的民间借贷形式，其他金融工具难以完全替代，并以其市场定位与行业细分在多样化体系中降低系统性风险。如果单纯严加禁止，只能将其推向不透明的地下交易而加重其风险与危害。只有通过认可与引导，规范与监管，方可逐渐达到有序效果。[1]邱兴隆教授认为高利放贷行为本身并不具有违法性，因为该行为没有违反国家规定，更不可能涉及经济领域中自由交易的基本原则。[2]与上述观点不尽相同的是，岳彩申教授认为，法律所要禁止和否定的是未经批准的商事性民间借贷。无论放贷主体是自然人还是法人或其他组织，只有取得法定机关的批准方可具备商事性民间借贷的合法主体资格。[3]周铭川教授认为，高利放贷行为都应归属于非法经营罪，但其强调合理的边界，不要过多关注衍生犯罪，应当注意规制高利放贷行为本身带来的危害。陈庆安和罗开卷教授提出，对于那种以经营为目的并具有严重社会危害性的民间高利放贷行为，应当通过司法解释和立法入罪相结合的规制方式加以禁止，主张纳入"非法经营罪"与"高利放贷罪"进行规范。陈兴良教授则是从刑民交叉角度出发阐述高利放贷行为入罪的条件并主张设立新的罪名加以调整。总的来说，学者们对于高利放贷行为的规制，基于不同的观点和立场提出了不同的策略和规制路径。一方面，一些学者认为高利放贷行为具有一定的合法性和合理性，应当采取更加宽容的手段以保障市场经济的自由发展，实现经济多元化和自由交易的基本商业原则。另一方面，也有学者认为高利放贷行为存在非法性和严重社会危害性，应当采取更为严格的法律手段甚至是刑罚制裁途径，以保护社会公共利益和借款人的合法权益。因此，在制定高利放贷行为的规制政策时，应当充分考虑各种不同的观点和立场，综合各种合法利益的均衡，采取多种手段综合治理，以实现社会效果和法律效果的统一。

央行办《批复》将高利放贷划分为经营性高利放贷与非经营性高利放贷。需要注意的是有学者将经营性高利放贷和非经营性高利放贷称为民间商事借

---

[1] 参见龙登高、潘庆中、林展：《高利贷的前世今生》，载《思想战线》2014年第4期，第13~19页。

[2] 参见邱兴隆：《民间高利贷的泛刑法分析》，载《现代法学》2012年第1期第112~124页。

[3] 参见岳彩申：《民间借贷规制的重点及立法建议》，载《中国法学》2011年第5期，第85页。

贷和民间民事借贷[1]。为防止混淆，特注说明。此后本书不再具体区分该两组概念。从经营性高利放贷角度来看，首先需要界定的问题是经营性高利放贷的范围，即经营性高利放贷行为的刑事规制区间和边界问题。在如何确认刑事规制边界问题上，应先从经营性高利放贷的概念出发，明确其基本范围，在明确范围的过程中借助比较法思维，将其与非经营性高利放贷作对比研究，以使得二者边界更加明晰，由此方可较为明确地将经营性高利放贷行为纳入刑事法规制之中。沿着这个逻辑对高利放贷行为以何种路径进行刑事规制，成为对该行为进行体系性研究的重要内容。将高利放贷行为按照特定属性进行必要分类，有助于我们考察研究高利放贷行为的本质和规制方向。本章内容主要涉及经营性高利放贷的刑事规制研究。

一、经营性高利放贷之范围选择

（一）经营性高利放贷的范围确定

依据央行办《批复》和国务院《办法》，民间个人借贷行为的发生实质是主体之间的资金调剂行为。其出发点是为保障自身的生产经营和生活需要。具体而言，出借人并不以出借资金作为自我经常性的获利来源。将本人的合法收入的资金出借给特定的个人，其初衷是帮助满足借入人解决其短时间内的生产经营资金和生活费用需要。在民间个人借贷行为中，即使利率超过了最高人民法院《关于人民法院审理借贷案件的若干意见》中所规定的银行同类贷款利率的4倍，也应该将其定性为民间个人借贷，只是对于超出部分的利息不予保护。这类借贷不属于《办法》中认定的非法发放贷款行为。与此不同，经营性高利放贷行为的性质应为非法发放贷款行为，其面向的主体为社会公众，具有不特定性，其发放的频率也具有经常性特征。相比较而言，非经营性高利放贷行为的性质应归属于普通的民间个人借贷行为，出借方以个人名义向特定的主体发放自己所获收入下的盈余且不以经常性牟利为目的。有一些观点认为，经营性高利放贷行为契合了现实社会经济所需，并进而提出由于中小微企业与大型公司存在很大差异，常常存在信息不透明、法人与自然人混同的现象，使得其向正规金融机构融资的困难较大。与此不同的是

---

[1] 参见刘道云：《民间借贷的法律类别及其区分意义》，载《新金融》2013年第1期，第30页。

非金融机构性质的"出借人"却有利于中小微企业进行融资，满足其生产所需。[1]问题在于，在我国商事性民间借贷中存在的这种经营性高利放贷行为只有在相关法定机关批准后方能进行放贷，由此获得合法的商事性民间借贷的主体资格。因此，不管是自然人、法人抑或是其他组织都需得到相应机关批准。[2]如此分析，经营性高利放贷至少具备双重违法性。一是未获得相关国家机关的批准从事高利放贷的活动；二是在获利性上相较正规批准的商事性民间借贷机构（如银行），其往往收取过高的利率，因此具有违法性。经营性高利放贷与非经营性高利放贷存在着实质性区别，经营性高利放贷的形式往往是成立小额的放贷企业，以规模化方式在放贷过程中设定过高的出借利息以此获利和维持公司的正常运营。此种做法违反了相关法律法规规定，也未获相关部门审查批准，因此在我国市场经济体系下逃避了国家有效监管，由此带来了巨大的社会危害性。

依据学界通说，现存在两种界定高利放贷立场的学说。一是将一定数额的"高利率"作为判断是否存在高利贷的核心标准；二是从民间借贷的利率能否引起特定民法或刑法效果的角度界定高利贷。首先，在经济学研究中，一些学者将年利率在 20% 以上的营利性借贷定为高利贷，[3]这种基于民间借贷是否超过一定利息比例的标准，在法学评价和司法实践中也被广泛接受。就法学评价而言，这种界定方式具有以下两个优点：其一，刚性的概念界定方式有利于保障高利贷认定的客观性；其二，通过保障高利贷认定的客观性，可以有效避免司法实践在认定何谓高利贷时出现混乱现象，可以实现司法裁判的相对统一性。其次，从法律效果角度出发，只有借款利息不受法律保护的民间借贷才能被认为是高利贷。相关规范性文件也支持这种立场。例如最高人民法院在《关于城市借贷超过几分为高利贷的解答》中将私人借贷利率的上限规定为三分，超过三分的利息在"双方自愿，无其他非法情况"下一般也不得加以干涉。同时，在 2015 年发布的最高人民法院《关于审理民间借贷案件适用法律若干问题的规定》中，民间借贷被分别设置了 24% 和 36% 的

---

〔1〕 参见林毅夫、孙希芳：《信息、非正规金融与中小企业融资》，载《经济研究》2005 年第 7 期，第 36 页。

〔2〕 参见岳彩申：《民间借贷规制的重点及立法建议》，载《中国法学》2011 年第 5 期，第 85 页。

〔3〕 参见张忠民：《前近代中国社会的高利贷与社会再生产》，载《中国经济史研究》1992 年第 3 期，第 145～146 页。

年利率限制。其中，超过 24% 的年利率被看作属于民法中的自然债务，属于相对不受法律保护的利息。在债务人拒绝履行的情况下，债权人"无从请求强制执行"。[1] 而年利率超过 36% 的部分则是法律绝对不予保护的利息。因此不少学者将这种年利率超过 36% 的民间借贷称为高利贷。2020 年发布的最高人民法院《关于审理民间借贷案件适用法律若干问题的规定》（2020 年修正）同样体现了这样的立场，规定"双方约定的利率超过合同成立时一年期贷款市场报价利率四倍的"将不再获得法律保障。从高利贷受到法律限制或受到刑事制裁的法律效果的角度出发，高利贷应受到否定性评价。从这样的语境分析，高利贷具有贬义的概念。在英语中，"usury"作为汉语高利贷对应概念，被认为是"使得放贷者不公平地从中牟利的、不合伦理或道德的货币贷款操作"。[2] 在汉语世界中，高利贷也通常被视为对借债者的一种剥削。此外，在社会实践中，高利贷的实现往往会与一定的暴力相结合形成一定的黑恶势力，比如近年滋生泛滥的"套路贷"现象，更增加了一般公众对高利贷的负面印象。因此，明确对高利贷的概念界定，对于打击高利放贷违法犯罪行为，维护社会公正与法制权威，具有积极意义。

明确界定经营性高利放贷的概念，其规范意义在于区分开经营性高利放贷与非经营性高利放贷，以便从法律层面对高利放贷行为进行有效规制。事实上，经营性高利放贷与非经营性高利放贷行为范围的区分单纯依靠概念表达依然存在问题。为解决二者区分难问题，还需要将其概念表征化。通过梳理总结，可以从五个方面将二者进行区分：一是出借人发放贷款的对象，二是出借人的营利性目的，三是出借人发放时的利率高低，四是出借人出借贷款发生的法律效果，五是出借人发放贷款的频率及有关额度。

1. 出借人发放贷款的对象

在经营性高利放贷过程中，营利性与放贷对象的不特定性即公众性，是非法放贷行为成立的必要条件。不特定性指的是放贷行为所涉及的主体不特定，无论是单位还是个人都必须为不特定的多数主体。由于不特定性即公众性比较容易判断，这里不再赘述。行为人在设立高额贷款时所采取的各种手

---

〔1〕 参见孙森焱：《民法债编总论》（上册），法律出版社 2006 年版，第 17 页。
〔2〕 参见吕如龙、冯兴元：《"高利贷"的问题及其对策》，载《学术界》2017 年第 9 期，第 211 页。

段，例如通过诱骗或者乘人之危促使他人向其获取贷款，其最终目的是追求高利率的收益。单纯追求高利率不足以成为判定非法放贷的关键因素。但是如果放贷数额和行为没有达到非法放贷成立的要求，则可根据放贷行为的本质特点，适用《刑法》分则中的"诈骗罪""合同诈骗罪"等来规制违法放贷行为。根据《刑法》规定，诈骗罪是以非法占有为目的，用虚构事实或者隐瞒真相的方法，骗取数额较大的公私财物的行为。本罪侵犯的客体是公私财物所有权。诈骗罪侵犯的对象，仅限于财物，而不是骗取其他非法利益。拐卖妇女、儿童的，拐骗儿童的，骗奸的，属于侵犯人身权利罪。也应排除金融机构的贷款。因《刑法》已于第193条特别规定了贷款诈骗罪。本罪在客观上表现为使用欺诈方法骗取数额较大的公私财物。行为人实施了欺诈行为。欺诈行为从形式上说包括两类：一是虚构事实，二是隐瞒真相。从实质上说是使被害人陷入错误认识的行为。甲到柜台购买金项链，售货员乙先拿一条真项链给甲看，甲决定购买。乙趁甲去付钱，将事先准备的假项链与真项链调换，后将假项链给甲。乙成立诈骗罪。根据《刑法》第300条规定，组织和利用会道门、邪教组织或者利用迷信骗取财物的以诈骗罪论处。以提起民事诉讼为手段，提供虚假的陈述、提出虚伪的证据，使法院作出有利于自己的判决，从而获得财产的行为，称为诉讼欺诈，成立诈骗罪。因此行为人如果通过欺诈实施高利放贷行为是符合诈骗罪构成要件的。

　　在非经营性高利放贷活动中，出借人发放贷款的对象多为特定的。按照实践中常见的情形，非经营性高利放贷行为多发生于熟人朋友之间。出借人之所以实施放贷行为，更多的是基于一种信任，或者出于他人的请求，彼此之间有一定的了解。由此出借人会产生一定预期，对借款人的还款能力、用款途径及还款信用都有一定把握。出借人和借款人之间也正是因为存有信任基础，可以通过书面甚至口头承诺的方式形成借贷关系。由此来看，非经营性高利放贷在资金出借的规模、还款的风险、对社会产生的影响方面都相对较小，具有一定稳定性。与非经营性高利放贷不同，由于经营性高利放贷的借贷双方通常不具备血缘、地缘、学缘、业缘等纽带关系，而且彼此之间超越了"特定对象"的范畴，尤其是职业放贷者的资金出借对象不再局限于熟人圈。[1]随着网络空间技术的不断延伸发展，网贷公司、校园贷、美容贷等

---

〔1〕　参见陶建平：《高利贷行为刑事规制层次论析》，载《法学》2018年第5期，第181页。

各种新型的、变相的贷款方式层出不穷。此种经营性高利放贷由于针对的是不特定的社会公众，一旦出现借款人还款不能之情势，其蕴含的社会风险会大大增加，并将波及商业经济和信用体系危机，因此成为法律乃至刑事规制的重要方面。

2. 出借人的营利性目的

如上所述，非法放贷的成立要件之一是以营利为目的。营利性包括两方面要素，即盈利性和职业性。就历史渊源而言，放贷行为伴随商业交往产生并展开，其存在具有一定的合理性。小型企业或个人来从民间放贷人借贷高利率的贷款，放贷者并不一定构成非法放贷。如果放贷人是出于个人情感或者借贷双方的亲密关系，让亟须资金经营者以解燃眉之急。这种偶发性的放贷行为，一方面满足了小型企业或个人因不符合金融机构贷款条件而需紧急解决的融资要求，另一方面也有助于市场资金灵活流动，能够在一定程度上促进市场经济的发展。与此不同的是，构成非法放贷的高利放贷行为，必然包含着出借目的营利性和反复性。[1]因此，将营利性作为非法放贷行为的特征之一，可以排除因个人情感和需要而进行的暂时性、偶发性的高利率放贷行为。虽然营利性与非法占有目的都有将超过国家规定利率而支付的利息占为己有的意思，但是营利性比非法占有目的更能准确的描述非法放贷行为的本质属性，也更能体现刑法规制对象特征，体现了刑法对社会利益的基础性规范价值。因此，"营利性"能更好地体现放贷行为与放贷业务之间相互联系但又有本质区别的特征。

正如上文指出的，在非经营性高利放贷中，出借人一般不具有营利目的的惯性意图。经营性高利放贷则通常表现为出借"笔数多""借贷金额累计数额大""借贷关系累计持续时间较长"等特点。从获利性目的特点可以看出，经营性高利放贷的出借人已经将放贷这种行为作为自己惯常职业。其贪财图利的意图也代表了其要比经机关批准的商事放贷机构的利率高。一旦其所获利率过高就会引发借款人陷入"利滚利"之困境。"套路贷""校园贷"的普遍存在即为实例。需要进一步明确的是，非法放贷与民间借贷在主观目的上存在本质区别。从文义解释的角度来看，"以非法占有为目的"除了指直接占

---

〔1〕 参见朱和庆、周川、李梦龙：《〈关于办理非法放贷刑事案件若干问题的意见〉的理解与适用》，载《人民司法》2019 年第 34 期，第 27~30 页。

有他人财物外，还包括对他人财物的非法利用。其中，占有他人财物是指行为人的占有意图已经达到了可被惩罚的程度，而利用他人财物则是指尽可能地实现他人财物的使用价值。相对于非法民间借贷而言，非法放贷不仅将借款人的合法财产非法占为己有，而且通过订立超高利率的方式，将借款人推向财务困境，损害其合法权益。因此，非法放贷不仅是一种非法占有行为，更是一种对社会公平正义的破坏。

3. 出借人放贷利率高低

高利贷本质上是一种民间借贷行为。在借款合同中，借款人向贷款人借款并支付利息。值得注意的是，行为合法性并非民事法律行为的必要条件。因此，即使某个行为被认为"违法"，也并不一定存在法律上对其行为的消极评价（制裁）。[1]因此，从高利贷的民事法律性质上看，高利贷本质上仍然是一种民事借款合同。与正规的金融机构借贷不同的是，从事贷款等金融服务的机构必须经过批准后才能设立。因此高利贷放贷者在法律意义上从事只有银行等金融机构才能够从事的贷款业务，却缺乏金融业务资质。与一般借款合同不同，高利贷通常约定的"利息"远高于普通借款合同。如前所述，在西方中世纪，曾将所有存在利息回报的借贷关系视为高利贷，但这种主张忽视了借贷资金作为实现社会财富增值的基础要素。从实现社会财富增值的视角看，利息是借款人使用资金的单位成本。而从贷款人角度看，利率则是借出资金所获得的报酬率。利息本质上是人们为社会所作贡献的奖赏，而利率则是这种奖赏的力度。[2]

高利贷本质上属于借贷合同，其本金的实现取决于债务人未来的履行能力，因此债权人的债权实现具有不确定性之风险。在此意义上，利息也是对债权人面临的风险之补偿或担保。在一定的社会经济条件下，一定资本所能带来的增值是有限的。如果借款的利息远高于正常的社会经济发展所能带来的增值，那么该利息的获取就已经违背了利息的本质，超越了商业运行规律的制约，不应再被视为对放贷人出资的奖赏。在判断某项贷款是否为高利贷时，特定时期国家规定的银行利息限度是重要的参考标准。除了银行自身管

---

〔1〕 参见薛军：《批判民法学的理论建构》，北京大学出版社 2012 年版，第 116 页。

〔2〕 参见李朝民：《利息本质的再探讨：利息贡献奖赏论》，载《西安交通大学学报（社会科学版）》2009 年第 1 期，第 27 页。

理成本和中央银行的货币政策，影响利息额度的基础性因素是"社会资金的平均利润率"，而国家相应时期所确立的利息范围则在一定程度上与资本的增值情况具有正相关关系。[1]因此，违反国家规定的利息限度是判断是否为高利贷的重要参考标准之一。此外，在现代社会，银行利率是国家进行经济调控的重要手段。国家通过垄断金融业的存贷款业务，并通过存贷款利率的调整，影响国民经济的运行，调整宏观经济的稳定与均衡发展。高利贷被质疑的一个重要原因是脱离了国家监管，影响了国家宏观调控能力。因此，在判断高利率的民间借贷是否属于高利贷时，银行利率应当被作为重要的判断标准之一。

经营性的高利放贷出借人的追本逐利行为本质往往使得出借利率较高。利率高还可以从另一层次来佐证。正如前文所提，经营性高利放贷往往借助成立放贷公司来具体实施。公司的设立需要额外的人力成本与运营成本，这就使得在放贷利息上要增加一部分"成本因素"。与银行等金融机构的"国有企业"属性不同的是，放贷公司扮演的角色更多的是民营企业。作为公有制国家，我国对民营企业的管理是非常严格的，民营企业存在诸多缺陷，它们"不能有效应对诸如政府失灵、市场失灵所产生的各种问题"。[2]与其他民营企业一样，这类放贷公司需要在强大的国有企业的夹缝中和国家严格的管理下寻求生存与发展空间，在税收、环保、消防、贷款等层层壁垒间周游迂回，极尽其一切能力去积极拓展业务，保证自己的利润存在。因此以放贷为职业生存的公司有着远超一般市场规定的高利率也就可想而知了。

4. 出借人出借贷款产生的法律效果

经营性高利放贷所产生的法律效果一般不会获得国家批准和认可，而非经营性高利放贷则会受到法律保护。非经营性高利放贷即使存在超过法律规定的利率也仅是就超出一般利息以外的部分确认无效，其仍属于民间个人借贷行为。

首先，从我国规制民间借贷的相关法律法规来看，经营性高利放贷违反了国务院《办法》的禁止性规定。央行办《批复》对非经营性高利放贷和经

---

〔1〕 参见吴强、吴世绿：《论利息的本质和利率水平的决定因素》，载《广西农村金融研究》1992年第3期，第37页。

〔2〕 马玉丽：《地方政府向社会组织购买公共服务研究》，人民出版社2022年版，第10页。

营性高利放贷作出了不同的定性，将非经营性高利放贷定性为民间借贷关系，而将经营性高利放贷定性为非法放贷行为。目前我国高利贷在形式上大多数属于经营性高利放贷。这种高利放贷的特点在于其基本以借贷公司或者借贷企业的运作模式存在。这种违反国家相关金融管理秩序的运作模式实际上潜藏着巨大的金融风险。由于"民间融资的过度泛滥，导致商业银行难以准确测算企业现金流、负债等信息，容易产生误判"，甚至可能引发系统性的金融风险。[1]因此，为了防范金融风险，我们应该采取有效的措施，加强对高利贷的监管和管理，规范金融市场秩序，保障金融市场的稳定和健康发展。为了有效管控高利放贷行为，国家开始针对当下网络小额贷款公司加大治理力度以整治经营性高利放贷的违法乱象。2019年最高人民法院、最高人民检察院、公安部、司法部新出台的《非法放贷意见》中也采纳了上述意见，将经营性高利放贷的行为纳入了刑事规制之中。

其次，从借款人的财产权益保护角度出发，我们可以看到高利贷的核心在于高利率。对于生产型高利贷而言，高利贷公司往往不需要抵押或者风险合规审查即可开展业务，因此这种高利贷具有融资方便、快捷的特点。对于希望快速获得资金的中小企业而言，这种高利贷有其不可替代的独特优势。然而，高利贷助力于企业经营的维持或者扩大，只是建立在高利贷与企业发展的外在关联之上。高利贷的目的只是获得高额的利息，而非通过提供资本间接参与企业的财富增值的方式，分享资本增值中产生的相应盈利。因此，高利贷的利率一开始就未能与企业财富的增值建立起内在的关联，这也就意味着高利贷的利率并不受制于企业的盈利率，其可以远远高于企业的盈利率，进而导致借款方从事生产经营增值的财富最终被高利贷出借人侵占。

最后，能够为刑法所规制的行为必然要具备严重的社会危害性。在具体论及高利贷的社会危害性时，很多学者直接将高利贷的社会危害性等同于高利贷侵害了"借贷的合法权益和国家对民间借贷利率的监管制度"。[2]但是，这种纯粹基于法律规范维度的考察，在很多情况下并不具有说服力。正如一些学者指出的那样，一方面高利贷可以促进民间资本的流通，在很大程度上

〔1〕　参见中信银行杭州分行课题组：《民间融资、高利贷行为识别和商业银行风险防范措施探析》，载《浙江金融》2012年第10期，第54~57页。

〔2〕　参见赵秉志、李昊瀚：《民间放高利贷行为入罪问题探讨》，载《河南大学学报（社会科学版）》2020年第2期，第54页。

提升民间资本的利用率;[1]另一方面,"在资本供求失衡,现代金融滞后的情况下,高利贷在某种程度和某种方面有其积极的作用和影响",[2]特别是在我国中小企业融资难的情况下,高利贷在很多时候为民营企业解决了融资难的问题。因此,如果仅着眼于高利贷扰乱了国家金融管理秩序,我们就不能准确把握高利贷被法律禁止的更为根本的原因。质言之,民间资本大量投向高利贷,虽然可以为相应的资本带来较大的增值,但是从提升社会生产力的角度来看,这些资金流通并无实质性的经济意义。因此,马克思提出:"高利贷并没有改变现实的生产方式,……不会促进生产力发展,相反却是将生产力推向持续的萎缩枯竭,只会使悲惨的状况不断加重并固定化。"[3]

总体而言,我们需要从多个角度对高利贷问题进行分析,更加全面而准确地认识高利贷的本质和社会危害性。在此基础上方可采取相应的规制措施,遏制高利贷的消极影响,促进我国金融市场乃至整个市场经济体系的健康发展。

5. 出借人发放贷款的频率及有关额度

经营性高利放贷借贷发生的频率与金额一般较为频繁且借款数额较大,非经营性高利放贷多发生在熟人之间,具体表现在个人与个人,个人与单位之间,属于偶发性借贷且一般借款额度相对较小。非经营性高利放贷的目的更多是为了解决短时间的资金周转困难,因此借贷多发生于单位或者个人财务发生危机之时,这也导致该种放贷发生频率比较低。一般而言,此种财务危机下的紧急借贷的次数并不会太多,即使非经营性高利放贷的借贷较为频繁,也具有足够的安全性。因为出借人向借款人出借的钱款是自己结余下的钱款,未在约定的时间收回并不太影响出借人的生产、生活。而经营性高利放贷则不同,由于放贷人以此为业,为了保证有足够多的利润,出借人必须保证借款频率足够高,金额足够大,在此种情况下出借人为了获利加大借款频率与额度,会主动去融资加杠杆,如果没有按时在借款人处收回钱款,对出借人而言,会诱发暴力讨债、软性逼迫等违法手段的发生;对借款人而言,

---

〔1〕 参见茅于轼:《重新认识高利贷》,载《农村金融研究》2006 年第 9 期,第 61 页。

〔2〕 参见高石钢:《高利贷的概念界定与历史作用的评价问题之我见》,载《宁夏社会科学》2017 年第 2 期,第 114 页。

〔3〕 参见中共中央马克思恩格斯列宁斯大林著作编译局:《资本论》(第 3 卷),人民出版社 2004 年版,第 934 页。

若是未及时还款致使借款人赔进全部身家，则会造成社会动荡，使社会稳定性受到威胁。

质言之，经营性高利放贷的范围并不是从单一维度来确认，依照央行办《批复》，我们可以将高利放贷行为分为两类。那么在准确界定高利放贷行为后，只要将经营性高利放贷与非经营性高利放贷相区分就可以明确其大致范围。二者区分的关键在于放贷人的放贷行为是否具有营业性特征或者说是否具有"职业化"特征。为了防止经营性高利放贷范围选择的模糊性，本书通过经营性高利放贷与非经营性高利放贷在发放贷款的对象、盈利性目的、利率高低、贷款发生的法律效果等五大方面进行对比，目的便是使得抽象化的区分概念更加立体化、现实化和可操作化。

（二）经营性高利放贷范围确定的必要性

经营性高利放贷范围确定是否存在必要性？这个问题关系我们后续围绕对高利放贷行为的刑事规制必要性和规制路径的展开。虽然按照央行办《批复》和就经营性高利放贷行为性质的五个方面对比确定了经营性高利放贷的范围，但是仍缺乏深层次分析，故有必要在此处予以证成。经营性高利放贷范围确定的合理性也有益于后续刑事规制可能性的开展，比如为立法优化完善、司法规制提供正当性依据。经营性高利放贷范围确定的必要性依据主要从如下几个方面进行说明。

首先，经营性高利放贷范围的确定有利于完善我国民间借贷的法律规范，保护合法借贷行为。我国有一些法律法规和其他的规范性文件中存有一些关于民间借贷的相关规定，但是依旧存在明显不足，这些关于民间借贷的规范文件较为简单粗略，难以确定合理的范围，对预防社会中借贷风险的发生很难起到规范作用。虽然央行办《批复》将高利放贷行为划分为两种，也即经营性高利放贷与非经营性高利放贷，但是因为央行办《批复》的法律层级较低，很难获得应有效果。我国司法实践一般是将经营性高利放贷与非经营性高利放贷等同对待，实行同一保护规则，对最高限制利率的标准也是一样的。此种情况会将民间借贷利率不断推高。又由于我国经营性高利放贷缺乏有效监管，借贷环境处于混乱状态，倘若贷款公司的资金链断裂，容易引发社会的借贷危机。[1]因此，我国在立法上需要将不同类型的民间借贷予以分别规

---

[1] 参见刘道云：《民间借贷的法律类别及其区分意义》，载《新金融》2013 年第 1 期，第 31 页。

制，以此来调低职业放贷利率，规范和打击民间非法借贷。

其次，经营性高利放贷范围的确定有利于突出放贷领域的规制重心——经营性高利放贷。将经营性高利放贷纳入到国家常规的金融监管视野之中，可以有效地对社会借贷风险予以预防并解除可能的金融危机。我国由于对经营性高利放贷的存在监管缺失问题，容易滋生大量的借贷危机，如黑社会性质的暴力讨债、利诱诈骗犯罪的发生。为解决中小企业融资难问题，2008年中国银行业监督管理委员会与中国人民银行发布了《关于小额贷款公司试点的指导意见》（下文简称《意见》），推出了小额贷款公司。《意见》指出由省级政府金融管理机构（金融办或相关机构）来监督管理小额贷款公司并为其承担风险处置责任。在具体实践中，省级政府金融管理机构的作用除了履行审批、监管职能，主要表现为对一些金融工作进行协调。事实上，地方政府金融管理机构的人员数量与知识结构都存在问题，不适合该项工作的审批监管。因此，以职业放贷为生的放贷公司大量出现，它们始终长期游离于国家常规金融监管视野之外，给国家带来了多重的借贷风险。只有将规制重心放在经营性高利放贷上，将其纳入常规的金融监管视野，方能有益于形成良好的民间借贷金融秩序。

再次，经营性高利放贷范围的确定有利于将非经营性高利放贷的红利激发出来。区分开经营性高利放贷与非经营性高利放贷，明确我国金融体系发展完善主要依靠的力量是经营性高利放贷的经营主体。在我国，从事放贷业务的合法主体为商法人，一般的自然人是不具有从事放贷业务的资格的，这种规定限制了合法借贷的主体范围，将民间借贷的力量缩小至商法人，使得自然人丧失了支配自有资金从事放贷业务的资格，影响了金融多元化功能的发挥。我国相关法律虽然禁止自然人从事高利放贷业务，但实际上仍然存有大量的自然人进行高利放贷的事实，并形成了所谓的"职业放贷人团体"。正是经营性高利放贷可以获得很高的利息回报，使得一些自然人通过各种途径纷纷加入这一业务领域。在民事审判实践中，通过案例检索我们发现，一个自然人主体可以成为多个自然人主体的债权人，其债务人规模可以达到数十人甚至上百人，因此实施这种高利放贷行为的自然人已然变成经营性高利放贷的出借人。因此，本书建议将自然人从事放贷业务的权利纳入立法规定中，顺应商业经济和金融需求发展的趋势，并为防止借贷风险的提升作出贡献。当然为了有效平衡各方利益关系，可以对自然人进入金融业务设置相对较高的许可条件，以其具备一定的实力以及抗风险的能力为条件。这样就使得自然人从事放贷业务的地位得以确定，让其成为激发我国借贷市场活跃的新型力量。值得注意的是，国家应对经营性高利放贷范围与非经营性高利放贷者分别予以有效规制，防止社会借贷危机发生。

最后，明确我国立法对经营性高利放贷、非经营性高利放贷区别对待的原则，并通过完善两种放贷行为的相关法律责任，可以有效维护社会金融借贷的秩序，充分发挥金融体系对市场经济的决定性作用。尽管我国针对一些非法的借贷行为规定了一些处罚手段和措施，但是在刑法规制方面，多是通过"非法经营罪"与"非法集资罪"（"非法吸收公众存款罪"和"集资诈骗罪"）予以规范。我国立法仍缺乏对民间借贷行为的具体规定，使得现有制度对高利放贷特别是经营性高利放贷的社会危害性缺乏足够的制裁手段，刑法的预防与惩罚功能难以发挥。在此种情况下，对于自然人主体所为的经营性高利放贷行为难以进行有效打击。尤其在对他们以非经营性高利放贷冒充经营性高利放贷并缺乏相关证据的情况下，在这种假借"熟人"借款的表象下对不特定对象进行高利借款行为很难予以规制。对此行为所采取的手段也只能依据最高人民法院《关于人民法院审理借贷案件的若干意见》中所规定的银行同类贷款利率的 4 倍，将其定性为民间个人借贷，只是对于超出部分的利息不予保护。尽管在实践中有些部门将此类经营性高利放贷行为以"非法经营罪"予以制裁，但此举受到理论界与实务界的诸多批评。非法经营罪是否可以囊括此类违法行为仍是值得怀疑与思考的。将经营性高利放贷评价为非法经营罪，存在与刑法的罪刑法定原则相冲突的危险。依照《刑法》规定，非法经营罪是违反国家规定，从事以下几种行为：①未经许可经营法律、行政法规规定的专营、专卖物品或者其他限制买卖的物品。②买卖进出口许可证、进出口原产地证明以及其他法律、法规规定的经营许可证或者批准证件。③未经国家有关主管部门批准，非法经营证券、期货或者保险业务。④其他严重扰乱市场秩序的非法经营行为：非法买卖外汇；擅自经营国际电信业务；生产销售禁止的非食品原料、农药、兽药、饲料；私设生猪屠宰场；非法从事出版业务。因此其并未明确规定包括高利放贷行为。如果将高利放贷评价为非法经营罪进行定罪判刑，存在违背罪刑法定原则的可能，既无处罚的公正性也无使公众信服的合理性。对于此种状况，可以考虑从立法方面入手，一是在非法经营罪中对这种假借"熟人"借款的表象对不特定对象进行高利的借款行为予以明确，二是专门增加相关罪名如"高利放贷罪"，用以规制这种行为。关于对高利放贷行为予以分类别的规制在下文会有详述，此处不再赘述。

综上所述，在经营性高利放贷范围选择这一命题下，本书主要围绕两大主题展开：一为解决经营性高利放贷的范围，二为明确经营性高利放贷行为范围的确定具有可行性与必要性。在经营性高利放贷的范围确定中，本书通过选择合适的划分依据（央行办《批复》）将高利放贷行为分为两类。经营性高利放贷范围的确立通过专业化概念的界定表征出来。囿于专业概念的抽象性，本书采用比较法将经营性高利放贷与非经营性高利放贷在五大方面展开比较，以明确经营性高利放贷的范围，为后续在立法规定与司法保障两方面的有效展开提供理论支撑。质言之，从立法方面看经营性高利放贷范围的确定有利于完善我国民间借贷的法律规范，保护一些合法借贷行为，突出放贷领域的经营性高利放贷的规制重心，有利于将非经营性高利放贷的红利激发出来。从司法保障方面来看，对经营性高利放贷、非经营性高利放贷分别予以规制，可以完善相关法律责任，遵循了法的罪刑法定原则，减少非法经营罪的滥用，最终达到有效维护社会金融借贷的秩序的目的。

二、经营性高利放贷刑事规制的合理性

近些年来，无论是理论界抑或实务界皆对高利放贷行为纳入刑事规制有着较高的关注，尤其是对经营性高利放贷行为更加倾向于用刑罚手段予以规制。经营性高利放贷行为刑事规制问题在我国之所以被如此重视，一部分原因是由我国社会经济发展状况所决定的。我国自1978年开始实行改革开放政策，改革开放旨在通过对内构建商业化经济体制，对外引进科学技术以解放生产力，由此使得我国市场经济得到了飞速发展，问题是市场经济的深入开展以金融和信用体制的完善为基础，金融和信用制度的匮乏导致对经营性高利放贷行为刑事规制的研究涉及有所不足。时至今日，我国《刑法》并没有规定专门的高利放贷罪名。理论界与实务界观点不一，存在肯定论与否定论的争论。部分持否定论的学者认为经营性高利放贷的行为性质应属于民事领域，属于民事行为，没必要进行刑事规制。至于高利放贷中的伴生行为及次

生行为所造成的危害性可予以追究刑事责任。[1]一定意义上来说，经营性高利放贷行为盘活了我国社会资金的流动性，缓解了中小型企业融资难的问题，有利于其扩大市场，发展壮大市场经济活力。然而，部分持肯定论者认为经营性高利放贷行为具有极其严重的社会危害性，民事手段及行政手段难以对其进行有效规制，必须由刑事手段加以规制。[2]以放贷为职业的职业放贷人通过非法手段侵入了正常流转的金融流通系统，极易造成劣币驱逐良币的严重后果。再从高利贷讨债行为来看，在讨债过程中容易滋生诸如"套路贷"等暴力犯罪，冲击社会秩序，破坏社会的和谐稳定。尽管我国在 2019 年由最高人民法院、最高人民检察院、公安部、司法部出台的《非法放贷意见》中确定了经营性高利放贷行为有必要受到刑法调整，但现在学界与实务界仍存有较大争论，故有必要梳理肯定论与否定论双方的观点。因此本书力图在梳理当下各界观点的基础上确立经营性高利放贷行为应予以刑事规制的基本立场。

（一）经营性高利放贷行为刑事规制争议

我国《刑法》对经营性高利放贷行为没有设立独立的罪名，实践中多将此类行为纳入非法经营罪进行定罪处罚。由此，学界和实务界学者大部分观点聚焦于经营性高利放贷行为是否符合非法经营罪要件的讨论。纳入非法经营罪是否符合罪刑法定原则不论，这种做法能否真正有效规制高利放贷行为也是值得讨论的。我们认为有必要对非法经营罪的基本构成与高利放贷行为性质之间的关系展开详细论述。考虑到本部分内容重点是讨论高利放贷刑事规制的合理性，笔者将在后文具体展开论述。在此本部分试图通过经济学理论对高利放贷问题予以论述。

1. 经营性高利放贷行为不应被纳入刑事规制的观点分析

持否定论的学者多从经济学视角分析经营性高利放贷的行为性质。经济学中的"风险回报"理论为我们分析经营性高利放贷提供了较为理想的模型。经营性高利放贷中所获得的利息包含资本要素的收入，也包含资本风险的补偿。资本风险的补偿应用到经营性高利放贷中，是指贷款将货币的使用权让

---

〔1〕　参见张勇：《高利贷行为的刑法规制》，载《江西社会科学》2017 年第 7 期，第 157 页。

〔2〕　参见赵秉志、李昊翰：《民间放高利贷行为入罪问题探讨》，载《河南大学学报（社会科学版）》2020 年第 2 期，第 54 页。

渡出去后，出借人便承担了相应风险。这种贷款应和其他投资相同，需要补偿所产生的风险。具体而言，经营性高利放贷中的利息是由纯粹的利息与产生风险的保险费组成。出借人将贷款借给借款人后，需要承担借款人本身的信任风险以及其他借款过程中涉及的法律纠纷等。这时"高利"应视为对出借人的一种保障或者补偿。诚如德国经济学家杜能所言，利息由两部分组成：一是在一定时期内使用资本所支付的报酬，二是因可能发生的损失而支付的保险金。[1]因此，经营性高利放贷中的"高利"具有得到认可的合理性，法律乃至刑事规制的必要性不大。经济学中的"时间偏好"理论揭示了在相同情况下，人们总是偏向于即时获得某物，而非在未来的某个时间点获得。这种偏好被称为"时间偏好"。[2]奥地利经济学家庞巴维克认为，同一种物品在现在的价值通常高于同一数量和种类的未来物品的价值，而借贷利率就是现在物品价值与未来同种物品价值之间的差异。这种时间上的差异被称为"财货价值的时差"。[3]据此，我们可以得出一个结论：借贷利率与时间偏好成正比，时间偏好越弱的借款人越不愿意支付高额的利息，而时间偏好越强的借款人则越愿意支付更高的利息。[4]因此，如果想要获得本就可以获得的东西，但需要再等待一段时间，那么就需要获得一定的补偿，即利息。换句话说，放贷人获取利息的原因是暂时性地放弃了随时可以支配该资金的权利，因此需要一定的补偿，即利息。同时，这也意味着放贷人所获得的利息是借贷资金使用权的机会成本的回报。对于同样数额的资金，不同的人拥有不同的机会成本，这意味着利息的数额会因此而异。时间偏好越强的借款人所需支付的利息也就越高，因此借贷成本也越高。[5]因此，单纯从经济学的角度而言，高利放贷行为不仅是放贷人高风险的合理补偿，也是放贷人因放弃资金使用权而应得的补偿。

关于高利放贷中"高利"标准的判断，从政治经济学的角度来看，应该考虑利息率和利润率的比例来判断高额利息的借贷合同是否属于高利贷。如

---

〔1〕 参见张旭昆编：《西方经济思想史18讲》，上海人民出版社2007年版，第218页。

〔2〕 参见朱海就：《高利贷的理论依据》，载《浙江金融》2012年第8期，第75~76页。

〔3〕 参见颜鹏飞主编：《西方经济思想史》，中国经济出版社2010年版，第203页。

〔4〕 参见岳彩申、张晓东主编：《民间高利贷规制的困境与出路：基于高利贷立法经验与中国实践的研究》，法律出版社2014年版，第26页。

〔5〕 参见陶建平：《高利贷行为刑事规制层次论析》，载《法学》2018年第5期，第186页。

果利息率高得让借款人从事生产经营的企业无法盈利，盈利率低于借贷利息率，那么这种借贷合同就是隐蔽性较高的高利贷。[1]然而，这种界定方式存在很大问题。首先，这种观点忽视了法律规定应当具有规范性特征。法律规范应该是一种行为规范，具有一般性特征，或者说能够普遍适用于某一类事实类型。然而，如果界定高利贷必须结合个案进行考察，就不能满足法律适用所要求的一般性特征。其次，这种界定方式不能有效涵盖所有的高利贷范围。高利贷可以被区分为生产型高利贷和生存（活）型高利贷。在生产型高利贷中，企业盈利率的问题非常重要。但是，在生存（活）型高利贷中，借款人的目的不是将高利贷作为资本从事生产经营活动，而是为了盖房子、治病、升学或者其他一些生活目的。因此，生存（活）型高利贷并不会产生企业盈利率的问题。因此，仅仅从利息率和利润率的比例来判断高利贷并不完全准确。

2. 经营性高利放贷行为应被纳入刑事规制的观点分析

（1）经营性高利放贷行为侵犯了借款人的正当财产权益。

从表面上看，出借人与借款人基于平等、自愿的基础上签订了贷款协议，但实质上里面蕴含着多重不公平因素。其失衡状况一部分是由借款的产生机制所造成的。探究借款人为何选择远超一般利率水平的高利贷，其原因多是在生产、生活上面临着对资金的刚性需求。借款人由于所需资金特别紧急或者无法从正规借款渠道借到资金。由于出借方凭借对资金的掌控处于高位优势，而借款方在此情况下往往处于劣势地位，因而被迫选择高利借款。可以说，在借贷关系中，出借人有着绝对的优势，借款人不过是在等待着出借人开出条件然后达成"合意"，此种情形可以称之为"伪合意"。尽管借款人可以获得资金以缓解自身特定时期的经济压力，但现实中很多情况是饮鸩止渴。他们很多因经济困境濒临破产难以从银行等正规金融机构获得贷款而走向孤注一掷的高利贷款，其偿还压力可见一斑。由于经营性高利放贷存在远超市场规则的一般利率，往往会使得自然人或者企业面临更大损失。以"于欢案"为例，于欢母亲向出借方仅借款135万元，但在还款现金184万元后又将70万元房产折抵仍未还清欠款。据有关数据统计，案发时于欢母亲所借利息已

---

[1]　张瀛、黄延卿：《马克思的生息资本理论与民间高利息率借贷》，载《经济经纬》1999年第6期，第71页。

达到了本金的88%。不难发现，经营性高利放贷因为收取过高的利息，使其具有极强的剥削性，从而让借款人财产受到过度的损害。其他不少国家和地区都以保护借款人的合法利益为重点，通过规制高利放贷行为来保护财产。例如，《德国刑法典》将暴利罪规定为"应处罚的利己行为的犯罪"，但理论上仍有观点认为暴利罪保护法益是被害人的整体财产法益，而不涉及其他法益。[1]因此，德国的主流观点也是从保护财产法益的角度看待高利放贷行为的法益侵害性。在德国刑法理论上，也有部分学者认为，除了保护财产法益之外，德国暴利罪的保护法益还包括对经济秩序运作的信赖，或保护被害人意思决定和意思实现的自由。[2]

与此不同，中国多数主张高利放贷行为入刑的观点，尽管也认为高利放贷行为侵害借款人的财产利益，但更关注该类行为对金融管理秩序的危害。因此，许多学者和司法实务基本上是在破坏社会主义市场经济秩序罪的范围内，考虑规制高利放贷行为的具体路径。例如，有学者提出通过立法设置重利罪规制高利放贷行为，认为将其规定于"破坏社会主义市场经济秩序罪"第八节"扰乱市场秩序罪"之下最为合适。也有观点认为，经营性高利放贷行为对财产法益的侵害性并没有达到值得刑法处罚的程度。虽然高利放贷行为的高利息被视为影响该行为社会危害性的重要因素，在高利放贷行为中借款人会因为需要支付高额的利息面临着巨大的经济压力，但仅以此认定高利放贷行为可能侵害到借款人的财产权益且已经达到可以作为财产犯罪处理的严重程度并不合理。[3]我国很多司法机关也认可此观点。《非法放贷意见》第1条直接指出"违反国家规定，未经监管部门批准，或者超越经营范围，以营利为目的，经常性地向社会不特定对象发放贷款，扰乱金融市场秩序，情节严重的"，依照《刑法》第255条第4项的规定以非法经营罪定罪处罚。可以看出，司法机关基本持肯定高利放贷行为的侵害法益是金融秩序的态度。

（2）经营性高利放贷行为侵犯了我国金融秩序。

首先，经营性高利放贷行为削弱了国家宏观调控经济的能力。我国目前正处于经济转型期，而国家强有力的宏观调控能力是确保我国经济成功转型

---

[1] See KindhGuser/Neumann/Paeffgen, Strafgesetzbuch, Band 2, 3. Aufl., 2010, 291, Rn. 6.

[2] Frank, RStGB, 18. Aufl. 1931, 302a Anm. I; IV 转引自 Scheffler, a. a. O., S. 4.

[3] 参见冯国波：《高利放贷行为的刑法规制》，华东政法大学2020年博士学位论文，第14页。

的有效手段。民间经营性高利放贷的行为通常采取秘密的方式进行，此种手段避开了我国对社会金融活动的正常监管，对银行业务造成冲击。我国的金融监管规定主要针对经过批准设立的正规金融领域，如银行或其他金融机构，而民间经营性高利放贷则属于非正规金融领域。因此，正规金融监管的法律法规难以适用于民间非正规金融领域。不过，由于一些司法解释与行政法规将民间非正规金融犯罪的标准设置为"未经有权机关批准""违反国家有关规定"，这种"批准制"的背后蕴含着"法不授权即禁止"的理念。在此基础上，针对民间非正规金融一直没有精细化的监管规范，即使是2021年国务院最新发布的《防范和处置非法集资条例》，也只是从防范和处置两大宏观层面对治理非法集资作出规定，并没有规定具体的监管细则。同时，我国目前的金融监管体系是"一委一行两会"，即国务院金融稳定发展委员会、中国人民银行、中国证券监督管理委员会、中国银行保险监督管理委员会，在地方还设有地方金融监管局。但监督主体过多且分工不明确，导致实质监督主体模糊。这就造成了对民间非正规金融监管上的不明确，造成多头监管、无序监管的状态。使得选择性执法、差异性执法时有发生。甚至可能出现同一民间非正规金融行为在不同地区、不同部门受到不同的评价、不同对待的问题。

在司法实践中，通常只有在民间非正规金融纠纷甚至诉讼发生以后，监管部门才会介入处理。这在客观上存在"事后监管"的情况，无法实现对民间非正规金融的事前监管和事中控制。通常来讲，现代社会中国家利用利率调控宏观经济可以加速资金的流转及使用也能对经济进行管理、核算。社会平均利润率与资金供求关系对利率确定起着重要作用，如果借贷的资本供大于求，利率就会下降，反之则会上升。[1]正是因为民间经营性高利放贷的行为采取的"秘密"方式，使得国家难以准确掌握社会整体的资金供求状况，在利率的决定上就会产生偏差，从而难以妥善运用利率，对宏观经济进行调节。

其次，经营性高利放贷行为破坏了金融秩序的稳定性。从实质层面上来看，未经批准从事贷款业务的经营性高利放贷会引发巨大的金融风险。因为远超一般利率的利息使得高利放贷极易成为企业和个人追逐利益的渠道。在此种情况下，个人和企业会将资金注入放贷中，形成"经济泡沫"。据《中国

---

〔1〕　参见刘隆亨：《银行金融法学》，北京大学出版社2005年版，第212页。

经济周刊》的报道，一家从事食品行业的公司以企业名义从银行贷款 3000 万元，其大部分贷款资金并不是用于企业生产、生活，而是将贷款所得的 80% 以上资金用于高利放贷。[1]此时的逐利趋向极易被我国民营企业效仿，从而对我国金融秩序的稳定性形成冲击。另外，在追逐高利的道路上有一部分为银行资金，这也极大冲击了银行收回资金的安全性。比如一部分借款人巧立名目从银行贷款去换高利放贷，一部分出借人从银行借款再放高利放贷。这种模式实际是将过高的利息产生的分息转嫁给了银行，直接威胁银行的资金安全。倘若借款人没有偿还能力，无法偿还高利放贷，银行则会蒙受巨大损失，使得国家金融安全受到牵连。比如，2011 年温州发生的借贷危机，导致银行信贷"窟窿"近 200 亿元。[2]经济基础决定上层建筑，对于个人和国家来说，经济状况是决定社会政治、经济、文化各方面如何发展的重要因素，而金融活动是影响经济的重要内容。尤其在市场经济时代，金融已经成为经济活动的命脉。市场经济虽然遵循经济规律具有利于资源的最优配置、调动经济主体的积极性等优点，但同时具有自发性、盲目性、滞后性等缺点，可能会出现恶性竞争造成资源浪费等问题。因此，依靠市场本身调节金融活动等所有经济活动并不现实，国家会通过法律、政策、计划等各种手段对经济活动进行必要的调整和干预（即宏观调控）。具体到金融活动，国家通过创设科学的金融体制，对金融行业和金融活动进行严格的管控，以最大限度地整合金融资源，保证金融行业规范、平稳地运行，同时也能增强预防和抗击金融风险的能力。这对于繁荣经济、保障经济安全具有重要意义。对贷款业务的监管就是金融体制的一部分内容。国家对从事放贷业务的主体、利率等都进行严格规定，以此规范贷款业务，试图将该类金融业务的风险控制在一定范围内，以稳定金融秩序，也为借贷双方的合法利益提供保障。然而，经营性高利放贷行为在放贷主体资格、利率设置、贷款审核等方面都没有达到国家标准，从事着不规范的贷款活动，伴随着极高的金融风险。而且，由于涉及对象庞大，金额巨大，一旦爆发资金链断裂问题，会迅速蔓延，造成大规模的危害后果，严重影响金融秩序的稳定。经营性高利放贷行为的放贷方缺

---

〔1〕 参见郭芳、施建表：《疯狂的高利放贷 浙江地下融资组织化扩张调查》，载《中国经济周刊》2011 年第 27 期，第 26~31 页。

〔2〕 参见杨中旭、袁满：《温州钱殇（下篇）·破解致命链条》，载《财经》2011 年第 24 期，第 16 页。

乏规范要求的资质，无法保障贷款资金来源的合法性，极易为不法分子洗钱提供途径。

再次，经营性高利放贷行为破坏了金融市场的交易秩序。在金融领域，从事金融业务的个人与企业都需要遵守一定的交易规则，比如等价原则、公平原则和信用原则等，这也是实现金融秩序化的关键。自然人之间、自然人与法人、其他组织之间的借贷同样属于金融领域的一部分，在该领域内对借贷利率上限的限制是世界诸多国家的共同选择。其中包括美国、日本、意大利等国家，其限缩利率上限的初衷就是减少"伪合意"事件的发生，防止出借人借己身的优势地位与借款人进行违背等价、公平、信用原则的交易活动。其中，美国对高利放贷犯罪的规定是非常严格的。为了避免借贷合同中的"变相高利放贷"行为，除了包括合同中明确规定的利息比例外，在利息的认定方面还包括放贷人在合同履行过程中所收取的"管理费、手续费"等各项费用，这些也均属于借贷合同中的"利息"范围。针对"小额贷款"行为，美国在1916年通过了专门的《统一小额贷款法草案》。该草案规定："小额贷款必须持有执照，假如持有该执照的贷款行为破坏了利率的禁止性规定，出现重复多次收费的情况则该执照会被强制取消。按照法律规定，任何非法收取费用或破坏利率法律规定的行为均构成'品行不端罪'，将被处以罚款或者监禁。持有执照的放贷人若收取35%以上的费用，将构成犯罪。而没有执照的人收取的费用，即使与传统法律规定的经常性利率收费标准相同，同样也会被认定为犯罪。"因此，美国对高利放贷犯罪的打击力度非常大。[1]在日本，只要利率超过20%，就被认为是高利放贷。意大利对高利放贷的认定标准更为复杂，首先将高利放贷分为主观高利放贷和客观高利放贷，对于客观高利放贷则以利率为标准。意大利的借贷利率标准以银行及金融中介机构的借贷年利率为基础计算得出，而基础的借贷年利率是以借贷的性质、时间和风险等因素为参考的，并且每季度重新设置一次。这种动态的利率标准能够更好地应对市场变化，是一个值得我国高利放贷法律规制借鉴的优秀模式。[2]但是，按照利率作为标准，并不代表高利放贷的利息一定是金钱，物品同样

---

〔1〕 See Walter S. Hilborn, "The Small Loan Act", *American Bar Association Joural*, vol. 19, April 1993, p. 215.

〔2〕 参见陆青：《试论意大利法上的高利放贷规制及其借鉴意义》，载《西安电子科技大学学报（社会科学版）》2013年第1期，第98~104页。

可以作为利息参与利率的计算。日本将金钱的替代物也纳入利息的范畴。此外，意大利也将物品作为高利放贷的收益对象，但是并没有把物品折算在利息内，而是专门将"物的高利放贷"作为一个类别进行区别规制。对于此类高利放贷，不沿用客观的利率标准入罪，而是参考主观恶性以及双方的给付是否严重不均来判断。因此，在对高利放贷的定义和规制上，不同国家、不同地区存在着差异。而经营性高利放贷中所规定的利率远远超出了一般的市场利率，对金融交易市场有巨大的破坏性。

最后，经营性高利放贷的行为破坏了金融市场主体的秩序。从世界各国对贷款业务的规定来看，贷款业务需要得到国家的许可方可进行。虽然在我国能够开展贷款业务的机构不限于银行，也包括贷款公司等专门的金融机构，但相关规范文件对从事贷款服务的主体资格、贷款利率、贷款业务操作规范等方面设置了一定门槛，一般的个人、团体和公司不能随随便便开展借贷业务。例如，根据 2008 年原中国银行业监督委员会、中国人民银行发布的规定，设立小额贷款公司必须完成以下三项手续：向省级政府主管部门提出正式申请；经批准后，向当地工商行政管理部门申请办理注册登记手续并领取营业执照；在 5 个工作日内向当地公安机关、原中国银行业监督管理委员会派出机构和中国人民银行分支机构报送相关资料。而 2009 年原中国银行业监督委员会发布的《贷款公司管理规定》第 2 条则明确规定设立贷款公司需满足以下三项要求：经原中国银行业监督管理委员会批准；主体是由境内商业银行或农村合作银行全额出资的有限责任公司；设立于农村地区专门服务于农民、农业和农村经济发展提供贷款服务的非银行业金融机构。从这两个规范文件的内容可以看出，我国对银行之外能够开展贷款业务的主体在实体和程序上都有一定的要求。在具体的借贷实践中，无论是出借人的自有资金抑或从他处获得的资金，只要向社会中不特定公众出借，其实质已然进行了贷款业务。出借人在没有出借资质也即没有获得批准就对外向不特定对象发放资金违反了市场主体的准入规定，从而对金融秩序造成威胁。

综上所述，经营性高利放贷行为是一种民间借贷融资活动，其特点在于不受国家金融监管部门的监管，不纳入官方统计数据和监管部门管理系统，因此难以得到金融法律法规的规范和有效保护。虽然民间借贷在缓解因权利分配不均所导致的社会矛盾的激化、提高资源配置效率、弥补正规金融服务的不足、促进正规金融服务部门服务水平的提高等方面都有积极意义，但是高利放贷行为难以避免地造成宏观方面的种种负面效应，例如对国家金融体制的冲击，弱化国家宏观调控的力度等。[1]在足够严重的情况下，高利放贷行为可能会被纳入刑法规制的范畴。因此，应当加强对经营性高利放贷行为的监管和规范，以保护借贷双方的权益，维护金融市场的健康发展。

（3）经营性高利放贷行为易诱发其他犯罪。

经营性高利放贷的"高利"已经远超于我国民事法律所规定的实际年利率36%，高额的利息代表着出借人一方的获利目的，倘若借款人未按时还款，在触碰到出借人的获利时，极易爆发暴力冲突。由于高额的利息诱惑，出借人为了获利在资金来源处也易滋生犯罪。比如，出借人为了获取借贷本金，实施了非法吸收存款、敲诈勒索、高利转贷、集资诈骗等违法犯罪行为。不仅如此，出借人时常会在追索欠款时进行犯罪活动，比如出借人为了拿回欠款，对借款人或者借款人的亲属进行非法拘禁、故意伤害等行为，甚至强令借款人一方卖淫以追回欠款。近些年来，我国开展了扫黑除恶的专项斗争，在实践中发现，经营性高利放贷也是黑社会性质犯罪获得经济来源的重要一环。另外，经营性高利放贷不仅会诱使出借人一方犯罪，还有可能促使借款人犯罪。一方面，借款人由于未能从正常途径借款，其实施的行为存在一定比例的不法性，也即借款人借贷高额资金可能是为了自身违法犯罪活动筹集资金。高利性使得出借人不会过于在意借款人所贷资金的用途，这也导致这笔钱财可能成为违法犯罪活动的资金来源。另一方面，由于过高的利息所导致的还款压力较大，可能会逼迫甚至压迫借款人为了还款进行一定的违法犯罪活动，比如抢劫罪、盗窃罪、绑架罪等财产犯罪。如此来看，经营性高利放贷行为关联了多重犯罪，可以说此种行为携带了一定的犯罪基因，如若有效不能清除，对市场经济的发展以及社会的稳定都会产生巨大的破坏作用。

3. 经营性高利放贷行为纳入刑事规制的正当性基础

（1）经营性高利放贷行为纳入刑事规制的实践基础。

经营性高利放贷行为纳入刑事规制并非仅仅于理论上具有自洽性，也具有着坚实的实践基础。无论从我国现阶段的司法实践来看还是世界各国对经营性高利放贷的态度及立法规定来看，经营性高利放贷行为应受到刑法的规

---

[1] 参见潘为：《非金融机构贷款人法律制度研究——以疏导民间借贷为视角》，吉林大学2012年博士学位论文，第22~26页。

制。在世界发达国家，无论是美国、日本还是意大利等许多国家和地区都对经营性高利放贷行为进行了刑法规制。

在英美法系中，美国可谓是对经营性高利放贷行为进行刑事规制的代表性国家。在美国的立法体制下，其无论是联邦层面抑或地方层面都对经营性高利放贷行为有所规制。具体而言，在联邦层面，美国国会在《反犯罪组织侵蚀合法组织法》中规定："以超过当地两倍高利贷界限的利率放贷的属非法债务，试图收受该非法债务的将构成联邦重罪。"在地方层面，各州大抵都制定了关于限制或者禁止高利贷的法律，在法律中规定了借款利率的上限。若是违反则会被采取罚款、没收利息等手段进行处理。不止如此，针对严重的经营性高利放贷行为可以使贷款合同不能执行甚至承担一定的刑事责任。在大陆法系中，日本和意大利都对经营性高利放贷行为进行了严格而有效的法律规制。在日本，第二次世界大战后由于国内经济不景气，政府对高利放贷行为采取放任政策。然而20世纪70年代后，日本政府开始大力整治高利放贷行为。由于高利放贷行为经过多年的泛滥给日本社会带来了多重危害，为此，日本开始出台相关法律对其进行限制，比如《金钱借贷业限制法修改案》《出资法修改案》。这些法律具体规定了判断借款合同是否有效的利润标准，同时提高了对非法从事高利放贷行为的"地下钱庄"的罚款力度，"此外日本国会和金融厅又相继发布了《金钱借贷业改正法》和《违法金融整治法》，使得相关法律规范进一步限制了实施经营性高利放贷行为的频率。在意大利，为了对经营性高利放贷行为进行有效规制，意大利建立了一套完整的法律体系约束该行为的发生。从特别法令到民法、刑法再到宪法都对此行为进行了规定。在民法领域中，意大利主要是通过限制民间借贷利率、借贷违约金以及借贷合同形式的方式来对经营性高利放贷行为进行规制。在刑事法领域，在《意大利刑法典》中规定了专门的高利贷罪，将此行为的性质定性为欺诈类的财产犯罪。具体而言，出借人无论是己身获利还是帮助他人得利都可构成犯罪；借款人所借的利息尽管没有远超一般的法定利率，但是在借款过程中是基于被迫而进行的显失公平的贷款，也可进行定罪；出借人与借款人协议了高额利息，但是出借人并未实际获利，仅是借款人应允高利也可以成为高利贷罪的定罪情形。在宪法领域，《意大利宪法》规定了"经济活动自由"和"社会协作义务"，此类规定已在国内被认为是规制经营性高利放贷行为的重要依据。从上述内容可以看出，世界范围内的多数国家都有对于经营性高利放贷的刑事规制途径。域外的实践足以说明通过刑事手段对经营性高利放贷行为进行规制是正当的也是必要的。经营性高利放贷行为对社会经济秩序具有巨大的破坏作用，采用刑事手段对其行为进行规制是世界各国的通用手段，在此方面已达成共识。

不仅国外立法注重对经营性高利放贷行为的打击，我国也已经有了对经营性高利放贷进行刑事规制的具体实践行为。正如有学者指出，出借人代替了经批准从事贷款业务的金融机构（如银行）向社会不特定对象发放高利贷的行为属于一种非法经营行为，通过非法经营罪规制经营性高利放贷行为是合理且必要的。[1]因此在我国并未专门规定高利放贷罪的情况下，我国司法机关一般采用非法经营罪对其予以刑事规制是具有正当性基础的。在我国被誉为"高利放贷第一案"的是湖北武汉涂某汉非法经营案[2]。此案虽为经营性的高利放贷行为但以非法经营罪进行定性。在本案的一审判决中，法院认为涂某汉从事了非法金融业务活动，通过非法发放贷款以获取高额利息的行为已经触犯了国务院发布的《办法》第22条的规定，应当予以追究刑事责任。随后，法院依据《刑法》第225条第4项的规定，判决认定涂某汉成立非法经营罪，二审期间亦维持了一审判决。经营性高利放贷行为被判决为非法经营罪第一案的出现在全国产生了显著的示范作用。在此后经营性高利放贷行为被判决为非法经营罪的司法实践开始陆续出现。在2004年公安部经侦局下发的《关于对屈定文发放贷款是否构成非法经营罪有关意见的通知》中认为屈定文将自筹的资金用于借贷，并以此获得远超一般利率的行为属于经营性高利放贷行为，加之涉案数额较大应当被认定为非法经营罪。[3]在2010年，南京市下关区人民法院宣判了一起经营性高利放贷行为被认定为非法经营罪的案件。在此案中，下关区人民法院认为被告人邵某、蔡某违法国家规定，从事金融业务活动，将资金用于放贷且利息远超一般利息，数额高达300万元，破坏了社会经济秩序，情节严重，已构成非法经营罪。[4]由此来看，对于经营性高利放贷行为进行刑事规制在我国已经具有十几年的实践基础，对

---

〔1〕　参见陈庆安、罗开卷：《民间高利贷刑法规制的困境与路径选择》，载《广东社会科学》2015年第4期，第248页。

〔2〕　参见湖北省武汉市江汉区人民法院［2003］汉刑初字第711号刑事判决书。

〔3〕　参见邱兴隆：《民间高利贷的泛刑法分析》，载《现代法学》2012年第1期，第114~115页。

〔4〕　参见刘文晖：《高利贷是否应当入刑》，载《检察日报》2014年11月19日。

其进行刑事规制也有着实践性依据。

（2）经营性高利放贷行为纳入刑事规制的法理基础——刑法的二次规范性。

刑法具有二次规范性。当前置法无法管控或者是超出前置法规制程度，需要刑法发挥后盾法的作用。刑法的二次规范性指的是在部门法保护、调整社会关系遇到障碍的时候，刑法会对遭到破坏的社会关系进一步加以规范和保护，这样刑法就成了其他部门法借助的手段。可以说其他部门法是第一道防线，而刑法是第二道防线。[1]在"前置法—刑法"模式中，前置法是作为判定行为违法性的"排头兵"，如若前置法无法发挥作用时，作为后盾法的刑法应于发动。此种模式下也是刑法自身谦抑性的体现。我国对于经营性高利放贷行为的规制有相应的前置法，如民法、行政法，但是目前前置法对于其管控的高利放贷行为并不能有效规制，亟须刑法规制。当然，对于刑法的二次违法性理论，在学界也存在一些质疑观点。有学者认为刑法的二次违法性理论逻辑矛盾，难以自圆其说，在理论研究和司法实践中都应该谨慎适用。[2]也有学者以在涉合同、侵权、权利行使等私法领域中坚持刑法的"二次违法性"会产生一系列问题质疑该理论的合理性。[3]但是本书认为，刑法介入法益保护应当坚持刑法的二次规范性。具体理由如下：

首先，现阶段，司法机关明确了刑法关于高利放贷行为的后置法理念。在1991年发布的《关于人民法院审理借贷案件的若干意见》中，司法机关多从民事法律的视角去处理经营性高利放贷行为所引起的借贷问题。然而最高人民法院在2015年发布的《关于审理民间借贷案件适用法律若干问题的规定》中开始有所变化。其内容不仅聚焦于民事领域纠纷而且开始向刑事领域延伸。《关于审理民间借贷案件适用法律若干问题的规定》中包括了对经营性高利放贷行为所引发的非法吸收公众存款、集资诈骗、非法经营等刑事领域的犯罪——进行了解释说明。如此来看，司法机关已经开始关注经营性高利

---

〔1〕 参见高铭暄、马克昌主编：《刑法学》，北京大学出版社、高等教育出版社2011年版，第8页。

〔2〕 参见吴高飞：《犯罪的二次陛违法理论再探究》，载《河南公安高等专科学校学报》2008年第3期，第49页。

〔3〕 参见李兆阳：《犯罪对于私法"二次违法性"之批判》，载《中国刑警学院学报》2018年第4期，第47~51页。

放贷行为中的民事前置法与刑法关系问题。在经营性高利放贷行为中，将民法、行政法作为前置法，刑法定性为后置法的保护方式在现阶段已然明确。

其次，就经营性高利放贷行为规范的"前置法—刑法"模式下，前置法面临管控失灵的问题，亟须刑法加以规制。而且这一模式以刑法谦抑性为价值基础，展现了自由主义刑法观。自由主义刑法观认为刑法的存在不是为了打击阶级敌人，也不是为了限制人民，维护国家秩序，而是为了限制国家权力，保障人民自由。[1]在考虑刑法问题时，有必要以其他法律为前置法，这就是刑法的二次规范性的内容。如果一个行为没有违反前置法，那么它也不可能成为刑法关注的对象。只有面对违反前置法的行为，我们才能继续考虑是否有必要进行刑法规制。这正是贯彻刑法谦抑性理念的结果。因此，刑法谦抑性理念是刑法的二次规范性的合理性根据。此外，有学者认为，刑法的二次规范性理论实际上也为刑法谦抑理念技术化提供了有效途径。该理论着眼于刑法与其他法律之间的关系，以"前置法—刑法"作为思考和分析刑法问题的逻辑进路，始终将其他法律的判断作为启动刑法的前置条件。这也使得刑法谦抑性的理念在具体操作中得以实现。[2]从中国裁判文书网数据来看，通过检索"高利贷""基层法院"为关键词发现，以2020年为节点，经营性高利放贷的案件有6万余起，其中案件的数量呈攀升状态。通过检索"非法放贷""基层法院"为关键词发现，以2020年为节点其案件有1000余件，案件数量亦呈攀升状态。如此来看，前置法的管控并未取得良好效果，加入有效的刑事规制或可产生一定效果。这也说明了刑法的二次规范性与刑法谦抑性原则之间的理论关系。

除此之外，刑法的二次规范性考察刑法与其他法律的关系，其目的在于维护法秩序的统一性。"在法律位阶的层级结构中，下位阶的法律不得与上位阶的法律相冲突。"[3]虽然刑法与其他部门法在法律位阶上相等，但是刑法作为独立的一门部门法有着与其他法律不同的独特性，同时刑法与其他法律都受宪法价值和规范的指导和约束，都是实现宪法价值的具体手段，彼此之间

---

〔1〕　参见焦旭鹏：《现代刑法的风险转向——兼评中国当下的刑法观》，载《西南民族大学学报（人文社科版）》2018年第12期，第79~80页。

〔2〕　参见江奥立、杨兴培：《犯罪二次性违法特征的理论与实践再探讨》，载《汉江学术》2016年第5期，第38页。

〔3〕　李坤轩：《法治政府理论热点与实践进路研究》，人民出版社2023年版，第35页。

不可避免地存在关联，具体适用刑法时自然不能不顾及其他法律的内容。因此，在处理刑法问题时，考虑某一行为是否进入刑法的评价范围，首先应该考虑其他前置法的规定，任何没有违反前置法的行为不可能成为刑法需要关注的对象。在罪刑法定原则的要求下，违反前置法的行为必须同时符合刑法规范才能成立犯罪进行定罪处罚，这就是刑法的二次规范性要求。

最后，就调整对象的属性而言，经营性高利放贷行为的严重社会危害性已然超过前置法规制的限度。当经营性高利放贷行为所造成的损害远非前置法规制的范围，我们有必要动用严苛的刑法来保护社会经济秩序的稳定，如若不启用刑法会导致社会信用体系的崩塌，削弱社会的稳定性。如上所述，近些年我国在扫黑除恶专项行动中发现了大量经营性高利放贷行为与涉黑犯罪交织的案件。以浙江舟山的一起涉黑恶势力非法放贷一案为例，此黑势力团伙完全以借贷资金中的高息作为团伙运营的经济来源。2009 年任某与丁某合伙成立了一家公司，公司表面上从事正当业务实际暗地里从事的是高利放贷的非法业务。在讨要高额利息的过程中，此黑恶势力通过多种恶劣手段向借款人讨要钱款，其中包括侵入他人住宅、断水断电等手段强令借款人归还高额利息及本金。在本案中，以任某为首的黑恶势力团伙已难以通过行政手段进行规制，民事措施更是难以奏效。可想而知，在我国司法实践中此种类型的犯罪并不在少数。通过在中国裁判文书网以"高利贷""黑社会"为关键词进行检索发现，截至 2023 年，有近 700 起案件与之相关，且每年数据呈攀升状态。以上案例及相关数据说明了当下我国的经营性高利放贷行为的严重社会破坏后果，远非民法、行政法可以规制的范围，需要利用刑事法的手段进行规制。当然如何有效设计及规制仍需进一步讨论，但这并不妨碍这一结论的得出，即经营性高利放贷行为有利用刑事手段进行规制的必要性、合理性。

综上所述，刑法的二次规范性是维护法律秩序统一性的必然结果。法秩序的统一性是指一个国家内形成的法律秩序应该是协调一致的，法律规定和具体适用不能相互矛盾。遵循法秩序统一性的重要意义在于，只有法律效果之间互相协调统一才能发挥其作用，而且只有法律效果之间不相互矛盾才能保障法律作为公民行为规范的功能。现阶段，将经营性高利放贷纳入刑事规制仍存在一定反对声音。

有些人可能认为，刑法作为独立的一门部门法，在法律的目的、功能、内容等方面与其他法律存在明显差异，没有必要以其他法律作为前置法，应该保持独立性而非要求所谓的二次规范性。但是，这样脱离法律体系的理解很可能出现有违法秩序统一性的问题。反对者多从经营性高利放贷行为不符合非法经营罪的特点展开评论，认为构成非法经营罪需要满足的一个重要条件即是违反非法经营罪所要求的"国家规定"，而现阶段《办法》中所述的非法金融业务活动显然与高利借贷存有差别，经营性高利放贷行为不在《办法》规制之列。此外，还有学者从经济学角度阐述，其认为高利放贷行为属于正常的市场行为，经营性高利放贷中所获得的利息包含资本要素的收入也包括对资本风险的补偿，其获利具有正当性。但是，更为合理的观点为，经营性高利放贷行为对个人合法财产、社会稳定、金融秩序都具有破坏性，其体现在利用"伪合意"侵犯借款人正当财产权益；破坏我国金融秩序；诱发其他犯罪，使得社会稳定性受到威胁。经营性高利放贷行为具有坚实的刑事规制基础，无论是在境外国家还是在我国的司法实践中都承认了经营性高利放贷行为具有刑事可罚性。在法理层面，刑法的二次规范性也证明了经营性高利放贷行为应受到刑事规制。在《刑法》中，涉及金融管理秩序的犯罪主要集中在"妨害社会主义市场经济秩序罪"这一章。一般来说，这一章规定的犯罪基本属于行政犯或法定犯。刑法的二次规范性在妨害社会主义市场经济秩序罪中表现得尤为明显。这主要是因为国家承担着管理社会经济的重要职责，往往会通过制定各种法律法规作为管理依据。虽然在私法领域内的经济活动中，国家理应秉承私法自治的精神原则，但这并不意味着私法自治不受任何限制。有学者指出："现实生活中存在的问题是，部分刑法司法解释在前置性行政法律法规没有明确规定刑事罚则的情况下，通过能动性解释将某种行政违法行为纳入传统自然犯的规制范围，显然属于改变立法原意，其性质等同于在创制行政法律法规，超越了司法解释权力限度。"[1]但是，对于经济性高利贷的司法解释，不存在上述问题。因为经营性高利放贷行为的违法性并非司法解释所创设，而是由刑法之外的前置法规范所创设。从某种意义上来说，刑法的二次规范性意味着刑事违法性是一种可罚的违法性。具体到行政犯领域，司法机关不应当脱离"行政不法"而肯定"刑事不法"。因

---

〔1〕刘宪权：《中国刑法发展的时代脉动——97刑法颁布实施20年的刑事法治纵览与展望》，载《法学》2017年第5期，第15页。

此，行为具有行政违法性是肯定行为的刑事违法性的必要前提。对于经营性高利放贷行为，前述行政法律、法规或者部分部门规章，都已经肯定了其具有行政法上的违法性。这表明肯定经营性高利放贷属于非法从事金融业务的行为，才有是否构成犯罪的问题，体现出了刑法的二次规范性。总体而言，将经营性高利放贷纳入刑事规制亦是司法实践和法理论证的必然结论。

（二）经营性高利放贷的现代立法脉络与完善

新中国建立以来，到 20 世纪 70 年代，法治建设没有被完全重视起来，甚至连民法、行政法、刑法等基本法律都不具备。因此本书关注的立法状况从 20 世纪 80 年代开始。通过梳理新中国建国以来经营性高利放贷的立法状况，有助于探究经营性高利放贷现象在我国的立法演进，解构其立法逻辑从而寻找到符合我国现阶段的立法尺度。明晰我国经营性高利放贷刑事立法的脉络同样也是为我们后续研究工作做铺垫。结合我国司法实践可以厘清当下我国对经营性高利放贷刑事立法的不足，随后针对"立法病症"进行调整或者改变将立法拉回到相对契合现阶段法治任务的轨道上。

1. 我国经营性高利放贷刑事立法的基本脉络

我国建国以来经营性高利放贷刑事立法大致经历了三个阶段，可以分为初步放开阶段、相对管控阶段、全面管控阶段。

从 20 世纪 80 年代中期开始，我国开始建立有计划的社会主义商品经济体制，鼓励人民群众开展商品活动，在金融方面逐步放开了对经营性高利放贷的管制。在此阶段，我国处于改革开放初期，市场主体对于经济活动的需求大幅上升，经营性借贷的规模与数量皆呈现井喷之势。在这种势头下，尤其是我国东南沿海地区开始出现了各种类型的民间融资形式，如"标会""摇会""合会"等。通过梳理总结，可以根据放贷资金的来源将经营性高利放贷行为分为三种方式：其一是利用自有资金进行贷款发放；其二是以较低的利率吸收他人的存款资金后再以较高利率转贷给需方；其三则是高利转贷，也即通过从银行贷款再以高利转贷他人的形式。[1]然而，民间借贷，尤其是高利贷的负面效应不断暴露。上述三种高利放贷行为中，后两种高利放贷行为都具有对市场经济秩序，尤其是金融秩序的破坏性。只有第一种高利放贷行为的副作用较小，然而其放贷的资金规模有限，难以承担对民营经济的金融

---

[1] 参见陈正云主编：《金融犯罪透视》，中国法制出版社 1995 年版，第 202 页。

支撑功能。

进入 20 世纪 90 年代后我国愈加重视金融立法，经营性高利放贷行为在此阶段开始被严格管控。在此阶段，我国先后颁布多部立法以限制经营性高利放贷行为。1995 年我国先后公布了《中国人民银行法》《商业银行法》《保险法》以及《票据法》等一系列金融立法。以《商业银行法》为例，其第 3 条明确规定了具有经营性质吸收公众存款和发放贷款的主体只能是商业银行，这意味着具有经营性质的放贷行为由以商业银行为代表的官方机构所垄断。在民间借贷中，以利相贷是不被允许的。随后，1996 年中国人民银行所发布的《贷款通则》第 61 条以及第 73 条都相继规定，即"企业之间不得违反国家规定办理借贷或者变相借贷融资业务""企业之间擅自办理借贷或者变相借贷的，由中国人民银行对出借方按违章收入处 1 倍以上至 5 倍以下罚款"。由此可见，经营性高利放贷的定性为违法行为，被法律所不允许。在 1998 年我国又颁布了《办法》，此《办法》亦是针对经营性高利放贷行为而设。以《办法》第 4 条第 3 项规定为例，经营性高利放贷行为被归为非法金融业务活动，也即经营性高利放贷行为被禁止。这一借贷现象伴随着我国加入世贸组织后有所缓解。由于我国加入世贸组织，与世界各国的贸易往来规模增加，对外开放所要求完善金融支撑贸易品质的压力也随之而来。在此种大环境下，我国开始逐步放开对经营性高利放贷的管制程度。2005 年我国开始允许私有资本入驻金融行业。2010 年国家开始鼓励、引导、支持私有资本进入金融行业。在此情形下，经营性高利放贷行为开始活跃起来。尤其是对我国中小民营企业来说，经营性高利放贷成为此类主体融资的主要渠道。也正是在这种情形下，小额贷款公司，尤其是以网络贷款等形式的放贷行为风靡一时。网络贷款作为一种新型借贷方式，其借贷可以发生于两个素不相识的主体之间，没有所谓的担保、抵押等还款保障手段。其更多的是利用当事人隐私为还款的保障手段，甚至通过非法或者侵犯他人隐私的途径（如拍摄当事人的裸照、公开通讯录联系人个人信息等）作为还款保证。这种不正当的还款手段保障极易滋生暴力犯罪。以校园贷为例，校园学生为急于用款，向网络平台借贷大量钱款，由于借款周期短而借款利息长极易导致放贷人员公开校园学生裸照导致学生心理出现问题，引发自杀、盗窃、抢劫等行为。另外，以网络为平台从事借贷的还有所谓的 P2P（Peer to Peer Lending），"套路贷"就是最典型的暴力犯罪形式。正如我国学者所指出的，P2P 是网络版的民间借贷。[1] P2P 本来是一个网络金融信息服务平台，目的是撮合形成一定的借贷关系，进而收取一定量的金融服务费。但在实际运作过程中，P2P 已发生实质变化，其逐步演变为网络借贷的平台，一手是非法吸收的公众存款，另一手则是进行经营性的高利放贷。也正是基于此，非法吸收公众存款、经营性高利放贷行为在我国甚嚣尘上，极大破坏了我国正常的金融秩序，扰乱了正当的社会交易秩序，也严重损害了市场经济的信用基础。

综上所述，经营性高利放贷对社会秩序的破坏集中体现在还款保障措施的不法性。放贷人为了拿回本金与高额利息常会采取一些非法手段，而这种手段往往具有一定的暴力性。也正因为讨债问题，甚至衍生出了所谓的讨债公司。讨债公司以恐吓、拘禁、跟踪甚至暴力作为讨债的常用手段。例如，浙江发生的一起为讨债将债务人杀害沉尸的案例就让人毛骨悚然。[2]在这种情况下，黑恶势力与经营性借贷交织，极大影响了社会稳定和市场经济的正常进行。将催讨债务中所衍生的暴力犯罪行为纳入刑法规制是顺理成章的。但是目前刑法对单纯的高利放贷行为仍无能为力。我国《刑法》与经营性高利放贷行为相关的罪名有两个：一个是高利转贷罪，第二个罪名则是非法经营罪。尽管我国《刑法》规定了高利转贷罪，但此种行为属于一种特殊的经营性高利放贷行为，这种行为是借贷银行等金融机构钱款而后转向他人放贷，以此赚取利息差。应当注意的是以自有资金放贷和利用他人资金放贷这两种行为目前并没有明确被规定为犯罪。我国司法实践中，在 2003 年曾出现了经营性高利放贷入罪的第一案，也即"涂某江非法经营案"。[3]"涂某江非法经营案"得到了中国人民银行、最高人民法院、公安部等部门的肯定与支持，从而变得具有典型性。但是，通过非法经营罪规制经营性高利放贷行为是否妥当，引发了诸多争议。对于高利放贷本身是否可以进行规制仍有学者持怀疑态度。有学者认为，经营性高利放贷行为是市场经济发展的必然产物，其

---

〔1〕 参见邓小俊：《民间借贷中金融风险的刑法规制》，中国人民公安大学出版社 2016 年版，第 32 页。

〔2〕 胡某权故意杀人、非法拘禁案，参见浙江省杭州市中级人民法院［2014］浙杭刑初字第 112 号刑事附带民事判决书。

〔3〕 参见刘伟：《民法典语境下高利贷刑法规制路径的反思与重构》，载《东南大学学报（哲学社会科学版）》2020 年第 3 期，第 117~126 页。

实质是用更高的利息对冲由于客户资质较差带来的应收账款坏账风险。其提高了资金的利用效率、满足了市场的资金需求、刺激了民营经济的发展、分摊了金融机构的贷款风险，本身具有合理性。[1]但是经过前文分析，此种说法不足以应对当前经营性高利放贷行为冲击金额秩序的现实情况。2012年最高人民法院在《关于被告人何伟光、张勇泉等非法经营案的批复》中明确规定：由于缺乏法律的明文规定，不宜将发放高利贷的行为按照非法经营罪的兜底条款——"其他严重扰乱市场秩序的非法经营行为"加以认定。[2]可以说2012年最高人民法院的这一批复是对非法经营罪规制经营性高利放贷行为的一种否定，但这并不意味着经营性高利放贷行为不需要刑法予以规制，而是因为非法经营罪有"口袋罪"之嫌，将经营性高利放贷解释为非法经营罪有违罪刑法定原则之嫌。也正是因为此，2019年《非法放贷意见》有了更加明确的规定。《非法放贷意见》的出台也意味着我国存有对经营性高利放贷行为予以刑事规制的立场。《非法放贷意见》主要规定的就是刑法以非法经营罪对非法放贷行为进行惩处的具体条件，并且其明确了将"利率超过36%"当作是认定"情节严重"的必要条件，实际上这是明确限定了将经营性高利放贷行为纳入刑法的打击范围之中。

虽然《非法放贷意见》针对经营性高利放贷行为确立了以非法经营罪之间治理的具体标准，但学界仍存有争议。为了进一步探索经营性高利放贷行为的规制模式，有必要了解当下立法模式的不足，以完善立法疏漏，补足立法漏洞。

首先，经营性高利放贷行为没有违反非法经营罪所要求的"国家规定"。非法经营罪规定在我国《刑法》第255条，该条文明确规定了该罪所规制的前置条件是必须违反国家规定，可以说"违反国家规定"是判断经营性高利放贷行为是否受到刑事规制、是否符合非法经营罪的构成要件的关键因素。在"违反国家规定"的判断问题上，主要由我国《刑法》第96条规定。该条文指出只有违反了全国人民代表大会及其常务委员会制定的法律和决定，国务院制定的行政法规、规定的行政措施、发布的决定和命令方才可被定性为

---

[1] 参见邱兴隆：《民间高利贷的泛刑法分析》，载《现代法学》2012年第1期，第112~124页。
[2] 参见刘伟：《论民间高利贷的司法犯罪化的不合理性》，载《法学》2011年第9期，第132~142页。

《刑法》条文中的"违反国家规定"。持否定论者认为虽然《办法》的制定主体是国务院，但是如果结合《办法》规定的具体内容来看，非法金融业务活动是指未经中国人民银行批准，金融机构从事的专业性金融活动，然而经营性高利放贷行为显然不在《办法》规制之列。[1]其次，高利放贷行为并不能与非法经营罪中的"非法经营"相对应。非法经营所对立的另一面是合法经营，而经营性的高利放贷并无与之对应的合法经营的高利贷，因此经营性高利放贷行为不符合非法经营罪的要件。[2]这个问题关乎罪刑法定原则的贯彻。最后，通过非法经营罪对经营性高利放贷行为予以规制惩处力度过大，违背了刑法的罪责刑相适应原则。以高利转贷罪为例，一般而言高利转贷罪的危害性远高于经营性高利放贷行为，高利转贷行为与经营性高利放贷行为尽管都是向他人出借借款，但是高利放贷在向他人借款的基础上又冲击了银行利益，其是将银行资金用于放贷，社会危害性更大。在我国《刑法》非法经营罪与高利转贷罪的条文规定中，高利转贷罪最高法定刑为 7 年有期徒刑并处罚金，然而非法经营罪的最高法定刑为 15 年有期徒刑并处罚金或者没收财产。如此来看，将高利放贷行为纳入非法经营罪会导致罪刑不均衡。

概言之，持肯定观点的学者认为经营性高利放贷实际上违反了国家之规定，可以由非法经营罪进行规制。他们又从经营性高利放贷行为对国家金融秩序产生严重破坏、已成引诱他种犯罪的重要诱因、阻碍中小民营企业正常发展以及与黑社会性质的势力相勾结影响社会稳定等多重维度进行论证，以此来肯定将经营性高利放贷行为放入非法经营罪进行规制的正确性。除此之外，支持论者还从民间高利借贷行为严重破坏国家的金融秩序、严重影响中小企业等实体经济的发展、成为黑恶势力敛财的主要手段、成为部分刑事犯罪的重要诱因等社会影响层面论证将民间高利借贷行为解读为违反国家规定，从而适用非法经营罪予以定罪处罚的必要性。[3]反对者认为当下我国整个法律体系中都没有明确禁止经营性高利放贷行为的相关法律规范，依据法无明文规定不可罚之原则，经营性高利放贷并未违反国家规定。不止如此，否定论者

---

〔1〕 参见李腾：《论民间高利贷不应司法犯罪化》，载《法学杂志》2017 年第 1 期，第 115 页。

〔2〕 参见王志祥、韩雪：《论高利放贷行为的刑法命运》，载《法治研究》2015 年第 5 期，第 100 页。

〔3〕 参见陈庆安、罗开卷：《民间高利贷刑法规制的困境与路径选择》，载《广东社会科学》2015 年第 4 期，第 245~247 页。

也从治理效果方面反驳肯定论者，具体而言是将经营性高利放贷放入非法经营罪进行规制与立法精神相悖，是行政权力对于立法权力的一种侵蚀。[1]

本书认为，2019 年《非法放贷意见》的出台并未消除争议。《非法放贷意见》将未经监管部门批准的经营性高利放贷行为纳入非法经营罪之中，这意味着将经营性高利放贷行为与小额贷款公司等经批准从事经营性放贷业务的企业及其人员进行高利放贷的行为亦纳入了非法经营罪的规制范围。如此来看，若是认为小额贷款公司的经营性高利放贷行为违反了国家规定，构成非法经营罪，那么是否也意味着小额贷款公司及其人员实施此类行为构成非法发放贷款罪。实际上，《非法放贷意见》隐含着承认小额贷款公司具有相当于金融机构般的地位。这样又会引发新一轮的问题，也即违法发放贷款与非法经营罪之间形成了一种具备交叉性质的竞合性关系，这会导致二者罪名不明，也使得二者区分界限存有问题，进而为司法实践带来认定难题。不止如此，《非法放贷意见》使得小额贷款公司的经营性高利放贷行为定性为非法经营罪，使得原本固定的非法经营罪定罪范式发生松动，模糊其定罪的标准，进一步加深其罪的"口袋罪"嫌疑。除此之外，《非法放贷意见》使得非法经营罪中的"未经许可"与行政法上的"超范围经营"开始等同化。这不可避免带来一定的不良后果，使得刑法上与行政法上的企业法人超范围经营发生混淆。具体来讲，根据我国最新出台的《企业法人登记管理条例》第 7 条之规定指出，申请登记的单位必须若是想向市场监督管理部门去申请登记注册，首要满足的条件就是企业法人的经营范围必须符合国家的法律、法规和政策。"登记注册"并不能归属到刑事法律中，其应属于行政许可性质的登记。再从本条文的立法宗旨来看，其宗旨是使企业单位具备进入市场的资格，并没有蕴含其他意味的授权目的。另外也可以看出《企业法人登记管理条例》第 7 条中的"经营范围"具体应为企业在设立公司章程中的所具体规定的经营性事项。从立法目的考虑，其是为了防止出现没有营业执照而进行违法的行为的现象。此处的违法行为主要可以体现在三方面：一是未得到行政管理部门提前批准许可便擅自经营的行为；二是没有通过国家市场监管部门注册登记而又无照经营；三是企业法人虽取得登记注册资格，但超越其公司章程所规定的经营性事项而为的违法行为。只有违反了国家的特许制度，没有获得相

---

〔1〕 参见刘伟：《论民间高利贷的司法犯罪化的不合理性》，载《法学》2011 年第 9 期，第 139 页。

应的行政管理部门特殊审批而从事相关的业务行为方能归属为非法经营罪的规制对象。这种规制可以体现在对烟草专卖许可或者是对食盐专营许可的事项。也即如果企业主体只是单纯违反了行政法规定的超范围经营不能说明其构成非法经营罪。这种类比同样也是刑法谦抑性的体现，更是同类解释规则的体现。在下面这个案例中，我们可以相对清晰地理解非法经营罪所指的超范围经营与一般行政法上超范围经营的不同之处。二者具有一定差异性，不可混为一谈。

以周某、董某、杨某等非法经营一案为例[1]，被告方的三人一起出资设立了一家有限公司，章程规定的经营事项主要包括电脑软件咨询服务、证券与期货的投资咨询服务以及经济信息的咨询服务等。被告三人为谋取高额的利润，协商设立了交易盘房，此后以培训经纪人和举办股民培训班的名义招揽社会不特定公众经营香港恒生指数期货业务以及国内商品期货业务。本案中，被告三人并未取得国家有关主管部门批准，擅自从事了期货投资咨询业务以外的事项（非法经营香港恒生指数期货业务和国内商品期货业务），其行为已经被界定为违法行为。根据《期货交易管理条例》中的第17条之规定，期货公司若是经营境内期货业务，必须获得国务院期货监督管理机构所颁发的金融期货业务以及商品期货业务的许可证。如此来看，本案中的周某、董某、杨某三名被告人的行为在形式上应归属超范围经营。按照前面所述，还需判定这种形式是否违反了国家的特许审批或者前置审批制度。不难发现，被告三人实际上已经违反了国家的特殊商品前置审批制度，可以将其归类到未得到行政管理部门提前批准许可便擅自经营的行为。据此可以将其纳入非法经营罪之中。《办法》第4条与第5条规定了企业主体若是进行高利放贷等金融业务需要对此进行特殊审批，也即相关企业主体必须取得中国人民银行的许可后方能进行高利放贷。但是，我国《办法》并未规定企业主体在高利放贷时所发放的利息高于何种比例时需要获得中国人民银行等相关部门的特殊许可。实际上，当下并没有任何法律和法规对这点作出规定。基于此，一些企业主体并不能成为非法经营罪的规制对象。具体来讲，企业主体已获得相关金融主管部门的许可又是经依法设立，其超经营范围从事高利放贷行为

---

[1] 参见最高人民法院刑事审判第一、二、三、四、五庭主办：《刑事审判参考》（总第69辑），法律出版社2009年版，第1~8页。

不能认定违反国家特殊业务的前置审批制度，因此也不能构成非法经营罪。

2. 我国经营性高利放贷刑事立法的有效展开

通过考察域外经营性高利放贷行为的立法方式，有助于我国立法的有效展开。虽然域外部分国家与地区有关高利贷的刑法规制不仅打击经营性高放利贷，同时也惩治非经营性高利放贷。[1]但由于本章节仅探讨经营性高利放贷行为的刑法规制问题，因此在此不对非经营性高利放贷行为进行研究。

在英美法系中，以美国为例。美国将民间借贷的规制授权给各州决定。各州可结合该州实际对民间借贷予以调整规制，问题在于各州都基于前置性规范严格限制了借贷利率的范围，尤其是明确了借贷利息的上限，若实际利率超出已明确的上限，这时候可能面临罚款与刑事处罚，即可能因此而被刑法所规制。实际立法中，各州均对年利率规定了一个最高上限，只是各州可能出现上限不一致的情形，华盛顿州规定的标准是 12%，而纽约州则规定了 16%。在各州违法进行高利放贷，其后果涵盖了违法所得被没收，或根据其所得进行倍数罚款，符合特定条件时，相关贷款契约将禁止执行，放贷人也有被刑事追究的可能。在佛罗里达州，其法律就明确规定了若借贷当事人实际借贷额高于 50 万美元，此时年利率上限为 25%。然而，若年利率超出前述上限但在 45% 以内，放贷人即可能被追究刑事责任，按照两级轻微犯罪予以界定并处罚，若年利率超过 45%，此时放贷人就有可能被以三级重罪进行认定并追究相关刑事责任，其后果可能是 5 年期限内的监禁及相应罚款。1916 年美国进一步发布了《统一小额贷款法草案》。该法案明确规定，具有高利贷资质的金融组织超出法定标准进行高利放贷的，可被处以资格刑。经听证等合法程序后，可对其经营资质予以取缔。假设金融组织放贷时，不仅在利率上超出法定标准，还在利息之外多收其他费用的，此时其资质一定将会被取缔。美国的高利贷资质在获取上相对简单，然而持续保有这份资质则需严格按照法律规定进行经营，否则将因为违法经营而被取缔资质。该草案还明确规定，未取得资质的主体经营高利贷并获取违法利息的，会被追究刑事责任，根据实际情况可能面临罚款甚至监禁。即使其持有资质，如果年利率超过法定 35% 的标准，同样可能触犯刑法而被追究刑事责任。而且，美国另外还制定了《反欺诈腐败组织法案》。这一法案明确规定，如果借贷利率高于现行规

---

[1]　参见秦正发：《高利贷的刑法规制研究》，西南财经大学 2014 年博士学位论文，第 26 页。

定利率上限的 2 倍，行为主体将面临刑事处罚，将以放高利贷这一罪名进行处罚。基于前述制度，不难发现，美国关于高利贷活动的实际规制措施，主要是基于社会实际情况进行制定，其特点是注重因地制宜，在方式上也比较丰富，前置规范同刑事调整衔接得比较恰当。

在大陆法系中，针对日益猖獗的高利转贷活动，日本相继出台了《利率限制法》及《出资法》等法律，高利转贷的年利率上限被规定为 20%。然而因为处罚措施的缺位，前述法律并未实际产生应有的作用，效果也不明显。之后日本又制定了《出资法修改案》。该修正案明确规定年利率高于 109.5%的借贷合同没有效力，也提高了罚款的数额，然而该修正案还是没能发挥出应有的作用，日本的高利贷泛滥情况还是没有被有效制止。考虑到高利放贷犯罪日益频发，为了对其进行打击，日本重新修订了《出资法》，明确规定年利率高于 109.5%的放贷行为，行为人可能在 1000 万日元范围内被处罚金或被处 5 年以下的监禁，甚至这两种处罚措施还可实施并罚。由此日本对高利贷方面的监管体系逐步建立起来，其金融环境也更加安全。不难发现，日本基于其自身国情，并结合社会发展实际背景，对高利放贷相关法律不断予以修正，以便完善具体监管及规制措施，进而有效控制了国内逐渐泛滥的高利贷乱象，实现了预期的治理效果。在意大利，由于 20 世纪在全世界范围内爆发过严重的金融危机，在此背景下意大利范围内的高利贷活动频繁，与其相关的关联性犯罪也逐渐增多。为了维持金融秩序的稳定，意大利开始重点打击与高利放贷有关的各种犯罪。《意大利刑法典》于 1930 年正式颁布，后来在修订中就为应对居高不下的高利放贷活动专门设立高利放贷这一罪名。然而这一罪名的设置没有在对高利放贷的具体认定上进行明确规定，因此在高利贷的实际认定方面，还是需要法官结合实际情况予以判断。出于更加准确认定高利贷犯罪，实现前置法有效衔接刑法规范的目的，意大利于 1942 年公布了《意大利民法典》，在这部法典中就专门对借贷利率进行了明确规定，并对违约金、复利等相关问题进行了规定。在这之后，因为高利贷导致的后果愈发严重，诱发了不少犯罪活动。在 1996 年，意大利通过了《高利贷行为规制法令》。该法实际修改了高利贷罪相关内容，在高利贷入罪的具体认定上有了更加合理的标准，而且这一罪名在规制范围上也实现了从金钱还贷到实物还贷的扩展。如果行为人在他人急需资金时，乘人之危高利放贷，以便取得不法利益，就有可能被判处最高 2 年的徒刑，同时还会被处以罚金。在《意大利刑法典》中就明确规定不管采取什么方式，让他人现在或将来支付高利贷利息或利益，并将其作为借款之收益的，行为人将被判处最低2年、最高10年的徒刑，同时还会在5000欧元至30000欧元内被处以罚金。由此不难发现，意大利在规制高利贷方面采取的措施，具有民刑并用的特点，并且诸多方式实现了恰当衔接。其民法规范对借贷利率的范围，尤其是上限进行了明确规定。与此同时在刑法里设立专门罪名，规制情节严重的相关高利贷活动，以便利用刑法方式实施精准打击及有效制裁。

在我国，2012年前经营性高利放贷情节严重的，可能以非法经营罪受到刑事处罚。但随着最高人民法院《关于被告人何伟光、张勇泉等非法经营案的批复》的出台，对高利贷不再以非法经营罪定罪处罚。但此后由于小额贷款公司利用互联网广泛开始放贷，逐步脱离刑法羁绊的经营性高利放贷以网络金融创新的名义不断野蛮生长。过去几年间，中国互联网金融行业蓬勃发展，催生出了一大批创业公司和创新模式，但与此同时风险也在恣意蔓延。按照原中国银行业监督管理委员会的统计数据，截至2015年11月末，全国正常运营的网贷机构共2612家，其中问题平台数量在1000家以上，约占全行业机构总数的30%。另外随着e租宝、大大集团等风险事件的接连爆发，网贷监管政策征求意见稿的下发，以及多部门联合整顿，互联网金融这个新兴的行业正遭遇着前所未有的舆论危机和行业危机。[1]基于部分情节严重的经营性高利放贷所引发的种种严重社会危害，以及上述关于经营性高利放贷入罪的合理性与必要性分析，以下将探讨对此类经营性高利放贷行为的刑事规制路径。

（1）增设高利放贷罪。参照域外经验，设立具有兜底条款的高利放贷罪，作为集中打击高利放贷现象的独立罪名。在欧美等许多国家，高利贷属于非法行为，如果利率超出法定最高利率很高，则构成严重的刑事犯罪。由前文所述可知，在美国，放贷是否涉嫌高利贷是由各州界定，每个州都有本州自行规定的法定商业信贷利率上限，超过法定商业信贷利率上限则将被裁定为违法行为，受到法律惩处。如纽约州划了两条"红线"：16%以上为"高利贷线"，放贷人会被裁定触犯民法，面临的最高处罚是退还本息并支付2倍于

---

〔1〕　参见共洪馨、秦夕雅：《互联网金融"野蛮生长"的休止符》，载《第一财经日报》2016年1月29日。

利息所得的罚款；25%为"入刑线"，放贷人会被裁定触犯刑律，最高刑期为5年，可并处5000美元以下罚金。佛罗里达州则设定三条"红线"：18%以上为"高利贷线"（若是贷款额度大于50万美元则可以放宽到25%），25%为"轻罪线"，除本息血本无归外，还可能面临罚款500美元和60天以下拘役；45%为"入刑线"。加拿大《刑法》第347条则规定，年利率超过60%即构成高利放贷罪，高利放贷罪属于严重的刑事犯罪。法国等多数欧洲国家都有反高利贷法。澳大利亚的两个州也有反高利贷法。外国法律明确规定高利贷属于非法行为，超过法定最高利率的借贷合同无效，不受法律保护，放贷人丧失本金和利息索回的权利。考虑到我国现实并参照商业经济完善国家的立法经验，建议全国人民代表大会以刑法修正案形式增设高利放贷罪，在合理规定"高利息"标准的基础上，将经营性高利放贷行为纳入刑事规制的范畴。

首先，高利放贷罪的罪状设计。本书认为应当以2019年《非法放贷意见》）中的部分规定为蓝本，在我国《刑法》分则第三章第四节"破坏金融管理秩序罪"中增设"高利放贷罪"这一新罪名。之所以将该罪名置于分则第三章第四节，是因为经营性高利放贷行为侵害的主要法益为国家金融市场的安定秩序。而本书通过刑事立法增设新罪名的方式来规制高利放贷行为的主要目的也是为了维护国家金融秩序，因此，本书认为新增犯罪的罪名设置和章节位置确定可以参考高利转贷罪，规定在刑法分则第三章第四节较为适宜。另外，本书建议将高利放贷罪的罪状设计为："以非法牟取利益为目的，经常性向社会不特定对象发放高利贷，扰乱金融市场秩序，情节严重的，处以……情节特别严重的，处以……"这也是依据我国金融体制的特点所设计，由于高利放贷的行为在民间社会生活中较为常见，其表现形式亦具有多变性，故而在本罪的罪状设计上需要考虑司法实践中高利放贷犯罪的独特性，不仅要明确高利放贷的主观和客观犯罪构成要件，而且要运用堵截式的罪状设计方式避免遗漏处罚。

其次，高利放贷罪的构成要件设计。高利放贷罪的犯罪主体应是一般主体，包含自然人和单位。放贷行为人只要年满16周岁，具有承担刑事责任的能力，即构成本罪犯罪主体。考虑到实践中个人主体与单位主体进行发放高利贷活动的规模和影响有所差异，建议保留2019年《非法放贷意见》中个人与单位"双轨制"评价的做法，对于二者的入罪门槛设定不同标准。在量刑方面，也建议二者有所区别，规模更大的单位发放高利贷通常对社会的影响更大、对金融秩序的威胁也更大，不同程度的社会危害性应当在量刑结果中有所体现。高利放贷罪的犯罪主观方面应是直接故意。即放贷行为人已经明知自身的行为危害了金融管理秩序，却在内心追求这种危害结果的发生。高利放贷罪的犯罪客体应属于复杂客体，放贷行为人不仅对借款人的财产权益造成了侵害，而且对国家金融秩序稳定也造成了侵害。但从社会危害性角度进行考虑，这类犯罪最直接侵犯的法益还是国家金融管理秩序，这也是本书建议将高利放贷罪纳入《刑法》分则第三章的原因。高利放贷罪的客观方面应是放贷人为牟取非法性利益实施了高利放贷行为。为此对高利放贷行为认定的关键之一就在于放贷人是否在放贷过程中以高年利率标准收取利息。纵观域外，其利率规定大同小异，主要是对利率上限的划定不同。如前文所述的美国纽约，其划定了两条"红线"：16%以上为"高利贷线"，放贷人会被裁定触犯《民法》，面临的最高处罚是退还本息并支付 2 倍于利息所得的罚款；25%为"入刑线"，放贷人会被裁定触犯刑律，最高刑期为 5 年，可并处5000 美元以下罚金。加拿大《刑法》第 347 条则规定，年利率超过 60%即构成高利放贷罪，高利放贷罪属于严重的刑事犯罪。法国等多数欧洲国家都有反高利贷法。澳大利亚的两个州也有反高利贷法。各国对高利贷的管理与美国基本相同，只是法律规定的合法利率上限不同而已。外国法律明确规定高利贷属于非法行为，超过法定最高利率的借贷合同无效，不受法律保护，放贷人丧失本金和利息索回的权利。

回到我国，依据 2019 年《非法放贷意见》再结合当时的最高人民法院《关于审理民间借贷案件适用法律若干问题的规定》可以看出只有年利率超过36%的放贷行为才被纳入刑法规制范围之中。然而，2020 年修正的最高人民法院《关于审理民间借贷案件适用法律若干问题的规定》重新明确了借贷利率的标准，将之前以 24%和 36%为基准的两线三区的借贷利率修改为中国人民银行公开的一年时间贷款市场利率（LPR）4 倍，大幅度降低了民间借贷利率的司法保护上限。以 2020 年 8 月 20 日中国人民银行公布的 LPR 的 4 倍15.4%的利率来看，就算 LPR 有所增长也与《非法放贷意见》确定的 36%有较大差距。这就带来了一个新的问题，刑法规制的经营性高利放贷的利率应如何确定。针对这个问题，可有两种处理方式：第一种处理方式是刑法具有独立价值。该条文中的要求和最高人民法院《关于审理民间借贷案件适用法律若干问题的规定》没有关系，年利率超过 36%的规定无须变更；第二种处理方式是认为《非法放贷意见》中对借贷利率的明确针对的是最高人民法院《关于审理民间借贷案件适用法律若干问题的规定》的，既然 2020 年修正的最高人民法院《关于审理民间借贷案件适用法律若干问题的规定》对借贷利率进行了修改，那么《非法放贷意见》的利率也需要作出修改。实际上，从整个民间借贷法律规范体系来看，现有的 LPR4 倍以上与 36% 之间的区间类似于以往 24% 与 36% 之间的区间，属于立法者给民间借贷留下的一丝缝隙。从这个角度考虑，如果将《非法放贷意见》中 36% 的利率标准也改为 LPR 的 4 倍，显然有违立法者本意，而且使刑法规制范围过大，有违谦抑性。故此，本书认为，对于经营性高利放贷的利率应确定为 36% 为妥。至于 LPR4 倍以上与 36% 之间的区间可视为"违法借贷"区间，债务人即使偿还也可以行使返还请求权。另外，客观行为放贷对象为不特定公众或放贷多次，数额较大的情形。这种情形在人数、次数与数额上的要求都应符合。关于人数的实际认定，不妨参照已有规定的内容，例如对公众存款予以非法吸收的，其吸收存款的对象应该达到 30 人，如果是单位犯罪的，这一人数需达到 150 人，达到这种条件才能被刑法所规制。通常而言，在社会危害性方面，高利放贷行为明显大于对公众存款予以非法吸收的行为，因为后者引发的后果就是无法收回款项，损害的是借款人的经济利益；但是前者带来的影响往往更加严重，极有可能致使企业无法生存，扰乱金融秩序，给借款人人身权、财产权均带来威胁。基于其拥有更大的社会危害，在人数标准上就应该相对减少。然而具体的标准，还是需要最高人民法院以司法解释的方式进行明确。关于次数，通常需要满足多次条件，结合现有规定及一般理论，次数至少应该为 3 次。数额主要包括放贷数额、非法所得数额（借贷人损失数额）达到较大的标准。数额能够很大程度上反映行为人放高利贷的规模和危害程度，但也不是绝对的。上述数额也会受经营时间、经营管理水平等因素影响，而且非高利贷也会因出借数额巨大、借贷时间长而取得较大数额的利息。因此，不宜采用单纯的数额认定犯罪，而应与数额同手段、后果相结合进行综合判断。至于"情节严重"与"情节特别严重"可参考 2019 年《非法放贷意见》中第 2 条、第 3 条、第 6 条第 3 款的规定，在原有基础上将非法经营罪移除，改为高利放贷罪，也即对于纠集、指使、雇佣他人采用滋扰、纠缠、哄闹、聚众造势等手段强行索要债务，尚不单独构成犯罪，但实施非法放贷行为的按照高利放贷罪酌情从重处罚。

最后，高利放贷罪的处罚标准设计。高利放贷罪应设置较轻的刑罚。尽管经营性高利放贷行为会伴随着暴力催收等行为，但从放高利贷目的及侵害的主要法益来看，高利放贷应属于非暴力型犯罪。非暴力型犯罪的轻刑化，是刑罚现代化的趋势。如果说高利放贷的入罪是严密刑事法网的体现，那么对其设置较轻的刑罚则是人道主义和保障人权的体现。两者相结合构建"严而不厉"的科学罪刑结构。另外，在高利贷借贷关系中，被害人作为完全民事行为能力人，对高利贷的危害应当具有完全的认知，其完全可以选择不去借高利贷。在有些高利贷借贷关系中，甚至是被害人主动要求、促成放贷人向其放高利贷。这就一定程度上减轻了放贷人的罪责。我国《刑法》虽然未在总则中规定被害人有过错以及过错程度对犯罪人处罚的影响，但在个罪设计法定刑时，适当减轻犯罪人罪责，也不失是一种可以考虑的思路。故而，在刑种选择上可以应偏重财产刑，自由刑采取相对宽缓的处罚形式。同时，应当根据情节严重程度设定两档严厉程度递进的法定刑，使量刑结果可以体现对危害程度不同行为的不同程度的谴责。例如，在处罚时对情节严重的，处 2 年以下有期徒刑或者拘役，并处违法所得 1 倍以上 5 倍以下罚金；对于情节特别严重的，处 2 年以上 5 年以下有期徒刑，并处违法所得 2 倍以上 5 倍以下罚金。

综上所述，高利放贷罪应规定在《刑法》分则第三章第四节破坏金融管理秩序中。具体规定即："以非法牟取利益为目的，经常性向社会不特定对象发放高利贷，扰乱金融市场秩序，情节严重的，处二年以下有期徒刑或者拘役，并处违法所得一倍以上五倍以下罚金；情节特别严重的，处二年以上五年以下有期徒刑，并处违法所得二倍以上五倍以下罚金。单位犯前款罪的，对单位判处罚金，并对其直接负责的主管人员和其他直接责任人员，依照前款的规定处罚。"其中，利率红线应为 36% 为妥，对于"人数"可参考非法吸收公众存款罪的人数标准，个人参考值为 30 人，单位 150 人左右；对于"经常性"应认定为 3 次以上；对于"数额"不宜采用单纯的数额认定犯罪，而应与数额同手段、后果相结合进行综合判断；对于其他具体构成要件的参考标准可沿用 2019 年《非法放贷意见》中对价值的规定，如"情节严重""情节特别严重"可按照《非法放贷意见》的第 2 条、第 3 条、第 6 条第 3 款综合判断。

（2）以司法解释的方式明确将"情节严重"的经营性高利放贷行为纳入

"非法经营罪"范畴。在高利贷现象频发的社会背景下，在司法实践中将"情节严重"的高利放贷行为解释为"非法经营罪"的做法是符合法治理念要求的。由于市场经济的高度复杂性，刑事立法无法将所有的经营行为通过非法经营罪的条文明确列举，这才有第四项"其他危害市场经济行为"的规定。同时，央行办《批复》已经将高利贷区分为两种类型，其中非经营性高利放贷依然是普通意义上的"民间借贷"；另一种是被国务院《办法》所禁止的以非法发放贷款行为定性的经营性高利放贷。由于最高人民法院在 2011 年《关于准确理解和适用刑法中"国家规定"的有关问题的通知》中明确规定，对被告人的行为是否属于《刑法》第 225 条第 4 项规定的"其他严重扰乱市场秩序的非法经营行为"，有关司法解释未作明确规定的，应当作为法律适用问题，逐级向最高人民法院请示。考虑到发放高利贷的社会危害性已经与已颁布的有关非法经营罪司法解释中的其他行为相当，建议通过出台司法解释明确将"情节严重"的高利放贷行为，尤其将数额大，影响面广，曾屡次受到行政处罚等经营性高利放贷情形纳入"非法经营罪"范畴。在此基础上进一步明确规定两个问题：一是入罪的对象标准，二是明确立案标准。在入罪标准方面，建议规定只有"情节严重"的经营性高利放贷才是入罪对象，主体对象化仅限于未经国家相关部门批准的个人和单位，不包括已获得市场准入的民间金融机构。有关高利放贷行为的认定，主要是对其"经营行为"性质的认定，应要求此类行为的对象是社会不特定的公众，且具有长期性、持续性、涉众面广等特征。关于立案标准问题，建议规定以非法经营罪将高利放贷行为入罪必须达到一个"情节严重"的程度，重点是合理规定何种行为达到《刑法》第 225 条所规定的"情节严重"的程度。其中，放贷数额应是构成"情节严重"高利贷的不充要条件，除了数额的标准还要和其他因素如经营性质、涉众范围、行为后果、社会影响等相结合，才可认定为构成"情节严重"高利贷的充分且必要条件。

（3）明确高利放贷伴生行为与危害后果的刑事规制。当下的高利放贷活动，往往伴随形形色色的上下游犯罪，如在借贷行为发生前后职业放贷者常常会采取侵犯公民人身权利和财产权利的犯罪行为。对于其中构成其他犯罪或伴生严重后果的，应以其他相应犯罪追究刑事责任。对出现严重后果的，可参照相应的后果，降低对应的行为入罪门槛，如滋扰行为，非法拘禁行为、人身伤害类犯罪等。具体包括：一是经营性高利放贷的关联行为涉嫌犯罪的刑事规制。与经营性高利放贷行为高度相关的犯罪行为包括非法吸收公众存款后再发放高利贷的行为，套取金融机构资金后发放高利贷的行为，集资诈骗后发放高利贷的行为等，分别构成非法吸收公众存款罪、高利转贷罪、集资诈骗罪等。二是由于经营性高利放贷行为引发严重危害结果的刑事规制。经营性高利放贷常与非法暴力犯罪，甚至黑社会性质犯罪高度关联。由于高利贷的借贷者大都是在经济陷入困境的情况下不得已而为之，本身的还款能力具有不确定性，放贷人面临着不能收回贷款的高风险，相应的保障手段有限，借贷人逾期未还款时，倘若不能给予其足够的压力，放贷人可能将遭受经济损失，故而放贷人为了索取高额利息及本金，常会采取非常规手段追讨债务。在此过程中，实施暴力行为的极端案例时有发生。在此情形下，经营性高利放贷行为除可被认定为非法经营罪外，亦应以其追讨债务过程中极端行为及其造成的后果依据相应犯罪追究刑事责任。具体而言，除了以人身伤害结果作为入罪标准的故意伤害罪等罪名，对限制人身自由、危及居住安全、损害人格尊严等损害生命健康安全和正常生活必需的安全感损害作为衡量危害程度的标尺，分别认定为非法拘禁罪、非法侵入住宅罪、侮辱诽谤罪等。对于反复采取滋扰、恐吓、侮辱，使得被追索者遭受难以承受的精神痛苦和难以正常工作生活者，基于其谋取不正当利益的主观动机，以及其常习行为模式，降低入罪门槛，作为寻衅滋事犯罪、敲诈勒索罪、故意毁坏财物罪予以追究。对于在索债过程中发生的极端行为，包括跟踪、恐吓、拘禁等滋扰行为，亦可作为判断非法经营"情节严重"的要件行为，即存在非法拘禁、故意毁坏财物、故意伤害等行为尚未构成犯罪，但采用此类行为开展高利放贷经营的，即可按照非法经营定罪处罚。

（三）经营性高利放贷相关犯罪之认定

在对高利放贷罪的罪状、犯罪构成以及处罚力度进行立法设计后，总归需要进行司法适用，故而廓清本罪与伴生犯罪以及关联犯罪之间的关系亦尤为重要。

1. 本罪与伴生犯罪的认定

在当前的高利借贷过程中，形形色色的上下游犯罪丛生，如职业放贷者采取犯罪手段侵犯公民人身权利和财产权利的行为，对于其中构成其他犯罪或伴生严重后果的，应以其他犯罪追究刑事责任。由于经营性高利放贷行为会引发严重危害结果的刑事规制。经营性高利放贷常与非法暴力犯罪，甚至黑社会性质犯罪高度关联。由于借高利贷的人大都是在经济陷入困境的情况下不得已而为之，本身的还款能力具有不确定性，放贷人面临着不能收回贷款的高风险，相应的保障手段有限，借贷人逾期未还款时，倘若不能给予对方足够的压力，可能将遭受经济损失，故而放贷人为了索取高额利息及本金，常会采取非常规手段追讨债务，在此过程中，双方采取暴力行为的极端案例时有发生。在此情形下，经营性高利放贷行为除可认定为高利放贷罪外，亦应以其追讨债务过程中的极端行为及其造成的后果追究刑事责任。

2. 本罪与关联罪名的认定

与经营性高利放贷行为关联度高的犯罪行为包括违法发放贷款罪、非法吸收公众存款罪等，区分关联罪名有助于司法机关准确认定高利放贷罪。

（1）违法发放贷款罪。违法发放贷款罪是指银行等金融机构的工作人员，在发放贷款的过程中违反国家法律法规，对社会和经济造成十分严重的损害。银行等金融机构的一项主要业务就是发放贷款，是给单位带来不错的收益成为银行等金融机构的主要利润来源。银行工作人员中负责发放贷款的人有时由于疏忽大意，未尽到相应的义务和责任，有时会成为犯罪分子实行犯罪的条件，进而引发更大的社会危害行为，导致更多的人遭受损害。现实生活中发生的贷款诈骗案，往往是因为银行的工作人员未尽到应尽的责任，在发放贷款过程中，顾忌人情违规放贷；也存在因为银行的工作人员未尽到审核义务，对贷款人的信用、资产没有认真核查就向贷款人放贷，严重地损害了金融管理秩序，给国家和社会造成严重的损害。

高利放贷罪与违法发放贷款罪存在以下区别：首先，对象不同。高利放贷罪所针对的对象是不特定的社会大众。而该罪所针对的对象是银行的贷款，借款者从银行所贷的款项需要在规定的时间归还本金及利息。银行所发放的贷款的币种不仅可以是人民币，还可以是其他外币。其次，客观方面不同。违法发放贷款罪指的是银行金融单位的工作人员发放贷款时，违反国家规定，未尽到相应的职责、工作时疏忽大意或者滥用作为银行工作人员的权力，违规发放贷款，给单位造成严重的后果和重大的损失。构成本罪需要为单位造成重大损失，后果严重。而高利放贷罪客观上违反了国家的法律法规，破坏了金融管理秩序，以营利为目的以超过国家规定的利率多次向社会不特定大众发放贷款的行为，而高利放贷罪的行为人触犯了相关的法律规定，破坏了金融管理秩序，为了牟取利益，行为人实施了对不特定社会公众发放贷款的行为，且多次实施这种违法行为，甚至将其作为主要职业或业务，且放贷金额较大，超过了国家规定的范围。最后，主体不同。违法发放贷款罪的犯罪主体是银行等金融机构的工作人员，普通的社会公众是不构成此罪的。而高利放贷罪的犯罪主体除了特殊主体——职业放贷人外，一般民众和单位只要违反规定实施高利放贷的行为就构成本罪。

（2）非法吸收公众存款罪。非法吸收公众存款罪是指犯罪人违法国家法律规定，严重损害金融管理秩序，采取违法的手段向社会不特定大众吸收存款。最高人民法院曾发布非法吸收公众存款罪认定的相关规定：第一是未通过有关部门的批准又或者是采用一些看似合法的手段掩盖行为人非法的目的；第二是采用各种宣传手段进行公开宣传；第三是允诺受害人利益等方式实行偿还本金和利息；第四是对社会不特定大众实施违法吸取钱财的活动。满足上面的规定后，才能用此罪名来规制行为人所实施的犯罪行为。

该罪名与高利放贷罪的区别有：侵害的客体不同。该罪名是指犯罪人的行为违反法律规定向社会不特定大众吸收大量资金的行为。行为人往往以高于银行贷款利息为诱饵向社会吸收大量的资金，造成许许多多的民间资金逃离国家的监管范围。高利放贷罪侵犯的是社会主义市场经济秩序、国家金融秩序以及社会风尚，高利放贷行为和赌博行为一样，多数情况下加剧其他犯罪，或者成为其他犯罪的源头，对社会危害很大。客观方面不同。在该罪名里，犯罪分子实施的违反规定的吸收资金的行为，非法吸收存款的犯罪行为有很多种像欺骗、强迫、诱惑等行为。这个罪名的客观行为表现为未通过银行或者有关的其他部门批准，以筹集资金为目的向社会不特定大众吸收财产的行为，经常以吸收公众存款的名义向社会大众开具存款凭证，并承诺在一段时间内偿还。这个行为对国家金融秩序造成严重的损害。非法吸收公众存款罪的犯罪对象是社会大众的资金。实践过程中，犯罪人不管采取什么样的手段非法向社会公众吸收存款，只要达成目的就具备了非法吸收公众存款罪的犯罪构成要件。高利放贷罪的客观行为是行为人以获取非法收益为目的，以超过法律规定的利率上限经常性、多次向社会不特定大众发放贷款，更有甚者行为人以放高利贷为职业，对金融秩序造成严重的损害。

第三章

非经营性高利放贷行为的刑事规制

经营性本身作为刑法规制的高利放贷行为的重要特征之一，在构成高利放贷犯罪要件时不可或缺。但是在理论界，以是否以经营为目的作为高利放贷行为的细化区分标准，又可将高利放贷行为分为经营性高利放贷与非经营性高利放贷。经营性高利放贷主要是一种商事借贷，通常会发生在各个企业等经营主体之间，发放贷款的对象也是不特定的社会公众，因此经营性高利放贷行为的社会危害性比较突出，应当受到刑法规制，这是毋庸置疑的。但与之相比，非经营性高利放贷主要表现为一种民事借贷，贷款发放的对象主要是特定的个人，借款人的借款目的通常是解决一些发生在民事活动领域的燃眉之急。由于二者性质上的不同，长期以来国家对待两种高利放贷的相关政策是不同的。对于经营性高利放贷行为，其"经营性"这一特质本身就被国家的法律和相关规范性文件明令禁止；对于非经营性高利放贷行为，只有借贷双方约定的利息超出了国家特别规定的上限，这种贷款行为才是违法的，但并没有明确规定为犯罪。

如前所述，经营性高利放贷行为较为严重地影响了金融管理安全和社会主义市场经济秩序，应纳入刑法规制的范围。非经营性高利放贷具有很多限制性入罪因素。例如，非经营性高利放贷行为通常发生在具有一定血缘和地缘关系的双方当事人之间，借款人的借款目的主要是缓解自己的资金压力，放贷人的放贷行为也没有给社会经济运行造成重大影响。另一方面，通过恰当地解释非法经营罪的入罪条件，可以发现非经营性高利放贷具有刑法规制的可能性与必要性。运用刑法解释论，我们就可以对高利放贷行为作出合理有效的规制。由于法律对非经营性高利放贷行为的部分保护，如何利用刑法对该行为进行规制显然比规制经营性高利放贷行为更加复杂。在解释论层面上，我国既有的刑法规范体系无法对非经营性高利放贷行为进行评价。针对非经营性高利放贷行为的刑法规制困境，本书并不赞同私法领域的无罪主张，认为非经营性高利放贷行为不仅仅是一种民事违法行为，其在性质上也具有刑事不法性。因此应当细致、全面、整体化考虑非经营性高利放贷行为所具有的社会危害性，考虑通过刑法方式对非经营性高利放贷行为进行准确评价。

一、非经营性高利放贷行为刑事规制必要性

民间高利贷的滋生成为扰乱社会经济秩序和金融管理秩序的源头之一。非经营性高利放贷行为入罪与否争议不断。部分学者基于契约自由论提出非经营性高利放贷行为无罪化的观点，这一观点将在下文详细阐述。本书认为这一论点不具有足够的说服力。因为其不但忽视了契约自由成立的前提条件和实质内涵，也过度地赋予了高利放贷前置法不符合时代现实的规范效力。这一主张不仅从理论上不具有合理性，其与社会实践要求也不吻合。这种入罪否定说认为非经营性高利放贷行为不具有"市场性"，没有对第三人造成实质影响，但事实并非如此。非经营性高利放贷行为因其具有的社会危害性存在需要刑法进行规制的不法之处。

（一）非经营性高利放贷行为不符合双方利益均等原则

从形式上看，非经营性高利放贷行为体现了双方的自由意志，也没有侵害社会集体法益。如果按照契约自由论的观点来看，借款人支付的高额利息只不过是实现契约自由而自愿付出的正当化财产损失。正如王仰文教授所言："私人财产权还包括合同自由，因为对私人财产的保障，不仅意味着私有财产的不可侵犯，还意味着对这种权利的行使不受干涉。"[1]刑法中同样有相关理论——自我答责理论：即使被害人存在相应的法益损害，只要该侵害行为并未同时侵害其他主体的利益，并且能够被评价为自我答责的产物，就不构成刑事不法。但是，正如本书接下来要讨论的一样，非经营性高利放贷行为并非契约自由的产物；高利放贷合同主体之间的意思并非真实；非经营性高利放贷行为依然具备犯罪化条件；非经营性高利放贷行为的罪与非罪之间的区分需要谨慎分析论证。

（二）非经营性高利放贷行为违背契约自由的本质属性

契约自由的萌生，始于以平等和私法自治为终极关怀的罗马法。古代罗马是一个以商品生产为主导的社会。为了保证商品生产者在从事商品交换时

---

[1]　王仰文：《私有财产权的行政法保护研究》，人民出版社 2009 年版，第 77~78 页。

具有平等和自由的地位，受斯多葛学派自然法思想影响的罗马法宣布："根据自然法，所有的人都是生来自由的。"后来，随着商业经济的不断发展，作为资源流动价值保护的契约自由原则被其他国家借鉴运用，也成为我国近现代民法确立的基本原则之一。契约代表公平公正，订立契约的双方可以根据自己的意愿进行贸易交往。随着市场经济的不断成熟演进，契约精神在保障价值的最大利益分配上起着越来越重要的作用。市场和契约精神互相推动，契约精神的约束带动着市场经济的繁荣发展；若没有市场经济的出现，也不会出现人与人之间的契约自由。由此可见，"'合同'的概念与经济现象'市场'紧密相连，市场只有在合同被订立的情况下才能发挥作用。由此，合同自由作为通过私法自治保障的、个人法律权利的本质要素，与市场经济制度之间紧紧地联系在一起"。[1]现代市场经济的飞速发展必然会导致市场管理模式的转型，国家和政府为了维护市场经济的飞速发展和市民社会的繁荣会尽可能保障契约自由的实现。由此便衍生了市场对经济社会的决定性资源的调控作用，政府和国家作为无形之手保障资源的均衡分配。如此一来，商品的使用价值在最佳资源配置下可以得到最大限度的利用。再加上自由主义思想家不断地宣扬"人生而自由""契约自由"等思想，市场在经济发展中的作用越来越突出，市场经济和自由主义紧密联系共同为社会、国家的发展提供了巨大的推动力。总而言之，契约是相对于订立双方之间的一种法律协议，并且这种相对关系贯穿于整个契约过程之中，无论是契约的订立、契约的内容还是契约的履行，完全由订约双方决定，任何人都不得干涉。[2]基于此，契约自由可以概括为两个方面：一是订立契约的双方当事人对权利和义务的创设享有绝对的权威性，不受第三人的影响，当然也不受国家的影响，这是契约双方意思自治的体现；二是订立契约要在双方互相尊重对方意愿的基础上进行，建立契约的目的就是双方利益的交换，体现了双方在议价能力不同的情况下协商一致的结果，但是，如果契约的一方在签订契约时内心并不情愿，而是受到另一方的欺骗或胁迫，或在情况危急时显失公平的情势下作出的，即使行为人表面同意，但根据契约的自由主义精神来看，这一契约当然

---

〔1〕 〔德〕本德·吕特斯、阿斯特丽德·施塔德勒：《德国民法总论》（第1卷），于馨淼、张姝译，法律出版社2017年版，第30页。

〔2〕 王泽鉴：《债法原理》，北京大学出版社2013年版，第109页。

不发生效力，因为并没有体现出双方的自由意志。

（三）非经营性高利放贷行为双方不具有实质平等地位

契约自由的重要性不言而喻，契约本身就是一种绝对自由，它自成一体并不需要任何说明；契约存在本身就体现着正义，尊重契约就是尊重个人的意思自治和个人的权利自由。本书前述提到的契约自由实质上认为订立契约的行为是双方在平等地位中自由且自愿的行为，体现了人最真实的意思，这是对契约双方的尊重。从更深层次剖析来看，契约象征着个人私法上权利的某种内在价值，本身无须说明，也不能以实现某种利益为目的。如果订立契约的一方在契约目的之外追求更大的利益，那就是对契约自由精神的贬低，对个人权利自由的蔑视。正如特里比尔科克（Trebilcock）所说："对意志理论家而言，自治本身就是一种'善'，它之所以应该被尊重是因为，不管中立的第三者如何看待双方达成的契约内容，这种契约活动本身就是双方自由意志和自我选择的体现，也是对个人尊严的体现，而这种自由意志和自我选择根植于当事人自我决定权这项基本权利。"[1]"人生而自由，却无往不在枷锁之中"，虽然每个人都有追求自我和自由的权利，但这种权利与自由不能够违反禁止性法律，在法律规定的范围内每个人的契约行为就不应该受到任何干涉，也不应该被牺牲而为他人谋利，这便是契约的内在价值所在之处。

就非经营性高利放贷行为而言，签订高利贷"契约"的借款方是否真的存在意志论者所主张的自由意志，这是契约自由理论需要面对的一个难点。换言之，一般具有合法利息的借款合同可以被认定为自由意志的产物，但超出法定利息的高利贷合同能否被认定为自由意志的产物需要分析。首先，契约之所以能够创造出双方都必须遵守的义务，归根结底就是订约双方之间的书面承诺。因为契约是双方自由意志的产物，只要双方当事人对契约的内容有承诺，那么该契约便形成了无形的义务，对双方当事人具有一定的法律约束力。由此可见，只要意志自由理论家能够说明"承诺"是一种应当遵守的道德规范，就很容易在契约中对权利义务加以说明：只要双方有共同的承诺，就会很自然地对双方都产生约束力，甚至可能产生双方当事人的责任、信任、尊重等更为深层次的义务。由于对契约一种自由意志的说明，意志自由理论家还认为，只要订约双方对契约本身有所承诺，当事人就必然应当履行相应

---

〔1〕 Trebilcock, *The Limits of Freedom of Contract*, Harvard University Press, 1993.

的义务。也就是说，不论契约内容为何，当事人都有义务履行，这便展露出一个缺陷——违法约定是否应当履行。其次，意志论自由主义理论家将自由意志和自我决定作为建立契约的正当性基础，而将自我决定中产生的义务设定为当事人必须履行的义务。由此可知，该阵营的理论学者对契约自由做出了一个完整的解释——达成约定的双方之所以会形成契约是因为双方都有自由的意志，双方自由意志的合意便形成了双方的共同意志，这个形成共识的意志保证了约定双方在一种平等交换的环境中表达自己的意愿而不受任何人干涉。因此，在意志自由理论家看来，契约自由的本质在于订约双方的自由意志和真实承诺，即依靠当事人双方自主意愿的形成，而非外部强制力的施加。然而，契约自由的成立需要建立在缔约双方的地位和能力完全平等的前提之上，而在非经营性高利放贷行为中，出借人可能因其财富或经营实力的优势而占据较为有利的位置，借款人则可能因身处窘迫境地而失去议价能力，这显然没有体现契约自由原则的要求。最后，非经营高利放贷这一具象行为不能契合意志自由论的抽象自由。意志自由作为一种抽象的绝对自由只存在于理论层面，在现实生活中并非所有的外在环境都能够符合其条件构想。正如资琳教授所言："并非所有的外在环境都能够使抽象意志得到平等、完全的体现，在'愚'和'弱'的片段中，抽象意志的外在体现就异化。"[1] 非经营性高利放贷行为大都出现于熟人之间，是熟人社会中才会产生的一种影响甚微的高利放贷行为，借款人大多急于用钱，例如家人生病急需金钱治疗、生意资金链断裂急需资金周转等。因此，非经营性高利放贷行为人之间的借贷关系从一开始在实质上就存在不平等因素，即使借贷双方看起来在法律地位上都是平等的自由主体，但在经济地位或情势地位上二者都是不平等的。这也就意味着借款人根本就没有能够与放贷人平等协商的"资格"与能力，从而无法形成实质公平的契约。借用王泽鉴教授在其书中提到的一段文字正能够对此现象进行评述："契约的概念只有在自由及平等两个基础上方能建立起来。如果一方当事人不得不屈服于他人的意思之下，则自由其名，压榨其实，强者逞其所欲，弱者将无所措其手足。"[2] 这进一步揭示了非经营性高利

---

〔1〕 资琳：《契约法基本制度的正当性论证——一种以主体为基点的研究》，载《环球法律评论》2009 年第 6 期，第 8 页。

〔2〕 王泽鉴：《债法原理》，北京大学出版社 2013 年版，第 109 页。

放贷行为的非契约自由性。

（四）非经营性高利放贷行为未兼顾共同利益

当我们从抽象理论出发去观察社会现实便会发现，尽管契约是整个社会的基石，我们在多数情况下是基于自由意志和契约自由原则订立契约，但双方在订立的契约中并没有完全体现意志自由论者所提倡的自由意志。绝大多数人基于趋利避害的本能，订立契约往往会从自身利益出发，契约内容对于双方实现最大化的自身利益具有极大的诱惑力，这也正是契约能够促成达成协议的重要原因之一。反之，若契约订立双方的利益得失明显失衡，契约关系无法真正实现相互平等和公正，那么这份契约就难以称为真正意义上的"契约"。由此可见，契约自由的正当性并非仅建立在自由意志和自我决定之上，还取决于契约的内容是否公平合理。正因为契约内容规定了双方的权利和义务，便决定了双方能否通过契约实现自己的利益。

第一，契约自由必须以双方的利益实现为前提。然而，一些意志自由论者过于理想化地看待了契约自由，认为契约自由本身就是自成一体的、完美无缺的，却没有考虑到社会实践所带来的制约和挑战。在现代社会中，人们追求自由意志并非仅仅是为了空洞的自由而已，而更多的是出于对自身利益的追求。因此，意志自由论者所倡导的"自由意志"需要得到解释，其中某种程度的利益论是必不可少的。如若不然，每个人签订契约不是从自身利益出发，那签订契约实质上又是为何？从一开始，契约自由原则能够产生并得到广泛应用就是因为其与市场经济相联系。契约自由作为一种私法自治的有效手段，被认为是实现私法主体自我人格发展的重要途径。从这两个角度来看，利益论者认为，契约自由不能也不应该仅包括自由意志与自我决定，缺乏利益的内容并不能给民众带来签订契约的动力，相反而言，契约的正当性来源于其能够有效地保障双方的利益实现，如果这一目的不能够实现，订立契约的一方就会受到严重的利益损失，这就不可能被称为真正意义上的契约自由。[1]正如非经营性高利放贷所创设的契约一样，借款人把高额利息的承诺当作义务是一种错误行为。这种做法存在着多种不协调，正如前述所言，非经营性高利放贷行为双方当事人的地位并不是完全对等的，因为双方的交

---

〔1〕〔美〕迈克尔·J. 桑德尔：《自由主义与正义的局限》，万俊人等译，译林出版社2001年版，第128~133页。

易地位和议价能力的差距，事实上已经形成了放贷人利用自己的优势盘剥借款人的状况。如此一来，这种行为不但不符合平等交易的真实目的，违背了契约自由的初衷，更会加剧社会上的不平等现象。那些身处优势地位的人会占据越来越多的市场优势，而那些本来就处于困境的中小企业或个人则会雪上加霜。德国法学家奥托·基尔克对于这一现象早就提出了自己的观点——如果一个是强者手中可怕的武器，另一个是弱者手中并不锋利的武器，这将成为一方欺压另一方的手段，精神和经济优势者毫无仁慈地进行剥削的手段。[1]所以，我们在讨论契约自由时就不得不将利益放置于一个重要的地位。非经营性高利放贷行为中的放贷人在借款协议中预期得到超出其应得利益，由此可以推测借款人在借款时不是真诚地希望与其建立借贷关系，因此非经营性高利放贷关系不是真正的契约，这种行为不仅可能违法超出法定利率，还有可能是有意为之的犯罪行为。

第二，契约自由隐含着双方当事人通过自由平等协商实现了利益均衡。契约之所以能够形成义务是每个当事人追求自身利益的结果，因为每个人都能够从对方的履约中获得利益，而且这一利益是大致对等的。在这一动力的支持下，双方当事人便会信守承诺，履行自己的义务并期待对方给自身带来的利益。但需要指出的是，这里提到的利益平衡并非价值的完全等同，而是一定范围内的大致平衡，因为每个人获取信息、议价能力不同，必然有一方会从契约中得到更多的利益，这一点也正是契约自由的体现。这一观点便佐证了普通民间借贷的合理合法性，普通民间借贷中的借款方出于情势所迫向他人借贷，使得出借人在现有时间内无法使用自己所有的货币。为了补偿这一缺陷，在合理限度内支付利息可以保持双方契约关系的平衡。因此，在合法利息允许的范围内，当事人可以商议并确定准确的利息金额，这就属于双方的契约自由。与之相反的是非经营性高利放贷行为，其所约定的利息超出了大致相等、利益平衡的范畴，这便是其违反契约自由原则的另一根据。因为双方订立契约的初衷是获得便利，而不是让对方受损。尽管双方获得的利益可能不完全相同，但这本身就属于契约风险，在契约订立之初就应该予以考虑和评价。否则的话，如果双方在订立契约时就知道最后必然会面临巨大

---

[1]　[德]奥托·基尔克：《私法的社会任务：基尔克法学文选》，刘志阳、张小丹译，中国法制出版社2017年版，第43页。

的损失，那么就没有真正的契约可言。虽然契约本身就是市场风险的一部分，但如果双方在事前订立契约的时候就知道在订立契约后会存在巨大的利益差，那么这就是一种不可预见的风险，本质上是一种剥削和压迫。而且非经营性高利放贷行为当事人在订立借款契约时，双方对日后的利益归属就已经心知肚明，故而此种非经营性高利放贷行为中双方订立的契约是不公平的，甚至都不属于契约。因为契约的目的是要让订立契约的双方都能够获得利益，即在契约中寻找共同利益，非经营性高利放贷契约将绝大多数利益划归为一方，如此便失去了共同利益，也就失去了契约订立的基础。

综上所言，非经营性高利放贷契约并不存在真正的协商平等与利益均衡。就非经营性高利放贷当事人之间签订的契约而言，放贷者所获得的超额利益本身就是优势利益者利用优势地位对借贷者进行盘剥和欺压的结果。然而，一方利用优势地位并不一定会给对方带来利益损失，这也是契约中"信息不对称性"的一种表现。双方当事人都可以利用对自己有利的信息进行交易，此时双方的地位是平等的，双方都拥有对方想要的东西，即每一方都具有对另一方的优势，这种优势可以被称为"双方的利用优势"。这种优势是相互对称的，在相互受益的交换行为中实现了这种对称优势。由此可见，"所谓私域自治、契约自由，是当事人对等的情况下才成立的原理。如果这个前提崩溃，自由便转化为单纯的强者的自由"。[1]也就是单方优势，这种优势地位一般是由于一方处于支配地位所带来的，正如非经营性高利放贷，放贷者与借贷者之间并没有互相的利用优势，仅是借贷者想从放贷者手中获得资金，但并不掌握放贷者所需的具体利益，这二者之间便形成了"单方的利用优势"。在这种情况下就不是契约自由的实现，因为契约自由至少需要双方的同意，并在共同意志的基础上达成利益均衡。[2]总而言之，如果交易双方的交易地位与交易能力严重不均衡，且在交易前已知契约结果会对一方造成利益损失，那么这种契约就不符合契约的根本原则，即共同利益原则。就此而言，非经营性高利放贷行为并非真正意义上的自由契约；相反，它违背了意思自治的根本宗旨，再叠加上非经营性高利放贷行为的"高利"属性，利用刑法对其进

---

〔1〕　[日] 山本敬三：《民法讲义Ⅰ总则》，解亘译，北京大学出版社 2012 版，第 91 页。

〔2〕　资琳：《契约法基本制度的正当性论证——一种以主体为基点的研究》，载《环球法律评论》2009 年第 6 期，第 8 页。

行干预是妥当可行的。

二、非经营性高利放贷行为入罪规制可协调法律规范体系

刑法作为法律保障的最后一道防线，应当具有谦抑性，只要其他法律能够对社会法益进行充分保护，刑法就不应该加以干涉。据此反对通过刑法对非经营性高利放贷行为进行规制的学者认为，契约自由是民法的重要原则，即使非经营性高利放贷行为违反了契约自由精神，也并不当然要归入刑法的规制范畴。这些学者的观点并非毫无道理，但就法律规范体系的完善角度而言，在其他法律规范无法有效规制非经营性高利放贷行为时，便可将其定为犯罪行为。

（一）民法规范不能有效规制非经营性高利放贷的不利益状态

民法对于无法体现意思自治的契约，是通过认定契约无效或赋予相对人撤销权的方式来维护弱势一方的合法利益。但是，非经营性高利放贷行为中双方地位的不平等是否仅体现了意思真实与否的问题？二者之间的实质不平等地位能否借助民法规范就能够实现并保障双方的实质平等地位或者能够保护弱势一方的合法利益？这些问题需要逐一分析，本书原则上认为，仅依靠民法规范并不能有效维护非经营性高利放贷过程中弱势者的利益。在民事立法上，相关法律主要对高利放贷行为的性质和利率等作出了规定。具体而言，民法典在制定之前便在《民法通则》第 90 条和《合同法》第 211 条规定了民间借贷的性质和利率；现行《民法典》第 680 条明确规定了禁止高利贷；2020 年 12 月 29 日，最高人民法院通过《关于修改〈最高人民法院关于在民事审判工作中适用《中华人民共和国工会法》若干问题的解释〉等二十七件民事类司法解释的决定》，在其 2020 年 8 月 19 日发布的《关于修改〈关于审理民间借贷案件适用法律若干问题的规定〉的决定》中进行了再次修改，调整了利率上限，即合同成立时一年期贷款市场报价利率 4 倍以下。上述条文强调借贷双方不能超出法定利率实施借贷行为，但这只是原则性的规定，而且仅对超出法定利率的部分利息作出了无效的认定，并没有对这一行为作出充分的评判。显然，民法规范设定的相应制裁措施力度相对不足，并且缺乏具体的配套性规范，不能对实施高利放贷行为者达到足够的震慑效果，也无法预防、遏制这类行为的发生。因此，仅依靠民法规范对非经营性高利放贷行为加以限定很难产生应有的社会效果和法律效果。

刑法的谦抑性并非意味着刑法只能保持消极的、懈怠的品格。刑法谦抑性要求刑法应根据一定的规则确立犯罪圈，控制处罚范围与处罚程度，即凡是适用其他法律足以抑止某种违法行为、足以保护合法权益时，就不应将其规定为犯罪；凡是适用较轻的制裁方法足以抑止某种犯罪行为、足以保护合法权益时，就不应规定较重的制裁方法。然而，在立法论层面，很多学者将刑法的谦抑性与非犯罪化、非刑罚化联系在一起；[1]在解释论层面，遇到刑民交叉案件，实践上通常使用"以民（法）为先、以民（法）为主、先民后刑"的评价方法进行分析认定。[2]不论是在立法层面还是解释层面，这些观点都透漏出刑法的消极意味，但刑法的谦抑性本身只是一种刑事立法和刑事司法理念，周光权教授认为："立法更多的是一种社会政策性决定，立法者可以基于法益保护的理念在一定范围内将犯罪行为转化为违反行政法、民商法的行为，或者将违法行为犯罪化。理论上动辄指责立法违反谦抑性原则，未必有实证基础和充分说理。"[3]"刑法谦抑性精神尽管是总的原则，但是它并不排斥适当条件下的、适度的、理性的犯罪化。"[4]特别是在高速发展的现代化社会，对刑法的理解不应是悲观排斥的，作为同行政法、民法并行的社会治理手段，更应该强调其在社会治理中的有效性。高利放贷所带来的衍生犯罪与该行为本身的危害性，是阻碍社会正常发展的不利因素，在发挥民间借贷的补充功能的同时，刑法应当介入其中，以更好地抑制风险。

民法对非经营性高利放贷债务人的保护效果甚微。民法对于非经营性高利放贷超额利息的处理是拒绝承认其法律效力，放贷者在民法上的债权请求权是无法实现的。如果民法上的相关救济性规定能够保障债务人在利用借款的同时可以拒绝履行高额利息，自然无须刑法的介入。尽管从法律规范的理论层面来看，债务人只需支付合理利息；但结合实践经验，我们很难直接推断出一般法律在现实生活中能够发挥应有的法律效力。如果没有更加严厉的制裁和强制执行措施，将很难实现立法者所设定的抑制高利放贷的立法目的。如果我们对社会的管理仅浮于表面，很难深入清除社会内部的污垢。为了躲避

---

〔1〕　王明星：《刑法谦抑精神研究》，中国人民公安大学出版社 2005 年版，第 183 页。

〔2〕　杨兴培：《刑民交叉案件中"先刑观念"的反思与批评》，载《法治研究》2014 年第 9 期，第 64~74 页。

〔3〕　周光权：《积极刑法立法观在中国的确立》，载《法学研究》2016 年第 4 期，第 33 页。

〔4〕　付立庆：《论积极主义刑法观》，载《政法论坛》2019 年第 1 期，第 103 页。

私法约束，非经营性高利放贷者往往会采取十分隐蔽的措施实施放贷行为。高利放贷人试图通过给高利放贷行为披上合法外衣来逃避法律制裁。不仅如此，有些高利放贷行为反而得到了法律的保护。[1]目前在我国司法实践中，放贷者为了规避法律法规的禁止性规定带来的法律经济风险，都会采取各种各样的措施掩盖自己的真实意图，使得隐性高利贷现象屡见不鲜。这些隐性高利贷虽然本质上是高利息的民间借贷行为，但在法庭上便是普通合法的民间借贷，法律当然无权干涉。在这种情况下，债务人利用民法保护自身权益的途径往往会被切断，放贷人的非法利益便会堂而皇之地受到"法律保护"。正如一些学者所说："隐性高利贷一旦闹出纠纷对簿公堂时，由于没有足够的证据，高利贷债主们往往能逃过法律的制裁。"[2]法律上的平等并不代表双方现实上的平等。如果没有借款人的同意，非经营性高利放贷者根本不可能实施隐性高利借贷合同来规避法律风险。质言之，隐性高利贷合同本身就是通谋虚伪的合同。[3]隐性高利贷合同的不断增加，非经营性高利放贷的危害不断展露，恰恰说明了民法救济性规定的作用微弱，并不能有效实现当事人之间的平等交易地位。

因此，刑法介入规制非经营性高利放贷行为并不违反刑法谦抑性。正如上文所说，真正的契约自由精神只有在契约能够真实反映订约双方的真实意思表示的情况下才能表现出来，而且为了维护契约自由，民法还规定了一系列可撤销、无效、效力待定的情况，如果民法的规定已极尽完善，能够真正实现契约自由，立法者就无须利用刑法针对高利放贷行为加以规制。对于基于欺诈订立的民事法律行为，民法将其规定为可撤销合同，刑法上存在诈骗罪的规定以及其他类型的金融诈骗的规定；对于强迫对方订立合同的法律行为，在刑法上存在强迫交易罪和敲诈勒索罪。由此便可窥知，处罚力度较低的民法无法妥当约束一些行为，因此刑法对于这些需要严惩的行为制定不同类型的罪责规范，这反映出单纯依靠民法救济有时候并不能实现当事人之间

---

〔1〕 袁继红：《隐性高利贷纠纷司法调解的法理分析》，载《社会科学战线》2014 年第 9 期，第 213 页。

〔2〕 周锋荣、王文红：《对隐性高利贷不可掉以轻心》，载《中国县域经济报》2004 年 5 月 8 日。

〔3〕 袁继红：《隐性高利贷纠纷司法调解的法理分析》，载《社会科学战线》2014 年第 9 期，第 213 页。

真正的平等，也无法有效保障当事人之间订立的契约能够反映其真实的意思表示。在效力等级上，民法、行政法和刑法都是全国人大制定的法律，都具有同等的效力；在适用顺序上，它们之间不是对立排斥、非此即彼的关系，民法的调整与约束并不影响刑法的规制。因此，刑法在民法和行政法之后对违背契约真实、自由原则的非经营性高利放贷行为进行规制，并不违背刑法谦抑性原则，相反，这正是刑法的职责所在。

（二）刑法的介入有利于协调刑行规范体系

理论界与实务界对于民间金融借贷行为的规制途径的讨论一直沸沸扬扬。如今大多数学者认为必须在有效利用民间借贷的同时对其进行合理规制，尽可能取其精华，去其糟粕。虽然法学界和金融界已经对民间借贷必须进行有效监管达成了共识，但将其纳入民法、行政法还是刑法的规制范畴，长期以来未达成一致意见。从我国法律规定来看，高利放贷行为显然被纳入民法的保护范畴。我国刑法没有针对高利放贷行为设立专门的罪名。因此，在面对高利放贷行为带来的严重社会危害性时，司法部门只能适用与高利放贷相关的衍生罪名，但这种间接规制模式能否妥当处理非经营性高利放贷行为存在诸多问题，仅仅依靠民法的救济能否真正保障借款人的合法利益，行政立法能否形成充分的规范供给，这些问题在司法实践中普遍存在，亟待解决。

首先，间接规制模式不能精准预防打击非经营性高利放贷行为。如前文所述，我国现阶段司法实践面对高利放贷犯罪行为常常利用诈骗罪、非法吸收公众存款罪、非法拘禁罪、故意伤害罪甚至非法经营罪等罪名加以定罪，再结合放贷情节加以量刑，可是这样的处理方式仅针对高利放贷的上下游犯罪行为，并没有对高利放贷行为本身进行评价，这些罪名并不能充分地评价高利放贷的不法内涵。为了填补这一漏洞，最高人民法院、最高人民检察院、公安部、司法部联合印发《非法放贷意见》，明确了对非法放贷行为的定罪处罚依据、定罪量刑标准，并明确规定对黑恶势力从事非法放贷活动应当从严惩处。将高利放贷行为以非法经营罪定罪量刑又引起了一些学者的反对，经营性高利放贷行为确实存在扰乱市场的危害因素，将其认作扰乱市场的非法经营行为虽然不能完美契合，但总体而言也具有一定的合理性；问题在于，由于非经营性高利放贷行为的非经营性质，非法经营罪难以对其进行准确规制。若要引用高利转贷罪加以规制，对于非转贷性质的非经营性高利放贷行为则不适用。无论是高利转贷罪还是非法经营罪，都只能规范部分符合其具体要件的高利放贷行为，不能完全规制高利放贷行为可能出现的所有情况，原因在于这两个罪名与高利放贷均有一定区别，所涉及的保护法益也不相同——非法经营罪旨在维护国家限制性经营活动的市场秩序；而高利转贷罪保护的法益主要是国家的金融管理秩序。长期缺乏刑事立法使得高利放贷这一民间金融形式在实践中的罪与非罪、此罪与彼罪问题层出不穷，纷繁复杂。没有直接的法律依据也给予司法机关过大的自由裁量权，高利放贷犯罪行为缺少统一的定罪量刑标准在一定程度上也是民间借贷鱼龙混杂、良莠不齐的主要原因。间接的刑法规制不仅无法有效遏制高利放贷行为的泛滥，也不能对其本身有一个明确的不法评价与相应的定罪量刑。仅仅对其衍生犯罪行为加以遏制只能起到事倍功半的效果，间接规制模式不论是对经营性高利放贷行为还是非经营性高利放贷行为都收效甚微。

其次，多层次的行政立法难以形成规制非经营性高利放贷行为的规范供给。从行政法角度来看，国务院颁布的《办法》规定了非法金融机构和非法金融业务的相关内容，其中非法金融机构是指未经中国人民银行批准，擅自设立从事或者主要从事吸收存款、发放贷款、办理结算、票据贴现、资金拆借、信托投资、金融租赁、融资担保、外汇买卖等金融业务活动的机构。非法金融业务包括非法吸收公众存款或者变相吸收公众存款、未经依法批准，以任何名义向社会不特定对象实施上述行为。中国人民银行在《关于取缔地下钱庄及打击高利贷行为的通知》中对民间借贷的资金来源作出了要求，即借款必须属于合法收入的自有货币。除此之外，其他一些国家政策、部门规章和规范性文件里也提到了对高利放贷的禁止性规定，这些文件都明确提出了对高利放贷行为的严厉处罚措施，但是相较于刑事惩罚而言，行政法的惩罚力度只停留在金钱处罚层面，无法实现排除再犯可能性的刑罚目的。纵观我国不同地域的行政规范内容和方式，虽然各地对高利放贷行为均持否定态度，但惩治力度和处罚方式都存在一些差异，缺乏统一的处罚标准。由此可见，行政法在处理高利放贷行为上存在不足之处。另一方面，我们目前在刑事方面对高利放贷行为的相关规定比较模糊，对高利放贷行为的制裁措施明显缺乏，而且对各种犯罪类型没有作出完整的归纳，对非经营性高利放贷行为缺乏明确界定，从而无法得到有效规制。在现有的规范体系中，治理高利贷的法律规范位阶较低，大部分都被规定在司法解释、部门规章和其他规范性文件之中，而且没有统一、完善的惩治标准，严重影响对高利放贷行为的规制效果。

最后，不协调的法律规范体系使得司法实践对非经营性高利放贷行为的应对措施陷入了悖论。高利放贷行为（此处当然包括非经营性高利放贷行为）应受刑罚惩罚的原因之一是其"暴利性"，但暴利一般被认定为民事违法行为，在大多情况下，任何超出合理收益的部分均被认为无效，最严重的情况下应该被施加刑事处罚。暴利行为本身就具有严重的社会危害性，大部分暴利主要来源于价格欺诈、散布虚假信息哄抬物价和在非垄断基础上价格歧视等行为，导致消费者剩余价值被掠取，进而使得社会福利水平和市场运行效率大大降低。应对暴利问题，很大程度上需要依靠价格的调控和监管来实现，例如，我国《价格法》第 14 条第 7 项就规定了不得违反法律、法规的规定谋取暴利。需要法律直接干预的暴利行为包括那些市场无法自发调节的，即利用某种强势地位进行的强迫交易行为，这种交易方式会给消费方带来不公平的消费后果。如果这种强势地位不是利用权力和稀缺资源的占有产生的，而是通过高利借贷这种带有心理压迫效应的方式获得的，则需要更加严厉的法律加以规制。而非经营性高利放贷行为正是无法通过市场调节的暴利行为，因此只能求助于法律，甚至刑法才能够更好地保障借款人的合法权益，以维护最基本的正义价值。暴利行为本身的社会危害性值得处罚，但我国刑法没有规定牟取暴利的行为构成犯罪。这样一来，在对暴利行为的规制上，不同的法律之间就存在着衔接上的困惑。通过民法或者行政法规制暴利行为不足以引起相关市场主体的忌惮，也不具有威慑性，从而使得非经营性高利放贷者在发放高利贷款牟取暴利时，不能通过刑法予以制裁，也无法保障民法和行政法相关规定得到有效遵守。

综上所述，非经营性高利放贷行为不符合契约自由精神，违背了民法规范中的意思自治原则。非经营性高利放贷行为不能够满足双方当事人的合理利益，尤其损害了借款人的合法权益。由于这些损害难以通过民法有效矫正，因此需要利用刑事处罚更加强大的威慑力进行有效制裁和惩罚，为其他法律规范体系提供补充和保障。这不仅不违反刑法谦抑性原则，而且为完善对不同类型高利放贷行为的规制体系提供了合理根据。

（三）非经营性高利放贷行为入罪与保护民间借贷并不冲突

民间借贷行为存在一些利于促进市场经济流通的优势，这是毋庸讳言的。非经营性高利放贷行为相较于经营性高利放贷行为的危害性更小，但是并不足以排斥任何非经营性的高利放贷行为入罪。对非经营性高利放贷行为入罪化处理并不会阻碍正常的民间借贷行为发挥其合理优势。将借贷行为中的非法行为加以剔除，能够更好地促进民间金融行业的良性循环和发展。

第一，非经营性高利放贷行为入罪与促进民间借贷的良性发展并不矛盾。对民间借贷行为进行规制，必然要以承认民间借贷活动本身的积极价值为前提。正常的民间借贷会使各方受益，为小型企业带来资金周转，其正常发展疏通了社会经济渠道，促进了市场经济的发展。之所以在刑法上对民间金融借贷作出必要的规制，正是为了保障民间借贷活动能够更好地发挥其功能。将非经营性高利放贷行为纳入刑法规制，并不意味着禁止所有的民间借贷行为。只要民间借贷行为能够按照法律规定的利率进行交易，不构成违反法律的高利放贷，就仍处于法律保护的范围之内，仍然可以继续发挥其在社会经济秩序中的补充作用。因此，民间借贷的存续与民间高利放贷禁止之间并不存在逻辑上的冲突，反而非经营性高利放贷的存在必然会伤害民间借贷活动本身，因此规制非经营性高利放贷行为有着现实的必然性。

第二，非经营性高利放贷行为会进一步加剧市场主体间的不平等，进而导致民间金融借贷业的萎靡。自从我国改革开放后，经济持续不断向好发展，经济总量不断增加，人们生活水平普遍提高，但这些经济繁荣景象并不能掩盖一些深层次的社会和经济问题。部分民众收入水平随着经济的发展大趋势直线上升，但是也造成收入差距过于悬殊，贫富差距不断加大。相较于普通的民间借贷，非经营性的高利放贷虽然能够进一步扩大经济总量，但也会使得经济弱势群体的经济压力愈来愈繁重。随着经济地位优势者不断对经济弱势者的剥削和压榨，弱势者很难从高额的利息中抽身，从而导致社会生活水平的差距再一次被拉大，人与人之间的社会地位不平等现象愈发显著，甚至形成人身依附关系，这也进一步降低了人们对于民间借贷的信任度。这种人身依附关系类似于我国封建时期的地主与佃户——没有经济来源的佃户租种地主土地，并向地主缴纳巨额利息，这导致他们只能维持温饱，而且没有任何经济潜力来改变自己的依附现状。非经营性高利放贷的超额利息就相当于佃户需要上缴的超额负担，这种超负担的利息导致租种土地的佃户和租金借贷者丧失了经济自主性，辛劳工作的成果仅够偿还地主或放贷者的利息或部分本金，剩余本金或剩余本金与利息会源源不断地产生滚动利息，这种令人窒息的恶性循环可能会导致借贷者的一生都在偿还借款甚至导致借款人家破人亡，最终对社会造成负面影响。这种因非经营性高利放贷行为以及所有的涉及高利贷的行为所导致的那种实质上的不平等，需要通过更为严厉的刑事手段予以制裁。

第三，非经营性高利放贷行为存在引发次生犯罪的可能性。虽然我们关注的重点是非经营性高利放贷行为本身，但非经营性高利放贷是高利贷的一部分，必然具有高利放贷自身的特点，其可能引发的犯罪行为也是不容忽视的，这些次生犯罪问题也是需要刑法介入的重要因素之一。非经营性高利放贷行为带来的高额利息使得借款方无力偿还会带来多种严重后果。在极大的经济压力和精神压迫下，借贷者就铤而走险，生活的困境促使他们走上抢劫、偷盗、敲诈、诈骗犯罪的归途。除此之外，我国《民法典》将超额利息认定为不具有法律效力，在证据确凿的情况下，法律自然不会保护这部分非法利息，这就意味着放贷者无法通过正常的法律途径收回其放贷时"约定好的利息"，这就隐含着他们会通过运用非法手段达到收回高额利息的可能性。如果借款者无力偿还利息，放贷者为了追回法律不予保护的高额预期利息，必然会采取一些侵犯他人人身权利的行为诸如非法拘禁、敲诈勒索、故意伤害等非法手段以保障其非法利益的目的。近年来普遍存在的各种"套路贷"等黑恶势力，就是实例。不论放贷人采取何种措施，其行为都会给社会公众带来恐慌，加剧社会的不稳定性，严重危害社会秩序。

第四，刑法规制非经营性高利放贷行为能够预防相关犯罪，从而保障民间借贷的合法性。从一般预防的角度而言，刑法通过惩治高利放贷者，彰显了正义，也是对全民进行的正确引导和教育。通过区分合法的民间借贷和非法的高利放贷，以禁止高利放贷（包括经营性的与非经营性的高利放贷），通过刑事责任的追究就能够有效地对高利放贷行为起到威慑作用，以保护借贷双方的平等地位。由此各种非法催收高额利息的行为也会受到一并惩罚进而逐渐消失，这样就起到了刑法的一般预防作用。从特殊预防的角度而言，刑法的严厉制裁会将原本暴利的高利放贷行为变得无利可图，从而放弃这种汲取利润的方式，进而通过对违法者的惩戒和矫正避免他们重蹈覆辙。因此，刑法的介入不仅能够有效预防高利放贷衍生的犯罪行为，还能将高利贷款行为本身瓦解，这一措施不仅是对非经营性的高利放贷行为有效，更能够遏制经营性的高利放贷行为带来的不良影响。

综上所述，虽然人们普遍认为民间借贷具有必要性和社会价值，但我们要制裁的民间高利放贷行为已经不属于正常的民间借贷范围，在需要治理的高利放贷违法行为中，非经营性高利放贷的治理也是必要的。一方面，非经营性高利放贷行为会损害民间借贷行为本身的正当性，它会在双方不平等的基础上加剧社会贫富差距，增加社会不稳定因素；另一方面，当放贷者无法获得预期利益或借款人走投无路时，在某种程度上极易引发犯罪。就此而言，非经营性高利放贷行为并不因为不具有经营性与较大的社会危害性就不应当受到刑事处罚，相反，将非经营性高利放贷行为纳入刑法规制范畴有着迫切的必要性。

三、非经营性高利放贷的现实困境

"法无明文规定不为罪，法无明文规定不处罚"是刑法领域遵循的重要原则。并非所有的非经营性高利放贷行为都触犯到刑事规范，不能将其整体纳入刑法规制的范围中。可以通过刑法解释的方式，将部分高利放贷行为纳入既有的刑法规范体系之中，从而被相应的罪刑条款所涵摄。刑法解释论是指在妥当的法哲理、刑事政策的指导下，基于社会生活、联系具体案例，对刑法规范作出解释，发现刑法的真实含义。[1]张明楷教授在《刑法学》一书中指出："解释与批判不是对立的关系，不要以为只有批判法条才有利于完善成文刑法，事实上，解释刑法本身也同样，甚至更有利于完善成文刑法。刑法解释学不是单纯描述刑法条文，而是要致力于刑法的理性发展；不仅要说明法条的真实含义，还要说明该含义的正当依据。"基于刑法分则规定的具体罪名原则上是依据同类法益对犯罪进行的分类，可见犯罪的本质是法益侵害。明确非经营性高利放贷行为的法益侵害，是判断非经营性高利放贷行为能够被既有刑法规范进行涵摄的主要依据；明确非经营高利放贷行为侵害了何种法益，是判断该类行为能否被既有刑法规范体系进行规制的重要试金石。若无法通过解释将非经营性高利放贷行为适用于既有的刑法法益保护体系，则需要通过确立新的罪行规范来规制此行为。

（一）法律理论中既有刑法规范存在缺陷

依照我国现行《刑法》，与高利放贷相关行为有关的犯罪主要规定于破坏市场经济秩序罪中的破坏金融管理秩序罪一节中，而非经营性高利放贷行为

---

〔1〕 张明楷：《刑法学》（上），法律出版社 2021 年版，第 2 页。

除了对金融管理秩序的破坏还可能对他人的财产法益造成侵害。为了确定这种行为是否对法益以及对何种法益造成了损害，需要依据相关理论与实践进行具体分析。

1. 非经营性高利放贷不构成破坏市场经济秩序罪

论及"侵害市场经济秩序"，自然会将目光转向刑法分则规定的"破坏社会主义市场经济秩序罪"一章，在此章中与高利放贷相近的罪名主要有"高利转贷罪""非法经营罪""强迫交易罪"等。至于非经营性高利放贷行为能否纳入这一罪名体系，就需要运用刑法解释论来分析"市场经济秩序"的内涵。对此，学界存在诸多争议。传统观点认为"经济秩序"主要是市场监管秩序，即行为人违反了金融管理法律、法规和相关部门规章，国家要运用刑法手段惩治对社会主义市场经济秩序的破坏，保护社会主义市场经济秩序的正常发展。[1]但是随着我国改革开放政策的实施和我国社会主义现代化进程的不断加深，尤其是在党的十八届三中全会中对体制改革的进一步深化，肯定了市场在资源配置中的决定性作用，更加重视市场经济体制的完善。因此有学者指出，在现代化自由经济体制的作用下，我们要扭转市场和政府在资源配置中的作用，经济犯罪的法益应当是经济自由。例如，张小宁先生指出经济犯罪在本质上应当是某个市场主体滥用经济自由，为了获取更多的收益而对其他市场主体造成的经济伤害。[2]此外，还有学者提出"风险刑法"的观点，这一主张基于其合理性也不断得到关注，很多学者从这个观点出发试图从经济风险或者金融风险的角度来界定"市场经济秩序"。此观点认为：刑法所保护的既不是政府角度的社会主义市场经济秩序，也不是市场角度的市场主体平等参与市场竞争的经济自由，而是一种中和的、介于二者之间的、需要被预防和解决的非正常的金融风险。因此，并非所有的影响整体市场经济秩序的行为都要受到刑事处罚，而只有那些存在高风险，可能会对整个经济系统的稳定性和发展造成严重影响的行为，才需要进行刑法规制和有效保护，否则就是正常的经济风险或者是张小宁在其文中提到的"被允许的风险"。这三种观点虽然各不相同，具有竞争性，但也都具有其合理性。不过无

---

〔1〕　高铭暄、马克昌主编：《刑法学》，北京大学出版社 2016 年版，第 366 页。

〔2〕　张小宁：《经济刑法机能的重塑：从管制主义迈向自治主义》，载《法学评论》2019 年第 1 期，第 73 页。

论从何种角度入手，采纳何种观点，非经营性高利放贷行为都无法纳入"破坏社会主义市场经济秩序罪"的相关罪名，具体分析如下展开。

首先，非经营性高利放贷行为没有侵害到国家金融管理秩序。我国传统刑法理论认为，经济秩序是由一系列经济管理秩序法律法规以及部门规章所约束形成的，违反了相关的法律规范就会侵犯到市场经济秩序。然而，平等主体之间的借贷关系正是为法律所保护的内容，不论是民事借贷中根据《关于审理民间借贷案件适用法律若干问题的规定》第25条规定的"合同成立时一年期贷款市场报价利率四倍"，还是《刑法》适用的"两线三区"对超出36%年利率的无效界定，这二者都是针对破坏市场经济秩序的行为进行的规定。即便那些非经营性借贷行为超过了36%的年利率，也不可能对市场经济秩序造成任何损害。与经营性高利放贷不同，非经营性高利放贷行为存在于两个自愿的平等私人主体之间，其行为没有触及"市场"。因此，若想以"维护市场经济秩序"的名义去管控非经营性高利放贷行为，该行为就必须具有"市场"性质。显而易见，非经营性高利放贷行为人之间的借贷关系并非具有经营性，因此这一行为并没有扰乱市场经济秩序，更没有触及国家金融管理秩序。

其次，非经营性高利放贷行为没有侵害到市场参与者的利益。随着市场经济发展模式的转型，政府全权管控经济的时代已成为过去，市场在资源配置中逐渐起到了决定性作用，但政府的无形之手也不断进行更加公平的资源调配。基于此，很多学者从市场调节或者政府管理的角度来理解市场经济秩序，但有学者认为这二者与当前的市场经济发展规律不符，转而从市场参与者的角度来阐述经济秩序，利益说由此产生。该观点认为，经济刑法的法益是市场平等主体的经济自由，以及与此联系的在市场经济条件下的社会、国家等公共利益。对于非经营性高利放贷行为参与人来讲，虽然高利放贷在双方的利益上存在巨大鸿沟，借款人要付出更高的利息回报，造成大量财产损失，但正如前文所述，非经营性高利放贷行为人之间的利益不平衡不具有市场性质。这便是经营性高利放贷行为与非经营性高利放贷行为之间区别的意义，经营性高利放贷行为中的利息损失本身就带有市场性质，而非经营性高利放贷行为不具备这一特质。

最后，非经营性高利放贷行为没有侵害到金融系统。有学者在其文章中提到，非经营性高利放贷行为也不是一种可能对金融系统造成威胁的高风险行为。[1]一方面是由于未能明确界定金融秩序风险的实质内涵与标准，金融系统的高风险与法律系统的"不容许的风险"本身就需要得到说明，但目前没有明确的界定，无法进一步说明；另一方面，从金融系统本身而言，非经营性高利放贷行为本身并不属于金融系统，因此，并不存在非经营性高利放贷行为对金融系统稳定性造成影响的有力证据。

2. 非经营性高利放贷行为不构成侵犯财产罪

如前所述，非经营性高利放贷行为存在破坏市场经济秩序和财产法益的可能性。基于前文就非经营性高利放贷行为对市场经济秩序的扰乱的否定，其对财产法益的侵害同样成为有待讨论的问题。质言之，从刑事立法的角度，非经营性高利放贷行为是否侵害了财产法益？若认为可以构成对财产法益的侵害，应构成何种罪名呢？

非经营性高利放贷行为仍属于高利放贷范畴，因此借贷双方之间的利息远远超出法律规定范围。若追究其财产损害的法律责任，必然是超出规定的利息部分。相关财产的数额不难确定，需要思考的是非经营性质下的高利放贷产生的这部分高额利息属于何种性质的法益。在刑法理论和刑事立法中，往往会根据犯罪侵害的客体区分不同的罪名。以财产的是否可分性属性进行划分，财产犯罪主要分为侵害个别财产和整体财产的犯罪，前者主要以被害人的具体财物为犯罪对象，后者以被害人的整体财产作为犯罪对象。[2]高利放贷本身是一种不受法律保护的民间借贷，在法律上属于一种借贷合同。债权作为一种面向未来的请求权，其实现完全取决于债务人的给付，因此面临着不能实现的风险，此时债务人的整体财产就发挥着担保债权人债权实现的功能。正如王泽鉴先生所言："债务人就其债务，原则上应以其财产全部负起责任，此项责任财产为债权的一般担保……负有债务者，于其不履行时，即应以全部财产负其责任。"[3]尽管这种存在高额利息的债权债务关系不受法律保护，但并不影响借款人向非经营性高利放贷者支付的本金与利息来自借款人的整体财产这一事实。由此得出，非经营性高利放贷即使构成财产性犯罪也只能构成侵害整体财产性质的犯罪。但根据张明楷教授的观点，我国刑法

---

〔1〕 蓝学友：《互联网环境中金融犯罪的秩序法益：从主体性法益观到主体间性法益观》，载《中国法律评论》2020年第2期，第130~145页。

〔2〕 王钢：《德国判例刑法分则》，北京大学出版社2016年版，第151页。

〔3〕 王泽鉴：《债法原理》，北京大学出版社2013年版，第75~76页。

中的财产犯罪都是对个别财产的犯罪。[1]因此，即使承认非经营性高利放贷行为侵害了财产法益，也不能将其纳入我国财产犯罪的刑罚体系中予以规制。

综上可知，非经营性高利放贷行为没有涉及市场与社会公众的可罚性财产法益，很难通过刑法解释将其纳入现有的刑法规范体系，只能另辟蹊径，通过创设新的刑法制度来规制非经营性高利放贷行为。

（二）司法实践中间接规制模式存在不足

尽管目前刑法没有将非经营性高利放贷行为定性为犯罪，但事实上，我国刑事司法实践通常会将非经营性高利放贷行为作为犯罪行为进行处罚。质言之，我国司法面对非经营性高利放贷行为常通过间接规制模式予以解决，即通过对关联行为进行评价，从而实现对非经营性高利放贷行为的刑事制裁。

面对没有刑事法律依据的非经营性高利放贷行为，司法机关一般会着眼于该行为产生的放贷和催收贷款过程中的犯罪行为，将这些行为作为定罪依据，而将非经营性高利放贷本身作为量刑依据。例如，轰动一时的"于欢案"，高利放贷人无所不用其极，将苏某霞和儿子于欢限制在公司财务室，由五人看守，不允许出门，并用手机播放淫秽录像，实施淫秽动作，采取侮辱、猥亵苏某霞的方式不断激化矛盾。在这个过程中，他们就是通过威胁、侮辱和伤害等暴力和胁迫方式催收贷款及其高额利息。更有甚者，在实践中有的高利放贷人还有可能通过非法拘禁、故意伤害、故意杀人等严重伤害他人人身权利的方式催收贷款。这些行为在《刑法修正案（十一）》出台之前，司法机关大都根据非经营性高利放贷关联行为触犯的具体罪名进行定罪量刑。例如，为了索取债务扣押、拘禁他人构成非法拘禁罪，通过故意伤害的方式催债定为故意伤害罪等。直到《刑法修正案（十一）》在《刑法》第293条之一增加了催收非法债务罪。该罪构成要件和刑事责任为："有下列情形之一，催收高利放贷等产生的非法债务，情节严重的，处三年以下有期徒刑、拘役或者管制，并处或者单处罚金：（一）使用暴力、胁迫方法的；（二）限制他人人身自由或者侵入他人住宅的；（三）恐吓、跟踪、骚扰他人的。"虽然这一条文增大了对职业催收贷款及其利息行为的处罚力度，但是这一规定并没有单独评价非经营性高利放贷行为的不法之处，也没有考虑到该犯罪行为的上下游分工行为。不论是经营性还是非经营性高利放贷行为，只有通过

---

〔1〕 张明楷：《刑法学》，法律出版社2021年版，第936页。

刑法明确规定其违法犯罪属性，才能实现对高利放贷行为的有效规制。

（三）刑法规制中刑事立法方式的困惑

通过上文分析可以理解，仅仅凭借刑法解释无法将非经营性高利放贷行为纳入现有的刑法规制体系，在司法实践中常通过处罚非经营性高利放贷的伴生行为来遏制非经营性高利放贷行为。然而，如果不能正确评价非经营性高利放贷行为本身的社会危害性，仅仅通过处罚其衍生行为间接对非经营性高利放贷者加以处罚，很难达到遏制非经营性高利放贷行为的一般预防和特殊预防目的。因此，要想对非经营性高利放贷行为进行有效抑制，就需要运用合理方式对非经营性高利放贷行为进行单独评价，从罪刑法定原则的要求出发，通过刑事立法的方式将非经营性高利放贷行为犯罪化。由此产生了一个新问题——可否通过制定新的罪名实现对非经营性高利放贷行为的有效规制。

我国传统刑法理论认为犯罪的本质是法益侵害，刑法的最终目的是要保护法益，这种积极主义刑法观认为有法益侵害之处就有犯罪。但一部分学者认为刑法应当具有谦抑性，并不是任何一个侵害法益的行为都理所当然地被犯罪化；[1]一部分学者主张原则上公民享有不受刑罚惩罚的权利。[2]从此角度来看，相应法益侵害的存在只是将行为进行犯罪化的必要条件，并非充分条件。根据这个观点，便有学者提出，非经营性高利放贷行为没有侵害金融管理秩序，也没有扰乱市场经济秩序，结合契约自由原则，非经营性高利放贷行为应当保持非犯罪化。主张非经营性高利放贷行为无罪论的学者们的观点主要包括：第一，非经营性高利放贷行为本质上是平等主体之间建立契约的自由行为。高利贷本身属于民间借贷，不论是经营性还是非经营性的高利放贷行为，本身都是双方自愿成立借贷关系的结果。由于经营性高利放贷行为给整个社会的经济秩序造成了不良影响，本着应当维护金融系统稳定性的目的，应当对经营性高利放贷行为进行规制。但非经营性高利放贷没有通过宣传与不特定社会公众签订合同，也就是说其所针对的并非不特定的社会公众，而且双方是在意思自治的情况下签订的合同，借款方也没有受到任何的

---

〔1〕〔日〕平野龙一：《刑法的机能的考察》，有斐阁1982年版，第4页。

〔2〕〔美〕道格拉斯·胡萨克：《过罪化及刑法的限制》，姜敏译，中国法制出版社2015年版，第143页。

胁迫与欺骗，该高利贷借款签订后的结果仅仅影响到借款一方，并没有给金融秩序造成影响，因此国家不应当进行干预，[1]否则就违反了民法中的私法自治原则的基本要求，剥夺了公民意思自治的权利。第二，通过前置法来抑制非经营性高利放贷行为带来的负面影响足以解决问题。对于社会整体而言，非经营性高利放贷给社会带来的不良影响主要是该行为在催债时衍生的其他犯罪，这些犯罪行为确确实实对社会和谐秩序存在威胁，例如，非法拘禁、故意伤害、敲诈勒索、寻衅滋事、故意杀人等行为。但非经营性高利放贷行为衍生的犯罪行为并不是放贷行为本身的缺陷，如果将其从民法和行政法上加以严格规范，能够在更好地规范非经营性高利放贷行为的同时确保市场主体的经济自主，由此引发的非法拘禁、故意伤害、故意杀人、寻衅滋事、敲诈勒索等犯罪行为也会大幅缩减。他们甚至高度赞扬立法者未将非经营性高利放贷行为入罪的举措，认为非经营性高利放贷行为的非犯罪化能够提高资金利用率，刺激社会经济发展。因此，相比于其衍生的个别犯罪行为，这种惠及全体社会的好处显得更加重大和必要。第三，非经营性高利放贷行为确实对社会经济有着良性助益。上述论者不仅承认非经营性高利放贷行为是一种民间借贷的正常模式，还更加肯定该行为的存在必要性。就当今社会而言，银行的低利率和社会的闲散资金之间存在巨大张力，金融借贷的周期之长与借贷者急需资金之间存在巨大矛盾，再加上资本的逐利性本质，某些企业或者个人为了能够获得更大的利益很容易将投资渠道转向民间市场，从而使得这些企业或个人面临着巨大的财产损失风险。但民间高利放贷程序简单、贷款周期短正是其独特优势所在，这些优势更符合急需资金的企业或个人的迫切需求。因此，非经营性高利放贷行为本质上充其量是一种民事违法行为，并非犯罪行为，而且基于该行为对市场经济所具有的良性影响，这种非经营性高利放贷行为在某种程度上甚至是可以被容许的。

综上所述，主张非经营性高利放贷行为无罪的契约自由论者认为，将非经营性高利放贷行为进行非犯罪化处理具有明显的正当性和必要性，因为它不仅对于普通民众的资金需求有益处，还对国家和社会的经济发展有一定助益。民间非经营性高利放贷在整体上利大于弊，即使要动用法律加以规范，也是民法和行政法的任务，动用刑法对其规制的措施明显不正当。而且，其

---

〔1〕 赵长青：《民间高利贷不宜认定为非法经营罪》，载《检察日报》2012 年 4 月 25 日。

衍生犯罪并非该高利放贷行为本身的缺陷所致，不是每个非经营性高利放贷者都会通过犯罪行为索债，对衍生犯罪进行单独定罪处罚即可。因此，对于非经营性高利放贷行为来讲，用刑法对其进行规制绝非明智之举。

四、非经营性高利放贷规制方式探究

非经营性高利放贷行为特殊的性质使其处于法律规制的两难境地，"非经营性"特点虽然将其排除出非法经营罪的规制范畴，但由于对债务人整体财产的损害和社会整体秩序安定的干扰不得不动用刑法加以解决。既然无法适用刑法解释学原理将非经营性高利放贷行为解释为犯罪行为，那么只能通过立法方式设置新的罪名来规制该行为。就效力而言，民法与行政法难以独自应对非经营性高利放贷行为造成的危害，对非经营性高利放贷行为的预防效果甚微。因此，只有运用高效力位阶的刑法，才能更好地预防和治理高利放贷行为，从而进一步完善法律规范体系。

（一）整体财产应当成为财产犯罪的保护法益

正如前文所论，我国现行刑法规定的财产犯罪保护的是个别财产，但非经营性高利放贷行为侵害的财产法益是债务人的整体财产。与普通的诈骗罪不同，非经营性高利放贷行为是占据经济地位优势的一方侵害他人的财产权益，其中债权人利用优势地位与债务人形成了严重失衡的对待给付关系，从而对个人的整体财产造成了威胁。由于现行法律对整体财产保护规范的缺失，无法将整体财产解释为个别财产。而通过非经营性高利放贷行为的现实性危害可窥知对整体财产保护的必要性与急迫性，因此，我国刑法应当设定保护整体财产的罪名，明确非经营性高利放贷行为的刑事违法性。

首先，财产犯罪的保护法益是财产利益。在讨论个别财产与整体财产的保护价值之前，应当厘清财产的实质内涵。关于财产的内容，我国学术界和司法实践界有着不同的立场。关于双方的不同认识，大体上包括两个方面：一方面是财产的实体是否必须具有经济价值。对于这个问题，经济财产说给予了肯定回答，而法律财产说认为并不需要相应的财产价值。第二个方面是在规范维度上，财产是否必须获得法秩序的承认或保护。对此，经济财产说认为某一财物只要具有经济价值就是刑法上的财产，不论法秩序是否承认或保护，都不影响其财产性质。而法律财产说更加注重法秩序的承认与保护。在当前政策背景下，通说采取了"法律—经济的财产说"的折中办法，认为

只要具有经济价值的物或者利益都是财产，但这种财产必须为法秩序承认与保护。回归到非经营性高利放贷行为本身，债务人向高利放贷者支付的超额利息当然具有经济价值，但存在疑问的是，这一损失的财产能否得到法秩序的承认与保护。非经营性高利放贷合同本身违法，无法获得法律认可，因此债务人支付的利息是基于非法原因产生的。根据我国《民法典》的规定，基于不法原因给付的财产不得请求返还。尽管如此，本书仍认为非经营性高利放贷涉及的财产利益应当得到法律保护。第一，非经营性高利放贷行为中的财产法益的应然状态受到了不法侵害。借贷人支付高利贷款的利息中，作为财产法益损害的对象的财产，是没有支付高额利息之前的财产，此时的财产状态无疑是受到法律保护的。[1]第二，在高利借贷关系中，高利放贷者居于优势地位，在一定意义上可以说，是高利放贷者支配着借贷关系中的权利和义务的分配。因此，可以认为该不法主要是由高利放贷者所支配，[2]属于"不法原因仅于受领人一方存在时"可以请求返还的情形，而且在司法实践中，超出36%的高额利息是允许借款人请求返还的。由此看来，将超额利息纳入法秩序保护范畴具有充分的合理性和可操作性。非经营性高利放贷中涉及的财产利益具有经济价值和法秩序保护的必要性，应当属于法律中的财产的范畴。

其次，整体财产与个别财产并无本质区别。整体财产注重行为人财产的整体状态，将财产的取得与丧失作为整体进行综合评价，如果整体财产没有减少就意味着没有法益损害。个别财产是指只要使被害人丧失了个别、特定的财产，即使被害人获得了相应的利益，也成立犯罪。虽然我国刑法只在财产犯罪中规定了个别财产犯罪，但从法理上分析并结合域外立法经验，整体财产的法律地位也不容小觑。根据《德国刑法典》对于财产类犯罪的区分，财产犯罪可以分为侵犯所有权的犯罪以及侵犯整体财产的犯罪。侵犯财产所有权的犯罪是指行为人实施的行为侵害了所有权人的财产所有权，注重对权利人的财产所有权进行保护，并不关注权利人的整体财产。侵犯整体财产的犯罪是指行为人实施的行为导致了被害人整体财产的减损。日本法学界关于

---

〔1〕 张明楷：《刑法学》（下），法律出版社2021年版，第1005页。

〔2〕 ［日］西田典之：《日本刑法各论》，王昭武、刘明祥译，法律出版社2020年版，第249~250页。

财产犯罪保护法益的学说主要包括三种，即"本权说""占有说"和"中间说"。主张"本权说"的学者认为所有权以及其他权利是财产犯罪的保护法益；主张"占有说"的学者从确保现实平稳的占有角度出发，认为占有制度是财产犯罪的保护法益，这种占有不仅包括善意占有，也包括恶意占有；"中间说"综合了前述两种观点，认为财产犯罪的保护法益不仅包括所有权以及其他权利，例如，留置权、质权等，还要将占有纳入保护范围。德国法学家卡尔·拉伦茨认为："原则上，一个人的财产是这个人所有的具有金钱价值的各种权利的总体构成。"[1]因此，不论是德国的财产犯罪分类还是日本的各种学说，本质上都是对财产的表象区分。大体而言，我国的法律财产说、经济财产说与法律—经济财产说与日本的三种学说能够相互对应。进一步讲，整体财产与个别财产并没有任何实质上的不同，只是法益保护的侧重点不同。

最后，将整体财产作为财产犯罪的保护法益符合法秩序的保护目的。"财产权是人的基本权，是人之所以为人的根本存在"，[2]财产权作为一种民事权益，在整体法秩序中，是能够促成公民人格全面发展的物质保障。财产对于人的生存与发展意义非凡，个人的财产如果得不到法律保护，就会形成弱肉强食的野蛮状态，人的生存问题变得岌岌可危，更不要说人的尊严与独立，社会进步与文明演进更无从谈起。本书认为，只要是有利于公民人格自由发展的利益，能够为人格发展提供物质保障，都符合财产的内在品质。深入剖析我国刑法相关规定也可发现，我国《刑法》第 91 条和第 92 条分别诠释了公共财产和私人所有财产的定义。规定了公共财产主要包括国有财产、劳动群众集体所有财产、用于扶贫和其他公益事业的社会捐助或者专项资金的财产以及其他公共财产。从这一定义可窥知，公共财产的界定并没有局限于具体财物，而是包含了各种具有经济价值的财物。我国《刑法》中对于私人财产的规定主要包含合法财产以及依照法律规定归属于私人的财产。由此可知，在法律承认的范围内私人财产都应当受到保护，整体财产应当成为财产犯罪的保护法益。从我国《宪法》的有关规定可以看出，其强调的并不是具体的单一的个人财产，而是强调由具体的、个别的财产聚集成的整体财产法益："社会主义的公共财产神圣不可侵犯""公民的合法的私有财产不受侵犯"。我

---

〔1〕［德］卡尔·拉伦茨：《德国民法通论》，王晓晔等译，法律出版社 2003 年版，第 410 页。

〔2〕赵廉慧：《财产权的概念——从契约的视角分析》，知识产权出版社 2005 年版，第 141 页。

国《宪法》保护财产法益的目的是从全国人民的人格健全发展的角度出发，应贯彻到每一个具体的部门法之中。因此，将整体财产视为刑法中财产犯罪的保护法益是符合宪法精神的，符合法秩序的统一性要求。

（二）非经营性高利放贷行为入罪利于协调财产犯罪体系

就事实层面而言，非经营性高利放贷行为中的优势压制具有较大的社会危害性。资金的流通能够推动市场经济的良性循环，相较于静态的财产支配与储存，动态的资金流通对市场经济的作用越来越大。财产的流通就是通过一个个契约交易完成的，而契约必须融于市场机制中才能够发挥作用。契约自由作为私法自治的基本内涵和个人权利产生的决定性因素，其与市场经济制度紧密相连。契约自由是建立在当事人平等自愿的基础上的，而在非经营性高利放贷交易中，完全不存在当事人之间的平等性。放贷者利用其优势地位对借款人施压，是对契约自由的侵害，这在一定程度上破坏了市场经济发展的必要前提，从而抑制了市场经济的发展，当然具有较大的社会危害性。除此之外，相较于一次性侵害他人的个别财产的犯罪行为，非经营性高利放贷行为不仅会带来潜在的、持续性的市场经济损害因素，还会带来更多的衍生犯罪，这就意味着非经营性高利放贷行为会给社会整体财产与公民个别财产带来不良影响。如此看来，非经营性高利放贷行为带来的危害不可小觑。

从规范角度来看，非经营性高利放贷人利用优势地位侵犯他人的财产，不论是个别财产还是整体财产都是刑法应当保护的财产法益，符合刑法的规范保护目的。非经营性高利放贷中放贷人通常利用自身优势地位侵害他人的财产权益，在刑法中也存在类似犯罪，例如敲诈勒索罪、诈骗罪等，都是利用信息、道德或者暴力恐吓等手段来占据优势地位，进而侵夺他人财产的行为。刑法规定的不同的财产犯罪形态，无非就是从不同的层面保护被害人的合法财产权。尽管前述犯罪行为中犯罪分子侵犯的是被害人的个别财产，但不论是个别财产还是整体财产，在规范层面都是为了保障权利人人格尊严发展的物质基础，这两者在规范层面具有相通性。因此将整体财产纳入刑法规范体系，设定非经营性高利放贷行为的财产犯罪，有助于实现财产犯罪的规范目的，进一步增强刑法对公民合法财产权利的保障力度。

从规范供给角度分析，非经营性高利放贷行为的入罪有利于与民法和行政法形成打击合力，为法律体系提供更加完善的规范供给。民法中对于违反契约自由的行为作出了允许撤销的规定，即"一方以欺诈手段，使对方在违背真实意思的情况下实施的民事法律行为，受欺诈方有权请求人民法院或者仲裁机构予以撤销"。"一方或者第三人以胁迫手段，使对方在违背真实意思的情况下实施的民事法律行为，受胁迫方有权请求人民法院或者仲裁机构予以撤销。""一方利用对方处于危困状态、缺乏判断能力等情形，致使民事法律行为成立时显失公平的，受损害方有权请求人民法院或者仲裁机构予以撤销。"与前两个行为呼应并衔接的是刑法中的诈骗罪与敲诈勒索罪，对于诈骗公私财物数额较大的行为、敲诈勒索公私财物或敲诈勒索数额较大或多次敲诈勒索的行为，都作出了定罪量刑规定。但民法中的第三种可撤销的行为没有相对应的罪名，这种行为当然违反了契约原则并引发更为严重的社会危害性，刑法没有将其纳入规制范畴显然是不合理的。正如前文所述，非经营性高利放贷行为中的利益失衡本身就违反了共同利益的契约宗旨，而且带来了更严重的社会危害性。因此，民法与刑法在规范体系中存在衔接不畅的情况，不论是从刑法规范体系的角度来看，还是就非经营性高利放贷的危害性而言，将非经营性高利放贷行为纳入刑法具有理论上与现实上的必要性和正当性。

（三）增设"暴利罪"来规制非经营性高利放贷行为

通过上文分析可知，非经营性高利放贷行为犯罪化在理论上和实践上都具有合理性，对于该行为的刑事规制十分必要，但依据目前我国《刑法》规定无法将非经营性高利放贷行为归纳到某一个罪名之中，因此只能考虑通过设立新的罪名进行规制。在具体设计策略上要注意其与普通的民间借贷关系进行区分，并与前文所主张设立的高利放贷罪形成协调关系。非经营性高利放贷行为介于普通民间借贷与经营性高利放贷之间，该行为与经营性高利放贷行为最大的不同在于是否具有经营性与市场性，但这并不能将非经营性高利放贷等同于普通的民间借贷行为。普通民间借贷行为是合法的契约行为，体现了当事人之间的自由意志，而且该行为是国家所提倡的，也为社会生产和经济发展带来了积极影响。而非经营性高利放贷中存在非法占有目的、地位不平等关系、非契约自由性质等因素，在本质上侵犯了他人的合法财产权。非经营性高利放贷行为最应当被否定的是其高额利息约定超出了法定限度，并在他人身处困境时以此牟取暴利，这完全违反了当事人订立契约的共同利益，也不符合自由意志的原则。而民间借贷规定的利息严格遵守国家规定，是各取所需的合法行为。除此之外，非经营性高利放贷与普通的民间借贷行为带来的风险不同，民间借贷本质上就是平等主体间的借款合同，双方都能从借款合同中获得利益，双方的权利与义务是等同的，风险的承担也是相等的。非经营性高利放贷中不平等的地位必然会带来不平衡的风险，放贷人的非法目的必然会使借款人承担更多的风险与挑战。不论是学界的理论探讨还是现实的司法规制，关注的重点大都是经营性高利放贷行为，很少关注非经营性的高利放贷行为，具有经营性质的高利贷固然具有严重的危害性，当然应该进行严肃惩治，但非经营性高利放贷的现实危害性也是有目共睹的。这就导致了在面对非经营性高利放贷时，至少从刑法角度来看，对借款人的保护存在严重不足。总而言之，非经营性高利放贷行为本质上是放贷人占有不属于自己应得的利益，并本着这一非法目的实施了高利放贷行为，其应受刑罚惩罚性归根结底就是牟取暴利的不法目的与行为。我国对高利放贷行为规制的不足，主要体现在没有对高利放贷行为本身设置单独的罪名。非经营性高利放贷行为无法适用高利放贷罪，但这并不意味着此类行为是无罪的。相反，我们应当在刑法中考虑增加"暴利罪"，作为规制非经营性高利放贷行为的罪名。因为刑法除了打击犯罪的作用外，还应当具有为其他法律制度的实施提供保障的功能。

综上所述，"暴利罪"的设立，其所规制的非法获取财物的行为针对的是个人对财产的处分自由，对这样的行为进行规制，在正当性和必要性上都不存在入罪的困难。仅仅依靠民法和行政法对暴利行为进行规制并不符合当前的法律规范体系，也不能有效应对当前高利放贷造成严重社会危害性的事实，刑法应当对牟取暴利行为有所作为，将具有严重情节的牟取暴利行为纳入刑法范畴，这会加大牟取暴利行业的风险，给行为人带来经济上的负担和心理上的震慑，也能够有效保障民法和行政法禁止非经营性高利放贷行为的规范，有利于弥补刑事立法的漏洞，实现预防犯罪的目的。

"暴利罪"的增设建议有着大量域外立法经验的支持。域很多国家和地区对暴利行为都作出了较为成熟的法律规定，这些规定都可以成为我国刑法完善发展的借鉴。例如，德国在《德国刑法典》中直接规定了"暴利罪"。日本不仅在民事上将超出利息上限的契约规定为无效，还在刑法上对超出最高额利息的行为进行惩处，这些规制措施主要体现在其《贷金业法》和《出资法》中。上述国家都通过刑法规范加强对暴利行为的规制，这也在一定程度上说明暴利行为确实具有刑事处罚的必要性。在实证层面，我国现阶段出现了一些具有严重社会危害性的牟取暴利行为，为我国增设"暴利罪"提供了坚实的实践基础。对这些严重危及社会公平和经济发展的行为如果不加以刑事制裁，会逐渐使我国市场经济的发展陷入恶性循环，助长牟取暴利者的气焰。因此可以通过借鉴国外关于规制谋取暴利行为的立法成果，结合我国的现实国情和法律状况，在刑法中设定针对非经营性高利放贷行为的"暴利罪"，从而解决非经营性高利放贷这一隐性威胁。

首先，构成暴利罪需要行为人主观上有对双方经济地位差异的认识以及非法占有他人财产的主观恶意。非经营性高利放贷行为形成的暴利罪本质上是放贷者利用自身优势侵害他人的合法财产权益。契约自由精神不仅体现在客观的合同内容上，尽管契约自由是私法自治原则在合同法领域的应用，表面上当事人在成立合同的内容上具有自主性，这种自主性在判断契约对价是否均衡的情况下，并不主要遵循客观标准而更多的是采纳主观标准。亦即，双方当事人按照市场上的客观标准建立了契约，即使该契约中呈现的利益失衡，也不能否认契约的正当性与自主性，因为这是双方当事人在合法的范围内基于自愿和平等协商的产物。正如一些学者所言——合同自由作为平等性的市民社会最重要的法律原则，是平等利益的衡平过程。在这样一个社会成员按照契约性规则、以自愿为前提和意思自治为基础进行经济活动的"私人领域"，合同自由须以平等为前提，没有平等，就没有自由。平等意味着合同双方在当事人地位、人格和表达意思方面处于无差别状态。[1]我们要讨论的平等，并非仅局限于法律地位上的平等，还包括社会地位、经济状况和心理因素等方面的平等。当前契约理论的发展逐渐突破了传统的形式化契约，不再拘泥于当事人自由意志的框架，而是将契约进一步视为处于不同经济地位和生活环境中的当事人之间的关系，全方位考虑其他因素可能对自由意志的影响，从而使得契约秩序能够不断顺应高速发展的社会需求，时代的发展与契约理论的进化相辅相成。在公平公正价值观念的引领下，契约自由不再是表面的形式自由，而是逐渐走向实质自由，进而实现通过契约建立实质正义。也就是说，主张非经营性高利放贷契约的订立体现了契约自由原则的学者们对于契约自由理论的认识仍停留在传统层面，仍过多关注法律地位的形式平等，没有进一步考虑非经营性高利放贷订立时现实的具体社会经济差距。对于非经营性高利放贷行为不能够抛开实践只谈理论，在实践中，放贷者通常

---

〔1〕　李玉雪：《论合同自由的限制》，载《法制与社会发展》2001 年第 4 期，第 24 页。

通过自己的经济或心理优势地位对契约内容的形成和建立施加支配作用。因此，对于非经营性高利放贷行为，不能简单地认定其为契约自由的体现。因为这种行为会导致契约双方之间明显的利益失衡，实际上是放贷者强加给借贷者的产物，是借贷者的无奈之举。

在认识到契约的订立需要考虑多方因素后，对于非经营性高利放贷的刑事制裁，需要在立法阶段与司法实践阶段建立一个法学标准，即考虑放贷者是否恶意利用他人急迫、无经验、缺乏判断力或明显的意志薄弱等因素。前述关于非经营性高利放贷未体现契约自由的阐述是一种社会学角度的分析，现实生活中每个缔约主体之间的经济和社会地位都不可能完全相同，但是合理的差距是能够被社会和法律所接受的，只要在合理的范围内，就不会影响契约主体之间的平等性，但要超出了合理的范围，就是我们所说的实质上的不公。因此，要将非经营性高利放贷行为纳入刑法规制的范畴，就要厘清法学是如何对待这种实质不公平的。参考《德国刑法》的相关规定，放贷者需要恶意利用他人急迫、无经验、缺乏判断力或显然的意志薄弱才会被认定为是利用优势地位与他人缔结契约。其中"急迫"的主要含义是指他人面临一些不能解决的紧急情势急需用钱或者其他物品的情形；有些学者作出了进一步解释："急迫"是被害人面临经济上的压力，陷入惶惶然"知其不可为而为之"的窘境，这个窘境多数与商业行为有关，被害人急需用钱进行周转，或者认为自己获得了好的商业机会，从而铤而走险进行贷款等。"无经验"是指借贷人没有相关经验，无法分辨借贷的利害关系。缺乏判断力是指"对于重利交易的反抗能力的低落"，在德国刑法理论中认为，这种低落的能力必须明显低于平均人的控制能力，并呈现出病理学上的特征。被害人由于持续的病理性缺陷，无法在交易中做出明知理性的判断，并且其严重程度已经导致被害人不能或显然难以对法律行为的给付与对待给付中权衡轻重，此时被害人无法通过正确判断法律行为的风险来做出利于自身的决定。因此，被害人既存的经济劣势与心理问题的叠加使得行为人无法透过被害人承诺来阻却不法，即使我们认为非经营性高利放贷中被害人的内心因素无法具体化，同时承认个人有权基于自主性与他人建立契约关系，处分自己的财产，但是当一个人无法理解财产事务的客观意义或无从控制其行为时，此时所谓要尊重其自由意志，显然不具有合理性。有学者从保护债务人利益的角度出发，认为"如果借款人不是因为急迫情形或者没有经验或者缺乏正常判断力，一般人是不会订立明显不利于自身利益的高利贷的。因此，只要债务人对于资金有急迫需求，都属于暴利罪急迫的要件"。[1]但是暴利罪作为一种财产犯罪，在成立时还应考虑被害人的自我决定在自由处分财产中的作用，还要允许放贷者进行反证，否则就有过度干涉交易自由的嫌疑。

其次，"暴利罪"在客观方面表现为行为人以金钱借贷作为行为对象。纵观域外对暴利罪的规定，德国关于暴利罪的构成要件呈现多元化，力图从立法上一举解决所有的"超额利益"问题。日本呈现实务化，认为金钱是指现金或者等同于金钱的有价证券，除此之外的其他财物都不纳入"贷"的范畴。但是具体到我国的现实情况，暴利罪的行为对象应当包括"金钱借贷"的情形。虽然《德国刑法》规定的暴利罪容纳了非经营性高利放贷行为与经营性高利放贷行为，但本书认为，经营性高利放贷行为的影响巨大，应当另行单独设置"高利放贷罪"加以处罚。因此，我们没有必要像德国那样将生产资料等纳入暴利罪范畴。另外，结合我国当前社会经济实践状况来看，供给侧改革和去产能一直是我国经济发展中急需解决的问题，生产资料并不是日常生活中稀缺资产，如果作为暴利罪的行为对象不具有现实意义。因此，如果在我国目前的社会经济发展的特定条件下扩大暴利罪的适用范围，可能会在很多情况下对市场交易造成阻碍，导致刑法过度干预经济交易并产生不良影响。

最后，暴利罪的构成在危害结果上应表现为行为人必须获得明显的不当利益。世界上大多数国家和地区对非经营性高利放贷的入罪利率都作出了相关规定。例如，日本法律规定"超过年利率9.5%（包含二月二十九日之年份则为利率9.8%）"即构成犯罪。根据我国最高人民法院、最高人民检察院、公安部、司法部颁布的《非法放贷意见》规定，我国刑法认定36%以上的年利率为非法经营罪的前提条件。2015年最高人民法院颁布的《关于审理民间借贷案件适用法律若干问题的规定》中为民间借贷设置了24%和36%的年利率限制，当时我国的民法和刑法对高利贷的认定都是"两线三区"。但在2020年最高人民法院颁布的《关于审理民间借贷案件适用法律若干问题的规定》中，民法对高利贷的利率标准进行了调整，即"双方约定的利率超过合同成立时一年期贷款市场报价利率四倍"。此后民法与刑法的高利放贷标准不

---

[1]　胡学相、蔡若夫：《论牟取暴利行为的刑法规制》，载《贵州社会科学》2014年第7期。

再统一。相比之下，《德国刑法典》中并没有规定具体的利率，只是笼统地规定了"与原本显不相当之重利"这一条件，但是"显不相当之重利"的含义在理论与实务界存在很大的分歧。我国实践中将经营性高利放贷行为认定为非法经营罪必然要遵守36%的年利率的成立条件。但是，暴利罪的成立是应当坚持36%的年利率立场，还是遵循民法的"利率超过合同成立时一年期贷款市场报价利率四倍"的入罪标准？本书认为，在非经营性高利放贷行为成立暴利罪的前提下，应当采用民法的高利贷利率入罪标准，具体原因如下：第一，非经营性高利放贷行为成立犯罪时，放贷人利用被害人的急迫、轻率或缺乏判断力的情况已经具有明显的违法性。第二，经营性高利放贷与非经营性高利放贷的社会危害程度不同，经营性高利放贷行为的对象较为广泛，主要适用于生产性行业，具有较强的盈利能力；而非经营性高利放贷行为的对象特定，人数较少，主要用于个人或家庭日常生活支出。这种差异决定了两类高利放贷入罪的利率标准不同。由此可知，提高经营性高利放贷行为的利率红线才能更准确地反映出该类行为的社会危害程度。对于非经营性高利放贷来说，即使没有达到很高的利率红线，也对被害人的生活造成较大的压力。因此，我国非经营性高利放贷行为纳入暴利罪的利率界限中的"显不相当之重利"应当遵照民法规定的利率，这样才能更准确地反映出非经营性高利放贷行为的法益侵害性，使经营性高利放贷行为与非经营性高利放贷行为能够各安其位。

第四章

高利放贷的伴生与次生行为的
刑事规制

一、高利放贷伴生与次生行为社会危害性表现

高利放贷行为严重危及社会经济秩序，威胁金融管理安全。随着高利放贷行为的不断演变，衍生出各种新的伴生或者次生的违法犯罪形态共同对社会经济和社会安全构成威胁。近些年来，类似"校园贷""套路贷""砍头管理费"等众多涉及金融领域的借贷类型不断涌现，其资金来源、资金发放及贷款索取程序中往往存在违法犯罪的情况，同时也常与暴力犯罪结伴而生，给公共社会安全埋下了隐患。除此之外，大量犯罪分子以高利借贷的形式掩盖金融犯罪行为，进行更加隐蔽的破坏金融秩序行为。畸形的高利率贷款本身及其衍生的新形态高利放贷犯罪行为相互搭配，严重扰乱了市场经济秩序。与高利贷相关的其他新型犯罪行为同样应当受到关注和规制。

（一）高利放贷资金来源的刑事违法可能性

高利放贷活动进行的前提是放贷人必须拥有足够的资金。其获得资金的方式大抵分为三种：一是贷款人以高额利息作为条件，向社会不特定公众借款，即非法吸收公众存款；二是出借人以较低的利息从社会不特定公众筹集资金，再出借给高利放贷者；三是放贷人从正规金融机构贷款，而后高利息出借给他人。获取资金的行为属于高利放贷的上游行为。为了获取存款以便借贷给他人并在每一个环节谋取高额利润，行为人通常会采取一系列违规违法的操作，这些手段本身就具有严重的社会危害性。就第一种获取资金的方式而言，行为人非法或变相吸收公众存款后，又将存款以高利贷的形式发放给不特定的社会公众，这种行为已经触及非法吸收公众存款罪和行政法中的非法发放贷款行为。作为比较常见的高利放贷资金来源，我国现已有这两种罪名对其加以规制，此处便不再赘述。就第二获取资金的方式而言，贷款人通过低利息吸收了公众存款，但也是以非法手段吸收的社会资金，仍应当被

认定为非法吸收公众存款罪。针对行为人将吸收来的资金出借给其他企业或个人这一行为，我国《刑法》并没有明确规定。如果行为人在非法吸收公众存款后，将非法集资的资金全部用于放贷经营的，或借给急需资金的企业或个人的，这种连锁行为会给社会市场经济带来较大的冲击。就第三种获取资金的方式而言，行为人发放高利放贷的上游行为是合法的，司法实务中通常将全过程的高利放贷行为定为高利转贷罪。然而，情况并非完全如此，很多类似的行为不能够按照高利转贷罪论处。此类行为可以具体化分为以下四种：一是行为人实施了一次套取金融机构的信贷资金的行为后，又以超过银行同类贷款利率4倍以上转贷给特定的他人；二是行为人实施了一次套取金融机构的信贷资金的行为后，又以超过银行同类贷款利率4倍以上转贷给不特定他人；三是行为人实施了多次套取金融机构信贷资金的行为后，又以超过银行同类贷款利率4倍以上转贷给特定的他人；四是行为人实施了多次套取金融机构信贷资金的行为后，又以超过银行同类贷款利率4倍以上转贷给不特定他人。虽然套取行为和转贷给他人的行为可以被综合评定为一个犯罪行为，但是其每一个环节都对社会公众产生巨大的影响，被吸收资金的社会公众面临无法收回投资的风险，借款人则面临暴力催债的威胁。

总而言之，高利放贷行为是一个过程性、整体性的犯罪行为，是由多个违法犯罪的上中下游行为结合而成，每个阶段都随着社会的发展进步在不断更新迭代，以更隐蔽且更具有危害性的姿态呈现在公众面前，危害着公众的资金安全和社会的和谐秩序。

（二）高利放贷借贷追债的刑事违法可能性

高利放贷在当今时代不断变换新样态赚取高额利息，大多数情况下人们因为资金周转困难，自甘风险地从高利放贷者手中贷款。不论是被套路还是自愿，当被害人陷入高利贷的泥沼时损失已无法挽回。行为人在借贷后为了及时收回法律所不予保护的高额利息，通常会采取一些严重危害借款人人身、财产利益的方式，例如，非法拘禁、故意伤害、人格侮辱、信息骚扰等行为，逼迫被害人就范。质言之，放贷人为了防止借款人因难以偿还而不能收回本息，大多会选择采用暴力、胁迫手段追还贷款。

1. 违约金条款式高利放贷

违约金本身是为了担保合同的履行而存在的一种限度性的补偿责任制度，是指合同的一方当事人不履行或不适当履行合同时，按照合同的约定，为其违约行为支付的一定数额的金钱。这一制度可以很好地保护合同中诚信守诺一方免遭损失，但现实中却存在利用这一制度规避法律规定的行为。借贷双方为了规避民法和行政法规定的相关利息上限制度，通常会通过在借款合同中设立违约金条款，以形式违约支付实质的高额利息，或者将高额利息计入本金。根据我国《民法典》合同编的规定，这种行为即"以合法形式掩盖非法目的"，本质上应当归属于高利放贷行为，相应的合同理应被认定为无效合同。但是在司法实践中，由于缺乏必要的证据，常常无法证明当事人之间的非法目的，法官也时常处于违心支持"违法约定"的两难境地。更有甚者，在借款人无法偿还高额违约金的情况下，放贷者凭借其具有合法形式的借款合同向法院起诉，主张保护其"合法权利"，这种"虚假诉讼"行为不仅损害了司法权威性，还浪费了宝贵的司法资源。《刑法修正案（九）》就对虚假诉讼行为作出了规定：以捏造的事实向人民法院提起民事诉讼，妨害司法秩序或严重损害他人合法利益的，构成虚假诉讼罪，应当受到刑事处罚。但事实上高利放贷者的"维权行为"常常会在合法合同的庇佑下得到支持，并在司法机关的助力下讨回本金和超高利息，这严重损害了法律和司法的威严性与严肃性。

2. 应他人进行非法活动而为的高利放贷

在借取高利息贷款的群体中，并非所有借款人都是无辜的受害者。有些人深陷黄、赌、毒等非法活动的泥潭，由于没有足够的收入来源，只能借高利贷来维持他们的非法行为。由于这类人没有稳定的工作和收入，加之他们的道德观念和法律意识较为薄弱，因此按时还款的可能性极低。对于这类人的借款行为，最高人民法院作出了规定。根据最高人民法院颁布的《关于审理民间借贷案件的若干意见》规定，若借贷中的贷款人明知借款人出于非法活动的目的借款，该借贷关系不受法律保护。但司法实践中的审判要点和难点均在于此，根据"谁主张谁举证"原则，为了证明贷款人清楚借款人进行非法活动的目的，借款人应当承担对方"知悉"的举证责任。借款人借钱的目的可能是便于参加黄、赌、毒或者其他犯罪活动，也有可能是无法偿还高额本金与利息，从而走向黄、赌、毒等违法犯罪道路。这一类高利放贷行为具有原因上和结果上的"双重性"。在司法实践中，这样的证据认定和裁判常常存在困难，因此司法裁判者需要进行大量的自由裁量，这增加了公正裁判的难度。

3. "校园贷"式高利放贷

"校园贷"在我国法律法规以及相关文件中并没有一个统一的概念。学界对"校园贷"的界定也是仁者见仁、智者见智。从借贷主体、借贷方式、借贷目的、借贷途径角度等归纳，可以将"校园贷"定义为：互联网消费金融公司或互联网企业等经过设立程序，成立非存款性借贷公司或借贷中介，通过互联网信息技术，以大学生为服务对象，以满足大学生的消费为目的，以出借资金并获得资金收益而展开的借贷业务。在"互联网+"的发展背景下，互联网金融已经上升到国家发展战略层面，被纳入国家经济发展的计划之中。随着大学生群体金融消费的普遍化，催生了新的互联网金融方式——校园网贷。在大学生互联网消费交易规模增长的同时，高利放贷者也将魔爪伸向了校园，校园网贷的弊病不断出现。新兴的高利贷形式正在蚕食大学生群体，例如，"裸条"借贷、欺诈借贷、陷阱借贷等一系列违法案件在各种平台上屡见不鲜，一度将校园网贷发展推上了风口浪尖。

(1)"裸条"校园贷。

"裸条"借贷的借款人多为女大学生，是指借款人通过校园网贷平台取得较高利息的贷款，以赤身裸体持身份证拍照或拍小视频作为借款担保。在这类借款人中的许多女大学生还未成年。当借款人不能按照合同约定的期限还款时，校园网贷平台便以将持有的裸照或者视频发布到网络作为威胁，要求借款人尽快还款。许多女大学生迫于压力可能会从事一些违法犯罪的工作来偿还高额本金与利息。网络借贷平台对于实在无法偿还贷款的女大学生便会采取更恶毒的做法，将其持有的裸照或视频通过短信等方式发送给学生父母、亲戚、朋友等或者直接公布在互联网上，胁迫借贷人还款。隐私性电子信息一旦发布便会对借款人造成无法挽回的伤害，甚至有些借款人最后因无法偿还贷款及利息而选则结束自己生命。大学生社会经验不足，分辨是非的能力较低，却有强烈的消费需求，甚至有些学生无法抑制自己的攀比心理，没有从自身家庭情况出发，为了满足自己的虚荣心追求高消费或者购买奢侈品而选择网贷。此外，随着校园网贷的不断蔓延滋生，裸条借贷已经发展成了一种非法产业链。如果大学生最终无法偿还贷款，网贷平台便让其进行"肉偿"或出卖"裸条"信息来获得利益。有些网贷平台在大学生还完贷款后，仍会利用其"裸条"信息牟利。如此种种，严重侵害了涉世未深的大学生的合法权益。2017 年 4 月 10 日，小美（化名）班上的好几个同学，都收到了一个陌生号码发来的裸照，照片上拿着身份证全身赤裸的女孩，正是她们的同班同学小美。与此同时，小美远在江西的父母，也收到了这个陌生号码发来的女儿的裸照。对方短信上说，小美欠自己 3000 元钱，4 月 13 日六点之前不把钱打给他，他就会把照片公开。4 月 15 日，小美的父母又接到了陌生号码发来的短信，短信上有一张微博截图，截图上赫然显示着小美的裸照，以及小美的家庭住址和小美父母的名字和联系方式。经公安侦查得知，小美由于急需还一位朋友 3000 元钱，情急之下就选择了校园贷。就这样，从最初的 3000 元经过短短几个月时间，利滚利滚到了上万元。其间小美还被借贷人要求肉偿来抵消部分借款。最终小美被逼退学，一个大家口中"别人家的孩子"的学习生涯就此陨落。由于这类高利放贷的担保方式涉及大学生隐私和尊严，加之他们法律意识淡薄，面临这种问题往往不会选择寻求法律的救济，只能乖乖按照借贷平台的要求去做，由此身陷"裸条"校园贷的泥沼之中。这也进一步助长了"裸条"校园贷犯罪的气焰。这种高利放贷行为附加的隐私威胁比普通的高利放贷情节更加恶劣。高利放贷者利用年轻人的幼稚心态，将罪恶之手伸向女大学生，不仅打破了道德底线，还侵犯了大学生的人身权和隐私权，更是涉及刑事犯罪。

（2）欺骗式校园贷和套路校园贷。

欺骗式校园贷是指一些非法网络平台故意在借贷合同中隐瞒对大学生不利甚至严重违法的条款，或者通过"阴阳合同"来欺骗大学生借贷。这类贷款合同常常和套路借贷相联系。套路借贷是指一些非法网络平台以非法占有为目的，利用民间借贷形式，诱导或胁迫借款人签订借款合同，通过变造借款金额、毁损还款证据、捏造违约等手段虚构债权债务关系，并凭借诉讼、仲裁、暴力和威胁等手段方式达到非法占有他人财物的目的。这两种行为在社会上也较为普遍，不过通过欺诈或哄骗的方式去套路涉世未深的大学生的钱款在操作上更为容易，大学生群体由于社会经验少，缺乏防范意识，犯罪分子依靠简单的哄骗技术和低廉的威胁成本就能获得较大的利益。2021 年 6 月，在上海读大二的小侯（化名）收到一条"校园贷"的短信，称可以为学生族提供分期贷款。因手头紧，小侯联系到了李某、冯某、欧阳某等人，第一次借款时小侯要求借款 5 万元，扣除掉 2000 元上门费和 8000 元中介费，实际到手 4 万元，但是借条却打了 9 万元。对方告知，若按时还款无须按借条还。根据约定，小侯每半个月按约定还款 2000 多元，一共还了 3 期。但到了第 4 期，借款的饭店老板突然提出，要求立刻还清所有借款。就在小侯不知如何是好时，欧阳某再次出现，并称可以帮小侯"平账"。他就这样被带到上海源达大厦，向其中一家公司借款 1 万元。这一次，被要求一个月后还款 1.3 万元，而需要打 6 万元的借条。在到手的 1 万元借款中，中间人欧阳某和借款公司分别抽取了 1500 元手续费和 2000 元中介费，小侯到手的资金只有 6500 元。吸取第一次借款的教训后，第二次借款后的第 15 天，他凑齐 1.3 万元到借款公司还钱，却被告知提前还款属于违约，要求他偿还 6 万元的违约金。不仅如此，一群大汉将他带到一辆车上威胁称拿不出钱，就对他进行人身伤害。走投无路的他只能再次找到欧阳某，欧阳某再次把他带去找饭店老板，打了一张 12 万的借条后，要求每月还利息 1.2 万元。借款者还"宽慰"他，本金可以等拿得出来再还。此后，小侯经历了超过 10 次被介绍到不同的地方借新款、平旧账，最初 4 万元的借款越滚越大。前前后后小侯一共打了 20 多张借条，金额高至 100 万元。家人为其拼凑了近 30 万元，其间这些高利贷放贷者亦通过威逼强行索要等方式，让小侯的欠款不断增加。而借款事件完全打乱了小侯的求学生涯，因不堪借款者的骚扰，他们一家四处躲债，如今小侯辍学在家。小侯的遭遇代表着千千万万个曾经受骗的大学生。由于无法克制消费欲望，他们不断地借新还旧，最终陷入了还款的泥潭，有的甚至毁掉了自己的人生。

4. 虚假套路式高利放贷

相比于借贷双方在完成高利借贷交易时的心知肚明，高利放贷行为衍生的套路贷是以非法占有为目的，假借民间借贷的名义诱使或迫使被害人签订"借贷"或变相"借贷""抵押"或"担保"等相关协议，通过虚增借贷金额、恶意制造违约、肆意认定违约、毁匿还款证据等方式形成虚假债务，并通过诉讼、仲裁、公正或暴力形式进行威胁或通过其他手段非法占有被害人财物的违法犯罪活动。随着社会经济的发展和民间借贷的普遍化，相关的犯罪形式不断衍生增加，民间借贷的各种纠纷已经成为了继婚姻家庭之后的第二类民事诉讼类型，其衍生的高利放贷犯罪行为也层出不穷，大量违法犯罪蔓延滋生，"套路贷"正是其中的典型之一。

"套路贷"并不是一个法律概念，也没有明确的犯罪构成要件和专属罪名。根据最高人民法院、最高人民检察院、公安部和司法部联合颁布的《关于办理"套路贷"刑事案件若干问题的意见》规定，在"套路贷"的构成要件中，行为人主观上需要具有非法占有目的；客观上采取了欺骗或者强迫的手段，从而违反了被害人的意志或使被害人的意志存在瑕疵，以民间借贷的形式掩盖真实占有意图并转移被害人财产。与通过双方意思一致达成的民间借贷或者民间高利贷不同，"套路贷"在一开始就没有将双方当事人的真实意思表示置于同一平面。换言之，被害人的真实意思从未体现在双方的借贷关系之中；从行为主体来看，"套路贷"的行为人纷繁复杂，没有主体限制，实践中大多为小额贷款公司、投资公司、非法放贷的 APP 平台或者一些专门的犯罪团伙等；从套路贷侵害的利益来看，首当其冲的必然是财产利益。行为人实施"套路贷"最主要的目的就是非法占有他人财物，但还可能会侵犯到其他的利益，例如，正常的诉讼程序、仲裁秩序、公正执业秩序、他人的人身权益和社会公共秩序等；在违法犯罪的方式上，实施"套路贷"的行为人往往会在交易时与被害人签下一些合同或凭据，在其持有借贷协议、资金交付凭据等足以认定双方借贷关系合法成立有效的证据之际，法院也无从下手。因此，"套路贷"的隐蔽性极强，非常容易与民间借贷混淆，被害人维权困难，法院也难以维持实质上的公平正义。在"套路贷"被大肆宣传之前，作为一种极其隐蔽的行为方式常被法院认为是正常的民间借贷，从而以普通民事纠纷进行处理，这严重损害了被害人的合法权益，使得被害人投诉无门。例如，在轰动一时的北京首例"套路贷"犯罪案件中，实施"套路贷"的涉黑案被告人林某彬有组织地针对老年人等群体实施"套路贷"，通过其实际控制的公司，以吸收股东、招收业务人员的方式，逐步形成层级明确、人数众多的黑社会性质组织，以办理房屋抵押借款为名，诱骗被害人在公证处办理售房委托等公证，并恶意制造违约事项，利用公证书将被害人房产擅自过户至该组织控制之下，后采用暴力、威胁及其他"软暴力"手段非法侵占被害人房产，通过向第三人出售、抵押或采用虚假诉讼等方式，将骗取的房屋处置变现。其间林某彬还拉拢个别公证员、律师共同参与犯罪，欺骗老年人办理房屋抵押公证文书，并以软硬兼施的方式强行"腾房"，造成数十名被害人经济损失 1.7 亿余元，部分被害人无家可归。

　　"套路贷"所使用的各种欺诈手段，其后会演变为赤裸裸的暴力恐吓行为，在形形色色的正常民事行为的合法外衣的庇佑下难以被识破，这使得整治起来困难重重，被害人的权益无法得到有效支持。究其套路，大多是专业性的团伙作案，套路环环相扣，让被害人甚至相关部门猝不及防。

(1) 签订虚假合同、伪造银行流水完成交易。

"套路贷"的起源与蔓延原因，大多是抓住了借贷人急需资金来缓解燃眉之急而又无法短时间从正规渠道获得贷款的焦急心态。犯罪分子往往假借民间贷款的名义为被害者提供资金支持，让被害人放松警惕。"套路贷"大多是通过网络聊天或者中介等方式来推广和宣传，并且利用出款快、无利息的噱头争取被害人的信赖，然后通过正规程序的鉴定和认证使被害人放松警惕。此时犯罪分子便以行业规矩或手续费为借口，诱使被害人签订阴阳合同。在签订看似非常有保障的合同背后，犯罪分子通常以当面交付现金并拍照的方式或者制作虚假的银行流水转账来制造证据。但事实上被害人真正拿到的借款远远小于合同约定的借款数额，即使后续被害人发现自己深陷高利贷陷阱向法院申请维权，犯罪分子也会提供一系列证据否认自己的违法行为，使得犯罪分子难以得到应有的惩罚，被害人的合法权益更是无从保护。

(2) 设置苛刻违约条款非法侵占被害人财产。

在实际签订的"套路贷"合同中，犯罪分子常常制定较为苛刻而精细的违约条款，通过设置借贷陷阱而随意更改违约条件，最终解释权掌握在放款人手里。其往往随意认定借款被害人的违约行为，最终达到非法占有被害人的财产，并非法赚取贷款利息的目的。在还款日期将至时，放贷人不仅不会主动催收贷款，反而通过一定的手段制造失联现象来设置障碍，从而阻碍借款人还款达到认定被害人违约的目的。除此之外，犯罪分子还会在被害人还款后，利用被害人较少的社会经验不出具收条，要求被害人将部分款项转移到第三方账户，最后以自己没有收到转账为由迫使被害人按照合同继续偿还贷款，使被害人陷入一个又一个无底深渊中。

(3) 介绍转单平账肆意提高借款。

如果被害人无法偿还借款并面临逾期，犯罪分子将会诱导被害人"以贷养贷"，即通过犯罪分子诱导被害人通过向其他借贷平台贷款，签订更高数额的借款合同来偿还原贷款。此种方式表面上可以缓解一时压力，但实际上是坐实虚增贷款的过程，最终使得被害人的债务总额不断增加，陷入拆东墙补西墙的恶性循环之中，犯罪分子最终达到非法侵占他人财物的真正目的。还有就是采取恶意手段或者进行虚假诉讼追讨债务。这种套路和恶意手段结合的借贷方式实属恶劣。由于"套路贷"的欺骗性质，犯罪分子在追讨债务的过程中为了达到目的不择手段、软硬兼施，扰乱他人的生活安宁。例如，犯罪分子可能采取电话骚扰、上门威胁、泼油漆、堵锁眼等手段，使被害人无法正常生活，并最终陷于"套路贷"的泥潭中无法自拔。还有犯罪分子会在商谈初期就开始准备完善的证据链条，在被害人无法偿还之际通过司法程序来追讨债务，以达到侵占他人财产的目的。而法院在不知情的情况下，面对完整的证据链大多会支持"犯罪分子"的诉求。

"套路贷"作为近几年新兴的一种犯罪模式，与高利放贷存在着千丝万缕的联系。"套路贷"的基本"套路"：一是制造民间借贷的假象；二是制造资金走账流水等虚假的给付事实；三是故意制造违约或肆意认定违约；四是恶意增加借款金额；五是软硬兼施的追债策略。总体来说，"套路贷"是在对方非自愿的情况下建立高利借贷的关系，这是一种结合诈骗犯罪与高利放贷犯罪的新型犯罪形态，严重侵害了人民群众的合法利益，扰乱了金融市场秩序和社会和谐稳定。因此，对其进行刑事制裁是契合规制其所具有的巨大社会危害和情势需要的。

5. 黑恶势力式高利放贷

黑社会性质组织、恶势力等组织犯罪，可以统称为黑恶势力，它们早期是基于政治、经济等多种目的而产生的，它们游离于社会边缘，对抗正常的社会经济和生活秩序，其巨大的社会危害性也不断凸显，对社会进步造成了巨大的阻碍。随着我国经济社会的转型，一些黑恶势力不断滋生壮大，为供养黑社会团体的发展，黑社会性质组织在高利放贷、贩毒、涉黄等违法犯罪之路上愈行愈远。

黑恶势力的组织与普通的索债团体不同。它们会不断用新的形式掩盖自己的罪行，其独特的性质为高利放贷的认定增加了难度。首先，黑恶势力尤其是黑社会性质组织是一个组织形式严密的犯罪团体，其内部有明确的组织领导者，内部关系脉络化，组织领导者对于参加者的支配力较为明显，内部组织架构较为清晰。黑恶势力的组织领导者通过一定的手段将自己的价值观灌输给组织内部人员，制定较为严格的行为规范，通过奖惩交叉的方式来管理整个内部团体，并以此来巩固、维护领导者在整个团体中的权威地位。其内部成员基本稳定，通过非法所得提供其存在与活动的经济基础，这就使得黑社会性质组织发展迅猛。为了获得更高的违法犯罪收益，这些黑恶势力常常通过放高利贷来推动组织内部的经济循环，并且社会公众对黑恶势力的认知，被催收高利放贷者通常会基于心理上的恐惧而不敢拖延。其次，黑恶势力往往会有保护伞，并借助合法外衣庇护高利放贷行为。黑恶势力作为主流社会的对立方，深知自己不可能被主流社会认可接纳。出于趋利避害的本能和妄图强盛的野心，这些组织往往会通过各种方式以合法形式掩盖非法高利放贷所得，寻找"官方"靠山。这不仅能为其高利放贷所得上一个"双保险"，还可以使得该组织继续存在。为了达到这一目的，黑恶势力会选择从贪腐官员下手。不论是在实施高利放贷行为、向贷款人索债，还是贷款人将该团体告至法院，它们在贪腐官员的庇佑下，往往都可以逃避侦查、起诉、审判等司法活动，或者可以使其受到较轻的刑罚。除此之外，黑恶势力在很多情况下会通过合法注册公司的方式掩盖自身的违法犯罪收益。黑恶势力的武装化程度不断增高。无论是个人犯罪还是犯罪集团，使用犯罪工具在心理上和行为上都能够对犯罪分子起到关键的作用。相对于一般的犯罪组织，黑社会性质组织的犯罪工具更具有危险性，具体主要有枪支、管制刀具以及其他违禁物品等，穷凶极恶的犯罪分子在不良人格的驱使下往往会不择手段，对他人的人身安全和社会秩序造成现实危险。面对这样的威胁，借款者及其家人都会生活在恐惧之中，如果无力偿还贷款，借款者很可能会走向生命的终结。此外它们的犯罪手段不断智能化。虽然它们在社会公众眼中主要是以暴力与胁迫为手段，但现在很多黑恶势力在实施犯罪时更倾向于选择信息化、智能化的手段。比如，黑社会性质组织一般都制定了较为严密的犯罪计划，利用先进的通信设备、交通工具、物质工具等高科技手段实施犯罪。随着现代社会的不断发展，黑社会性质组织中的高素质人才增多，其反侦察能力日渐提升。黑社会性质组织的动力根源在于获得经济利益，除了实施传统的风险高收益低的盗窃、抢劫等犯罪外，黑社会性质组织不断发展为较为成熟的犯罪集团，并开始向合法经济领域渗透，以达到以商养黑、以黑护商的最终目的。纯粹的暴力集团已不多见，通过合法生意掩盖高利借贷的违法事实成为它们较为常见的获利手段。随着"互联网+"的发展，世界经济体系不断呈现一体化的趋势，各国之间的交流也更加频繁。然而，黑社会性质组织也随着经济全球化的加速，在高利借贷方面变得更加肆虐，并呈现出了国际化的特征。随着经济全球化的不断加深演变，黑社会性质组织在国际上的高利放贷交易呈现多层次性，市场经济的深入发展使跨国高利放贷有了更加广阔的蔓延空间，人、财、物的国际流通也为跨国高利放贷提供了更多条件，黑恶势力作为高利放贷的强力实施者之一，对世界经济秩序和金融管理秩序的危害不断加深，带来的不良影响不可估量。

黑恶势力渗入社会主义市场经济领域扰乱市场正常运行的秩序和机能。从长远角度看，黑社会性质组织的黑恶本质决定了它一定会破坏市场经济发展的正常秩序，并最终成为社会稳定和经济发展的巨大隐患。关于黑社会性质组织的案例比比皆是，生于1963年11月的张某辉初中毕业后就开始在梧州做生意，80年代末期就成为梧州"望族"。从20世纪90年代开始，张氏兄弟开始经营高利放贷生意。他们以家族势力为依托，以张氏家族开办的表面合法的"及时雨"典当铺和天海物业有限公司为据点，向社会公众发放高利贷，并形成具有黑社会性质的犯罪集团。在树立权威和非法讨债过程中，张氏兄弟采用故意伤害、侮辱、拘禁无辜等方式，作案长达3年，施恶行34次，被害人数达41人次，造成4人重伤3人终身残疾，扰得民不聊生。最终张氏兄弟被抓捕接受审判，张某林被判处死刑就地正法，而张某辉因涉案罪行不大，仅获刑14年6个月，在监狱待了6年后被减刑释放。2006年，张某辉开始重振旧部，并雇请社会闲散人员继续追讨20世纪90年代放出的高利贷旧债。为了掩人耳目，张某辉先后出资成立梧州市鸿展投资有限公司和梧州市鸿诚地产咨询有限公司，并将旧部和新招纳的成员安排在公司，成为公司"员工"，这两个公司实际上就是高利放贷公司，一方面讨旧债，一方面继续放高利贷。为了树立自己的绝对权威，张某辉还制定了一套成文或不成文的守则、规定，要求黑帮成员必须接受他的领导，服从他的安排——每个组织成员均要提供个人的银行卡和身份证复印件给组织，用于发放高利贷和收取利息、罚息，借款必须要对方多找一个人以上作为共同借款人，出借人一栏必须空出来不写，而且在借款时利息不能写上去，但是要约定违约金。范某当时和孔某青向张某辉借款60万元，口头约定月利率为6.5%，张某辉要求范某找到卢某强和徐某梅作担保人。在扣除前期利息3.9万元之后，范某实际到手56.1万元。此后范某按时偿还利息，在范某支付本息97.5万元给张某辉公司后，张某辉依然不肯放过范某，逼迫范某等偿还高额债务。因为范某实在不能按期支付高额利息，张某辉便指使手下强迫追债，不仅实施威胁、恐吓、还进行辱骂。由于借条始终在张某辉手中，也无法讲清楚事实，加之根本不知道该如何解决，绝望之下的范某最终不堪其扰自杀身亡。至2016年年底，张某辉终于东窗事发，被当地警方抓获归案，并于2017年1月被逮捕。这一系列恶行仅通过分析黑恶势力的理论特征无法共情，只有通过实际案例才能揭露出黑恶势力的毫无诚信和令人胆寒的本性。

二、高利放贷伴生行为及次生行为的基本类型

如上所论，针对经营性高利放贷行为可以通过立法增设"高利放贷罪"，对于非经营性高利放贷行为可以设立"暴利罪"，将其纳入刑法规范范围内予以规定并确定刑事责任。高利放贷除了本身的行为具有违法性外，其伴生行为还极易引发相关犯罪，这主要体现在三个方面：首先，行为人开展高利借贷的"生意"要具有足够的资金才能运转，此时行为人就会采取向银行借贷或者吸收社会资金的方式存储借贷本金，这种行为本身就违反了金融管理秩序和社会经济秩序，是违法犯罪的行为；其次，行为人为了借贷给他人以便获取高额利息，通常会采取一系列违法手段诱使被害人上钩，这些手段本身就具有严重的社会危害性；最后，行为人为了在借贷后能够及时收回不被法律保护的利息，通常会采取一些侵犯被害人人身权益、财产权益的方式达成目的。本书将会对高利放贷的伴生行为与衍生犯罪行为进行一个概要说明，进而为司法实践提供参考，综合评估高利放贷所带来的危害，促进立法对高利放贷行为的危害性有更深入的理解。

在当今经济飞速发展的态势下，行为人在筹集放贷资金后，通过各种方式将贷款转出。高利放贷行为可分为金融类犯罪和涉及暴力的犯罪两种形式。这些犯罪行为的发生，正是因为高利放贷行为本身具有的引发次生犯罪的特点，从而引发破坏经济秩序和金融管理秩序的一系列反应。《非法放贷意见》为了防止高利放贷行为实施过程中涉及其他犯罪行为从而导致法律适用问题，在第6条中作出了择一重罪和数罪并罚的规定，进一步明确了法律适用的问题。但司法实践远远比法律规范更加复杂，高利放贷行为往往多种多样且不容易预料，其具体行为触犯了何种规定，行为之间有无联系等都需要作出明确的认定与适当的处罚，例如，以行为单复区分一罪与数罪。多种行为之间存在吸收、牵连关系时只能处罚一个行为，即择一重罪处罚；当数个行为之间不具有牵连性，各自独立时就要对每个行为都进行处罚，即数罪并罚。因此除了对高利放贷行为本身进行细致研究，对高利放贷行为的衍生犯罪进行细致归类也是必不可少的。尽管司法实践纷繁复杂，但理论梳理和指导仍然可以对司法部门定罪量刑提供重要的参考和支持。

（一）涉及金融犯罪的高利放贷行为

高利放贷行为是国家限制性活动领域内的非法金融活动，其本身就具有金融的特质。高利放贷人为了能够获取更多的资金来扩大自己的生产规模，获得更多的收益，不断开辟新的渠道获取更多的资金，并采取一切手段保障高额利息的安全。合法途径的银行借贷与非法途径的集资便成了放贷人快速获取资金的选择，采取非法手段催收债款也是放贷人的主要手段，涉及金融犯罪的放贷行为随之产生，不断侵蚀着金融市场的监管秩序和市场经济的稳定秩序。

1. 高利转贷型

如前所述，高利放贷的行为人在获取放贷本金途径上主要有合法途径和违法途径两种方式，而违法途径又存在不同的表现形式：其一，贷款人通常以高额利息作为诱饵，向社会不特定公众借款；其二，出借人先以较低的利息从社会不特定公众手中筹集资金，然后再转手给高利借贷者。前者是行为人非法或者变相吸收公众财产后，又将这部分财产以更高的利息出借给不特定的社会公众，这种情况的行为人触及非法吸收公众存款罪和非法发放贷款罪；后者则是行为人通过非法手段获取资金后，将钱款以高额利率出借给形式急迫的个体或企业。对于涉及行为人吸收公众存款的情况，相关行为应被定为非法吸收公众存款罪或集资诈骗罪。而对于向个人或企业提供贷款等行为，刑法并没有明确的规定。本书认为，若是经营性高利放贷行为则定为"高利放贷罪"，若是非经营性高利放贷行为则定为"暴利罪"。

除此之外，行为人的资金也有可能是从正规机构获得的，司法实务中将这种行为认定为高利转贷罪，即行为人为了转贷牟利，套取银行或其他正规金融机构的资金，后以更高的利息转贷给他人，违法所得数额较大的行为。高利转贷行为侵犯的对象是银行或其他金融机构的信贷资金管理秩序，成立该罪名的行为人必须是向正规金融机构以提交材料的方式申请贷款，银行通过正规审批后下发贷款，而后行为人违反了银行的贷款使用范围的规定以更高利率转贷给他人，而且该行为中的手段只能是"套取"，并且"套取"的对象是国家金融机构的信贷资金，并且行为人要从转贷行为中获取利润，否则就不构成高利转贷罪。其中该罪名要求的"套取"有两种解释：其一，行为人采用虚假的事由欺骗金融机构，通过捏造虚假的证明材料或其他手段，获取金融机构的信任并取得信贷资金；其二，行为人正是通过合法途径，走合法的程序，提交真正的材料从金融机构中贷出资金，但是并未按照银行规定的要求合理使用贷款，转而实施了违法犯罪行为。这两种行为都具有虚假性和欺骗性。[1]高利转贷行为的核心是"套取加转贷"，这两个行为缺少任何一个都不可能构成该罪。与高利转贷罪相牵连的高利放贷行为必须符合两种罪名的客观构成要件，即先套取银行或其他金融机构的资金，再设定高利息借贷给他人，从中获取大额利润。在这个过程中，如果该行为的借款对象不是特定的他人，未经过监管部门的批准或超越经营范围，以营利为目的，并且利率超出了《刑法》规定的 36%时，该行为就同时符合了高利转贷罪和非法放贷行为的入罪标准，因为其行为的手段与目的具有牵连性，根据刑法中禁止重复评价的要求，此时就要择一重处罚。

能够被高利转贷罪的行为模式套用的高利放贷行为当然要根据该罪定罪量刑，但并非所有的情况都符合其行为模式，此时就不能够以高利转贷罪论处。通过合法途径借取贷款发放高利贷的行为模式大致有四种：一是行为人通过合法途径一次贷取金融机构的贷款，后以超过银行同类贷款利率 4 倍以上转贷给特定的他人或企业；二是行为人通过合法途径一次贷取金融机构的贷款，后以超过银行同类贷款利率 4 倍以上转贷给不特定的他人或企业；三是行为人通过合法途径多次贷取金融机构的贷款，后以超过银行同类贷款利率 4 倍以上转贷给特定的他人或企业；四是行为人通过合法途径多次贷取金融机构的贷款，后以超过银行同类贷款利率 4 倍以上转贷给不特定的他人或企业。在这四种模式中，第一种和第三种的套取行为和转贷给特定人员的行为构成高利转贷罪和"暴利罪"，可以从一重罪处罚。第二种和第四种的套取行为和转贷给不特定的社会公众的行为构成高利转贷罪和"高利放贷罪"，如果"高利放贷罪"的构成要件能够包含高利转贷罪，就可以只按"高利转贷罪"论处，否则就很难认定罪名。

2. 非法吸收公众存款型

非法吸收公众存款是指非法或变相吸收公众存款，扰乱金融秩序的行为。根据我国相关法律规定，并非所有的主体都具有吸收公众存款的资质，只有国家认证的金融机构可以吸收、经营社会公众的存款，与此同时还要严格遵守行业规定与国家规定，要保持公平、公正、诚实、自愿、守信的原则进行

---

[1] 张惠芳：《高利转贷罪有关问题浅析》，载《河北法学》2000 年第 1 期。

相关活动，并且不能够损害国家利益也不能侵犯公民的财产权益，更不能进行恶性竞争。由此可见，国家对金融机构的准入与经营都有着严格的规定，对于已经认证的从事吸收、经营公众存款的金融机构，倘若他们采取不法手段吸收公众存款，或者超出了经营范围，导致国家对市场金融的监管受到破坏，扰乱了市场金融管理秩序，损害了不特定社会公众的存款，实施该行为的个人与单位都会得到严厉的惩罚。非法吸收公众存款主要有三种行为方式：第一种是合法的金融机构抬高存款率吸引更多的公众存款；第二种是金融机构通过事前约定、事后补偿或其他不法手段吸引存款人，从表面上看来，这种变相的不法手段似乎是合法的，但实质上属于被法律所禁止的行为。这两种情况都是正规金融机构使用的不法吸收公众存款的行为，而第三种的行为主体是不具有营业资格的企业或第三人，即不具有吸收公众存款资质的机构或个人，掩饰自己的不法身份，通过欺骗、引诱或者其他好处吸引不特定公众的存款，而后将吸收来的资金以高利息的方式借贷给他人的行为。这三种行为都破坏了市场金融秩序，损害了国家公信力，扰乱了市场经济秩序。

不论是有资格吸收公众存款的单位还是不具有吸收公众存款资质的个人或单位，都是利用不正当的手段直接或间接性地提高存款利率，吸引社会公众存款，从而扰乱稳定的金融秩序。行为主体吸收存款后，营业人员或者单位有可能将多出的资金以超出法定利率的方式借贷给他人，实施法律与金融机构行业规章所不允许的黑暗交易，从而进一步损害金融市场的监督管理秩序。这一行为既触犯了非法吸收公众存款罪，又达到了高利放贷罪的入罪标准，但放贷人员实施的放贷行为没有侵害新的法益，在手段和目的上具有牵连性，应当根据这两个罪名的严厉程度择一重罪进行处罚。

3. "套路贷"型

"套路贷"本身不是一个罪名，而是由高利放贷行为的某一犯罪手段延伸出来的，是指以民间借贷为借口进行的一系列犯罪行为的总称。这类行为的危害性与常见性引发了众多学者与司法实践人员的关注，由于此类犯罪以合法的民间借贷行为进行包装，采用欺骗的手段导致受害人陷入套路，签订各种"不平等条约"，这些条约与行为的表面合法性给司法实务工作带来了巨大的难题，对受害者的合法财产权和生命安全构成了极大的威胁，对金融秩序和经济秩序带来了极强的破坏性。时至今日，理论界和司法界不断地就"套路贷"的行为模式与特点进行归纳分析，以期从民间借贷中将套路型高利放贷行为剔除出来，在打击该犯罪行为的同时保护正当合法的民间借贷活动和公民的财产权益。

现有的"套路贷"行为特征较为鲜明，能够通过这些特点将其与普通的民间借贷行为进行区分。首先，"套路贷"在签订合同阶段采用的手段是欺骗或者胁迫，并与借款人签订虚假的借款合同。放贷人的行为目的就是通过掩盖非法目的获得高额利息。其次，在放贷人恶意制造借款人违约阶段，通过设置还款障碍、不回复消息等方式让借款人无法及时归还欠款，从而制造借款人无故不还款的违约现象，为下一步"套路"作铺垫，这是整个"套路贷"最重要的步骤。最后，在借款人未还清贷款的情况下，放贷人就会整理借款期间的各种证据，然后通过法律途径借用国家机关的力量拿回借款，或者采用其他"合理合法"的途径收回借款。放贷人会根据不同的情况制定出不同的套路，让借款人深陷其中，无法自拔。由于"套路贷"隐蔽的表现形式，我国司法实践大都将其按照假冒金融类案件进行处理，这导致在案件审理过程中常常出现分歧，无论是将"套路贷"认定为单一的民事纠纷还是刑事犯罪，都需要进行一定的调查，才能够进行实质判断。不仅是"套路贷"极强的隐蔽性，还有监管措施的固化和监管体制的缺陷使得"套路贷"肆虐横行。由于"套路贷"侵犯的法益较多，例如，会涉及诈骗罪、敲诈勒索罪、虚假诉讼罪等，因此该类犯罪到底是一罪还是数罪仍存在争议。根据实践案例可知，"套路贷"的整个过程绝非一人之力，需要不同的行为人来完成，不同阶段也触犯到了不同的罪名，对此类犯罪是进行整体评价还是将各个阶段分开评价这一问题在理论与实践中存在争议，是否以共同犯罪进行认定也有着不同的观点。尽管《非法放贷意见》第4条对于数罪的认定作出了总括性规定，但是并没有详细说明何种情形应认定为一罪或数罪，本书从"套路贷"不同情况出发对罪名进行具体化分析，以期厘清"套路贷"型高利放贷行为的罪责界限。

"套路贷"以一罪论处的情形主要包括单纯的一罪和牵连的一罪。前者是指行为人以虚假的手段设置债权债务关系后，以软暴力或非暴力手段索取债款，犯罪行为的整体目的主要是非法占有被害人财物，并未侵犯被害人其他的合法权益，因此用诈骗罪即可评价行为人的整个犯罪过程。后者是指行为人设置债权后，在索债阶段实施了犯罪，索债阶段的犯罪行为与设立债务阶段的犯罪行为相互牵连，应当从一重罪处罚。牵连犯在一般情况下是指犯罪的手段或原因行为与目的行为或结果行为分别触犯了不同罪名，在"套路贷"型高利放贷案件中，行为人最初的目的就是侵占他人财物，后续所有的行为都是为了促成这一目的。因此，从牵连犯角度来看，可以将其从一重罪处罚。例如，江苏泰州虞某云"套路贷"犯罪案件，自2017年6月以来，犯罪嫌疑人虞某云组织人员假借网络借贷平台名义，发布"低利息、无担保"等虚假信息，诱骗借款人到平台借款，借款时索取身份信息及手机通讯录和通话记录，放贷时直接扣除30%"砍头息"，要求借款人偿还全款，借款人无力偿还时，对借款人以及借款人通讯录中的亲友、同事采用侮辱性语言、PS图片等软暴力方式进行催收，逼使受害人交纳高额"逾期费"。犯罪分子在第一阶段已经构成诈骗罪，第二阶段的非法催债手段已经触及敲诈勒索罪。以此为例，诈骗罪的量刑高于敲诈勒索罪，行为人的一系列犯罪行为通过诈骗罪便可以完整概括，由于犯罪主体与犯罪目的没有改变，因此两者之间形成牵连关系，应当按照诈骗罪一罪论处。但要注意的是，敲诈勒索罪是财产类犯罪，其主要犯罪客体与诈骗罪保持一致，因此当犯罪行为仅侵害了被害人的财产权益时，认定为诈骗罪一罪是合理的，但当敲诈勒索罪侵害到被害人的人身权益时，主罪与牵连罪之间便出现了竞合关系。在这种情形下，对牵连犯以一罪断处违反了全面评价原则，数罪并罚又违反了禁止重复评价原则，无法满足刑法的罪刑相适应原则，这是刑法所不允许的。因此，对于这种情况可以按照一罪进行处罚，并在量刑上加重，若两个罪名的法定刑相同，则维持本罪，从重处罚。这样既没有违反全面评价原则和禁止重复评价原则，也符合罪责刑相适应原则。"套路贷"借民间借贷之名、行违法犯罪之实，严重破坏了借贷市场的正常秩序，侵害着他人的财产权益与人身安全，具有极大的社会危害性与隐蔽性，要准确把握该罪行的行为模式与民刑界限，结合具体的实际情况具体分析，判断案件是以一罪还是数罪处罚，从整体出发对行为进行全面评价，准确打击"套路贷"型高利放贷行为。

（二）涉及暴力犯罪的高利放贷行为

高利放贷行为不仅会触及金融类犯罪，还有可能诱发暴力型犯罪。衍生相关犯罪主要是因为行为人实施高利放贷后，他们能否收回本金及利息取决于借款人的经济实力与信用状况，若债务人违背承诺或者没有能力还款，放贷人不会心平气和地讲道理，更多的是采用非法手段不断向借款人施压。在追回欠款的过程中，放贷人会采取各种非法暴力或软暴力手段，甚至勾结黑社会性质组织，聚集在借款人的居住、工作场所，扰乱其生活安宁，给借款人带来心理阴影的同时，影响周围环境的安定与社会秩序的和谐。涉及暴力的高利放贷行为不仅会像慢性毒药一样侵蚀着市场经济和金融市场的发展，更会给借款当事人及其亲属或者无辜群众带来急迫的生命健康威胁。

1. 非法拘禁型

行为人为了达成非法占有的目的，往往会采用拘禁的方式侵害借款人的人身自由，在司法实践中，这种情形通常根据《刑法》第 238 条第 3 款被认定为索债型的非法拘禁罪。为了获取不被法律保护的财物而控制他人完全符合绑架罪的行为要件，而刑法将这种行为评价为非法拘禁罪是否承认高利贷的法律价值，鼓励借款人偿还高利贷款？立法者的回答一定是否定的。刑法之所以这样规定是基于两个原因：其一，这类索债行为侵害的法益仅仅是被害人的行为自由而不是财产权益，行为人在合理范围内索取债务，这一债务虽然不被法律认可，但双方已经形成了债权债务关系，这一债务是真实存在的，行为人并不具备侵犯财产的主观意图，因此不符合绑架罪的构成要件。其二，由于二人之间存在债权债务关系，行为人在实施拘禁时的对象并不是不特定的社会公众，而是特定的借款人，因此行为人的危害行为相较于绑架有较低的社会危害性，结合罪责刑相适应原则，以法定刑更低的非法拘禁罪加以规制更具有合理性。质言之，行为人通过控制借款人的行动，旨在收回借款和利息，以减少自己的损失，高利放贷行为与非法拘禁行为的目的在根本上是一致的。因此，当行为人在索债的同时侵害了借款人的人身自由权益，且行为人的高利放贷行为和索债行为都达到了入罪标准时，根据现行规定，应当定为非法经营罪与非法拘禁罪，数罪并罚，但根据本书的观点，应当处以"高利放贷罪"与非法拘禁罪，数罪并罚。

2. 寻衅滋事型

高利放贷不是短暂的、一次性的，而是经常性的非法营业活动，从放出贷款到收回本金及利息通常是一个漫长的过程。寻衅滋事常出现在放贷人索债阶段，法律将众多索债的暴力行为归纳为寻衅滋事罪是因为其行为表现类似于一般的寻衅滋事行为，例如殴打、辱骂、恐吓、随意占用他人财物、任意损坏他人财产、甚至在公共场合闹事。这种会给借款人带来心理压力从而对其行为产生影响的行为都属于寻衅滋事，而高利放贷中的索债行为正是如此，索债者通过殴打、恐吓、威胁等手段给借款人造成人身伤害，也会让借款人产生害怕的强制性恐惧心理，从而促使借款人偿还债务。寻衅滋事罪的行为模式主要有四种：第一，随意殴打他人，情节严重。这里要求的情节严重是指利用残忍的手段殴打他人、多次殴打他人或造成严重的后果。在司法实践中，有些高利放贷的催债人采用的暴力手段过分残忍甚至带有侮辱成分，给借款人造成了巨大的身心伤害。第二，追逐、拦截、辱骂他人，情节严重。这种行为体现在索债中是指"软暴力"，通过精神恐吓和心理战对借款人施加压力。实务中单纯采用"软暴力"催债的案例极少，在著名的"于欢案"中，索债人对于欢的母亲实行了侮辱性的语言和动作，导致于欢精神受到了极大的刺激，最终选择反击。第三，任意损坏或者占有他人财物，情节严重。这里的情节严重主要是从行为人破坏的数量、价值和危害结果来判断。第四，在公共场所聚众闹事，引起群众的恐慌，造成混乱的局面，严重扰乱社会公共秩序，影响群众的正常生活。例如，在慈利县法院审理的一起因索取高利贷款及利息导致的寻衅滋事罪中，卓某指使邓某某、向某甲找被害人唐某某收账，邓某某、向某甲在慈利县汽车东站某物流停车场找到唐某某之后，先是口头恐吓、威胁要其还钱，唐某某以其妻生病需花钱治疗，要求宽延还款期限，邓某某、向某甲未答应，并要求唐某某前往卓某的寄卖行，唐某某拒绝后遭到邓某某、向某甲的拳打脚踢。唐某某的妻子看见后，上前帮忙，后邓某某、向某甲二人即持钢管追打唐某某夫妇，并将唐某某妻子的右手腕部打伤。一般的寻衅滋事行为人在实施上述行为后，还要达到"情节严重"或"情节特别严重"的程度才能被定罪，而且要求其目的是危害被害人的人身安全，并且对社会公众安全产生威胁。而高利放贷中产生的寻衅滋事行为略有不同，其针对的对象不是社会公众而是特定的借款人，但行为产生的危害也达到了入罪门槛，应当定为"高利放贷罪"和寻衅滋事罪，数罪并罚。但实践中的情况与理论规定可能存在一定的出入，在某些高利放贷案件中，并非所有的讨债人员都是放贷人员，高利放贷者在催收债务时可能会选择更专业的第三方进行催债，或者与黑社会性质的组织相互勾结。向借款人催收债款的人可能只是临时受雇来完成"工作"，并没有参与整个高利放贷的过程，对于这类仅充当"打手"的参与者，除非有确凿的证据证明其明确知悉高利放贷人实施的高利放贷行为，否则只能将其定为寻衅滋事罪，不构成"高利放贷罪"的共犯。

3. 非法催收型

非法催收债务是高利放贷的事后行为，并独立于高利放贷行为被单独规定为一罪。根据《刑法》第 293 条之一规定："有下列情形之一，催收高利放贷等产生的非法债务，情节严重的，处三年以下有期徒刑、拘役或者管制，并处或者单处罚金：（一）使用暴力、胁迫方法的；（二）限制他人人身自由或者侵入他人住宅的；（三）恐吓、跟踪、骚扰他人的。""对于非法催收债务罪的保护法益，不同学者在理论上有不同的看法，一种观点认为本罪的保护法益是公共秩序与公民的人身和财产权益。有的观点认为本罪保护的是合法的、正当的民间借贷秩序以及民间借贷关系中债务人的人身、财产不受侵害的利益。以张明楷教授为首的观点认为本罪保护的法益不是公共秩序与民间借贷秩序，也不是公民的财产权益，而只是公民的人身权利。"[1]根据《刑法》条文对该罪的构成要件的规定，只要行为人在催收过程中实施了规定的行为，并达到情节严重的程度，即使没有收到欠款，也成立非法催收债务罪，因此本罪保护的法益只限于个人的人身权益，即人身安全、身体自由、住宅安宁和意思决定自由。而且要注意的是，在适用非法催收债务罪时，法律保护的内容只包括符合法律规定的利息部分，而不包括超出法律规定的利息部分。由于债务人的经济或诚信问题不能及时还本付息，债务人通常采取非法或合法的手段迫使借款人还款，当侵害到他人的人身权益时，催收行为也触及了刑法的底线。非法催收行为主要包括两种行为模式：一种是高利放贷人自己实施非法催收的行为，此时由于催收行为与前述的高利放贷行为是出于同一个目的——非法占有他人财物，非法催收是前一放贷阶段的必经程序，因此，针对这类行为的定罪应该主要关注于放贷行为本身。第二种是高利放贷者雇佣第三方非法催收债务，此时放贷行为与催收行为就独立开来，应当分别单独定罪。非法催收债务之所以被《刑法修正案（十一）》纳入规制范畴，并受到大家的广泛关注是因为在现实生活中，放贷人使用的催收债务的手段实在令人愤恨，对债务人、其亲属，甚至是无辜的路人和整个社会的稳定都构成了威胁。这种潜在的社会危险因素导致社会恐慌。但在司法实践中，并不能将采用非法手段收取高利贷本金及合理部分的利息的行为一律定为非法催收债务罪，而是要根据情况具体问题具体分析。

---

[1] 张明楷：《催收非法债务罪的另类解释》，载《政法论坛》2022 年第 2 期。

当行为人的行为同时构成了非法债务罪、抢劫罪与敲诈勒索罪，该如何认定？有学者认为："在催收高利放贷产生的债务过程中，如果使用暴力、威胁、非法入侵住宅等手段催收的本息在大致'合理'的范围，行为人可能成立本罪。但是，索要的财物明显超过高利贷本金及利息（例如，放贷20万元，一年后使用暴力索要1000万元），行为人完全是借机无端索要他人财物的，该催收行为视其手段的不同可能成立敲诈勒索罪或者抢劫罪。因此，本罪就可能和其他财产罪之间存在竞合关系。"但张明楷教授就这一观点提出了合理疑问——"大致合理的范围"与"明显超过高利贷本金及利息"如何确定？"利息"指的是约定利息还是法定利息？持相同观点的学者指出，在司法实践中，应当仔细区分被害人索要款项与高利贷本息之间的数量关系，或者以人们可以普遍接受的合理范围作为区分标准……除此之外，该阵营的学者们认为成立非法催收债务罪不要求行为人具有非法占有的目的。但是高利放贷约定的利息本身就超出了法律允许的界限，放贷人超出法律规定的要求制定了高额的利息，很难认定其不具有非法占有的目的。因此，只要行为人实施了暴力、胁迫等手段催收高利贷中合法部分的利息，就单独成立非法催收债务罪；如果行为人以暴力、胁迫等手段催收高利贷中合法与非法部分的利息，就意味着一个行为触犯了非法催收债务罪、抢劫罪和敲诈勒索罪，属于想象竞合，择一重处罚；如果行为人催收合法部分的利息与非法部分的利息单独存在于两个阶段，则数罪并罚，即行为人以暴力、胁迫手段催收了高利贷的合法本息，行为已经构成了非法催收债务罪后，又以同种手段催收不受法律保护的超出法律规定的利息，就单独构成抢劫罪或敲诈勒索罪，这三个罪名应当数罪并罚。

当行为人的行为同时构成了非法催收债务罪、非法拘禁罪与非法侵入住宅罪，该如何认定？有学者认为，采用非法拘禁的方式限制他人的人身自由属于"情节严重"，如果不是以催收非法债务为目的，实施拘禁他人或者以其他方式非法剥夺他人人身自由的，可以依照非法拘禁罪定罪处罚。如果按照这一观点，以拘禁的方式催收合法债务定为非法拘禁罪，以拘禁的方式催收非法债务定为非法催收债务罪，而非法拘禁罪法定刑明显重于非法催收债务罪，这就揭示了这一观点缺乏合理性。张明楷教授指出："在催收因高利放贷产生的合法本息的场合，如果非法拘禁行为没有达到非法拘禁罪的立案标准，可以认定为催收非法债务情节严重；但如果非法拘禁行为构成犯罪的，则应当认定为催收非法债务罪。对于以非法拘禁方法催收因高利放贷产生的非法的高额利息的行为，则应认定为抢劫或敲诈勒索罪。"[1]同理，如果行为人为了催收高利放贷行为产生的合法本息而侵入他人住宅，同时又构成非法催收债务罪的，属于包括的一罪，应当择一重罪处罚。如果行为人实施上述行为催收合理本息的行为实施完毕又以暴力或胁迫等手段催收超额高息，应当构成数罪，实行数罪并罚。

当行为人的行为同时构成了非法催收债务罪和寻衅滋事罪，该如何认定？在非法催收债务罪出现之前，实务中多用寻衅滋事罪对高利索债行为进行规制，但高利放贷人索债并非无事生非，后续的"经有关部门批评制止或者处理惩罚后"中的"处理"大多是制止了索债的暴力行为，并没有真正解决高利贷双方之间的债务纠纷，自然无法禁绝行为人的闹事根源。如前所述，高利贷并非全部的债务都是违法的，它是"合法本金+合法利息+违法利息"的结构，如果债务人没有履行合法债务，就不能认为是处理成功，此时认定行为人的行为属于寻衅滋事罪就有些勉强。如果债务人归还了合法债务，行为人索要的是剩余的违法利息部分，则行为人构成敲诈勒索罪更为妥当。进一步说，根据入罪举轻以明重、出罪举重以明轻的原则，行为人以非法拘禁的方式催收合法债务要成立非法拘禁罪，以暴力、胁迫、跟踪等较轻的手段催收合理本息就不能被认定为更严重的犯罪行为，以寻衅滋事罪定罪处罚就存在处罚过重的嫌疑。

4. 黑社会性质组织型

黑社会性质组织是近些年来我国专项打击整治的重点对象，由于这些组织有雄厚的经济实力、众多的参与人员以及严密的组织阶层，并且常常以残忍的暴力手段实施犯罪行为，给受害者带来身心双重折磨，是社会的极大不安定因素。随着我国打击力度的增强，黑社会性质组织的嚣张气焰逐渐萎靡，其能够获得经济利益的途径大大减少，为了获取足够的物质财富，黑社会性质组织也走上了高利放贷之路。黑社会性质组织实施高利放贷大致有两种方式：其一，实力较弱的黑社会性质组织会选择成为高利放贷者的雇佣索债人，通过为高利放贷人索要债务的方式获得报酬。其二，经济实力较为雄厚的黑社会性质组织大多会选择自己实施高利放贷行为，从而能够获得更多的经济

---

[1] 张明楷：《催收非法债务罪的另类解释》，载《政法论坛》2022 年第 2 期，第 3~17 页。

利益。前者类似于非法催收债务中放贷人雇佣他人的催债模式，但黑社会性质组织成员相比普通催债者具有更恶劣的潜在威胁，当黑社会性质组织成员受雇实施的催债行为构成黑社会性质组织犯罪时，由于其主观能动性较低，不会对社会秩序造成过大的不利影响。后者是黑社会性质组织为了获取更多的利益，通过自己的手段和渠道获取资金、高利交易并收回本息，从而不断发展壮大黑社会性质组织的发展，给社会安定带来更大的风险。原本黑社会性质组织犯罪与高利放贷行为侵害的法益各不相同，然而，在利益的驱动下，将这两者联系起来，就可能构成一行为犯数罪的情形。根据《非法放贷意见》第 7 条第 1 款规定："有组织地非法放贷，同时又有其他违法犯罪活动，符合黑社会性质组织或者恶势力、恶势力犯罪集团认定标准的，应当分别按照黑社会性质组织或者恶势力、恶势力犯罪集团侦查、起诉、审判。"此外，为了响应国家对于严厉打击黑社会性质组织犯罪的号召，《非法放贷意见》第 7 条第 2 款还对"情节严重""情节特别严重"的规定作出特别说明，通过降低数额的认定和数量的标准来区别于一般的高利放贷行为。因此，在对涉及高利放贷行为的黑社会性质组织进行定罪量刑时，要充分考虑涉案金额与犯罪情节，综合把握。

三、高利放贷涉黑行为的刑事规制研究

根据上文中提到的《非法放贷意见》可知，我国对涉黑型高利放贷行为作出了特别规定，将黑恶势力与高利放贷行为联结起来，降低了黑社会性质组织、恶势力以及恶势力犯罪集团的定罪标准，这与我国的"扫黑除恶"政策相契合，有着极大的现实意义。将涉黑型高利放贷行为单独规定符合我国的社会情况，有助于强化对涉黑型高利放贷行为的精准打击，推动"扫黑除恶"活动的斗争进程。对高利放贷犯罪行为的规制模式，大致分为两种：一种是明确规定贷款利率上限，对超出利率上限的行为进行严厉打击与惩治。第二种是专门为高利放贷行为设置"重利罪"。美国国会通过的《诈骗影响和腐败组织法》规定从联邦层面对利率进行规制，所有的十三个原始殖民地均规定了 5% 到 12% 的利率范围，各州在该项法律通过后逐渐倾向于采取更低的利率和更严厉的惩罚。日本早在 1975 年就颁布了《利息限制法》和《高利贷取缔规定》，经过一系列修改后，利率上限被限制在 20%，并在 2007 年修订的《出资法》中对经营性高利放贷者与非经营性高利放贷者作出细致区分，

规定了不同的处罚标准。由此观之，各国和地区对高利放贷的态度都是否定的，都将利率作为衡量是否违法的重要标准，并没有考虑更多的现实情况。将经营性与非经营性高利放贷行为进行的区分与对主观目的的重视都值得我们借鉴，要透过利率标准进行深入思考，并结合我国国情与社会现状来规制高利放贷行为。如今涉黑型高利放贷行为不断增多，依托新出台的司法文件和国外经验，要强化对涉黑型高利放贷行为的刑法规制，从刑事立法、司法、政策上对该类犯罪行为进行精准打击。

（一）涉黑型高利放贷行为的刑事立法规制

随着近年来黑社会性质组织的猖獗和"扫黑除恶"活动的打压，正义与邪恶的较量结果逐渐显现，国家暴力机关捣毁了越来越多的黑社会性质组织，但在起诉和审判阶段现有法律存在一些瑕疵，不能够完全涵括并评价其实施的犯罪行为。例如，在［2017］皖15刑终188号案中，被告人张某流、丁某组织、领导了一众人员成立了黑社会性质的组织，并借用商贸公司的名义以24%到60%不等利率向公众发放高利贷，在收款期间对被害人软硬兼施，对被害人造成了严重的伤害，该案主犯最终被认定犯组织、领导、参加黑社会性质组织罪、寻衅滋事罪等11种罪名。虽然这11种罪名已经涵括了该案人员的绝大多数犯罪行为，量刑上也对黑社会性质组织进行了严厉惩处，但从对该组织人员的全面评价角度来分析，对于涉黑组织实施高利放贷这一行为并没有任何规制。如此一来，涉案组织的相关人员以及他们从中获得的利益都没有被考虑在内，从而助长了涉黑型高利放贷的嚣张气焰，纵容了黑社会性质组织对社会利益和公众财产权益的荼毒。

2019年实施的《非法放贷意见》中，虽然规定了按照黑社会性质组织犯罪或者恶势力集团犯罪来规制涉黑型高利放贷行为，但该罪名在规制该类行为时仍存在缺陷，无法实现对涉黑型高利放贷行为的全面覆盖。因此，对于实施高利放贷的黑社会性质组织可尝试增设组织、领导、参加、包庇、纵容恶势力犯罪集团罪，提高对黑社会性质组织犯罪集团的打击力度，保护公民的合法财产权益和人身安全。对于以盈利为目的，多次向黑社会性质组织提供资金支持的个人或企业，可增设资助黑社会性质组织罪，有利于切断黑恶势力发放高利贷的资金来源，从根本上遏制涉黑型高利放贷行为的发展。透过前述提到的案件可以得知，仅通过寻衅滋事罪、组织领导参加黑社会性质组织罪无法实现对该类涉黑高利放贷行为的准确评价，通过立法增设罪名来完善刑事规范体制虽然较为复杂，但不失为一个加强司法实践操作性的有用方法。

（二）涉黑型高利放贷行为的刑事司法规制

在"扫黑除恶"专项斗争展开后，黑社会性质组织无所遁逃，以"黑社会性质组织"和"高利放贷"为关键词在裁判文书网中搜索可知，涉黑型高利放贷行为大多发生在人员复杂的城市，经济发达的东部城市是涉黑型高利放贷行为的主要发生地。经数据分析，城乡分布中城市出现涉黑型高利放贷组织的占比高达八成以上，并且从沿海地区向内陆地区逐渐递减。参照大数据的分析结果，可以根据实施高利放贷行为的黑社会性质组织的分布情况开展"扫黑除恶"斗争，既要加强对东部地区城市的打击力度，也要兼顾中西部地区的城镇地区，主次分明才能够有效遏制涉黑型高利放贷活动，保护公民的人身财产安全。对于已经被缉拿归案的相关犯罪组织，要避免出现对主体的量刑畸形，在没有能够涵括黑社会性质组织犯罪成员实施的高利放贷行为的罪名的情况下，也要将犯罪主体的身份纳入量刑中加以考量，适当提升对组织者、领导者、包庇者和纵容者等人的量刑幅度。除此之外，在涉黑型高利放贷犯罪案例中，涉及包庇、纵容黑社会性质组织的罪名极少，这显然不符合"扫黑除恶"和"打网破伞"的司法初衷。因此，要加大包庇、纵容黑社会性质组织罪的适用频率，将铲除涉黑型高利放贷行为的活动进行到底。审判实践表明，近几年来，涉黑型高利放贷活动的模式不断更新转变，主要体现为从网贷型转向公司型和涉毒型高利放贷模式。此外，暴力形式也已从之前单独实施的"硬暴力"转变为"软硬兼施"。因此，司法打击的重点也要随之转移，要加强对公司型高利放贷犯罪和涉毒型高利放贷犯罪的打击与制裁，甄别黑社会性质组织在实施暴力收款时的暴力特性，注重识别隐蔽性较强和诱发倒逼型犯罪的"软暴力"，这对打击涉黑型高利放贷犯罪组织具有十足的积极意义。最后，结合实际交锋情况，基层司法机关是对抗黑社会性质组织的主力军，但我国的司法资源是以金字塔样态呈现的，在办案能力、业务技能等方面存在的不足使得部分基层地区司法机关无法较好地应对该类犯罪案件。此时立法机关和上级司法机关的立法引领和司法援助就显得尤为重要，通过交流不仅能够缓解基层司法和执法机关的办案压力，还能够使犯罪分子得到适度的惩罚，体现了罪刑法定原则和刑法的谦抑性。

（三）涉黑型高利放贷行为的刑事政策规制

刑法的谦抑性和罪刑法定原则无不体现着宽严相济的刑事政策理念，打击涉黑型高利放贷行为也要认真贯彻宽严相济的刑事政策，并且要加大对刑事政策的宣传。从过去的"打黑除恶"到现在的"扫黑除恶"，一字之差就体现了全局政策的转变。落实好宽严相济的刑事政策就要求司法机关在处理涉黑型高利放贷犯罪案件时秉持罪刑法定精神，并妥善区分犯罪团伙是黑社会性质组织、恶势力犯罪集团还是一般的犯罪团伙，通过不同的标准进行审判、定罪量刑，绝不能糊弄了事，将一般的刑事案件上升到恶势力集团甚至是黑社会性质组织的犯罪，也不能将黑社会性质组织的犯罪行为降级处理。法律的生命在于实施，法律的公正也在于实施，法律条文的制定只是司法公正的第一步，更重要的是使用法律的司法人员对事实的判断和对法律的运用。

四、"套路贷"与高利放贷的厘定研究

（一）"套路贷"的犯罪行为认定

"套路贷"作为新兴的犯罪类型，与高利放贷有着千丝万缕的联系。前文提到过，"套路贷"并不是一个法律概念，是结合实践和该类犯罪行为的特征提出的一个便于理解的概括性称谓，因此我们在讨论"套路贷"时不能因为某些行为具有相似特征而将其认定为"套路贷"并加以处罚，而是要以刑法中的犯罪构成要件为框架进行犯罪审查，明确这一点有助于防止我们对"套路贷"款产生误解。正如张明楷教授所言："因为某种行为符合了诈骗罪、敲诈勒索罪等罪的构成要件，所以应当加以处罚，而同时由于这种诈骗罪无论是在发生的领域还是在发生的范围上都具备'套路贷'的某些特征，所以被称作'套路贷'。"[1]

"'套路贷'本身不是具体的罪名，而是一个比喻性说法，我们不能以"套路贷"的特征取代具体的构成要件的认定。"[2]2018年最高人民法院、最高人民检察院、公安部、司法部颁布的《关于办理黑恶势力犯罪案件若干问题的指导意见》第20条规定："对于以非法占有为目的，假借民间借贷之名，通过'虚增债务''签订虚假借款协议''制造资金走账流水''肆意认定违

---

〔1〕 张明楷：《不能以"套路贷"概念取代犯罪构成》，载《人民法院报》2019年10月10日。

〔2〕 陶建平：《高利贷行为刑事规制层次论析》，载《法学》2018年第5期，第180～181页。

约''转单平账''虚假诉讼'等手段非法占有他人财产，或者使用暴力、威胁手段强立债权、强行索债的，应当根据案件具体事实，以诈骗、强迫交易、敲诈勒索、抢劫、虚假诉讼等罪名侦查、起诉、审判。……"这一规定阐述了"套路贷"的基本构成，为认定该类高利放贷行为提供了普遍性依据，为打击"套路贷"提供了规范基础。随后，为持续深入开展"扫黑除恶"专项斗争，准确甄别和依法严厉惩处"套路贷"违法犯罪分子，最高人民法院、最高人民检察院、公安部、司法部颁布了《关于办理"套路贷"刑事案件若干问题的意见》，其中第 1 条明确对"套路贷"作出了定义——"套路贷"，是对以非法占有为目的，假借民间借贷之名，诱使或迫使被害人签订"借贷"或变相"借贷""抵押""担保"等相关协议，通过虚增借贷金额、恶意制造违约、肆意认定违约、毁匿还款证据等方式形成虚假债权债务，并借助诉讼、仲裁、公证或者采用暴力、威胁以及其他手段非法占有被害人财物的相关违法犯罪活动的概括性称谓。这一概念中包含了"套路贷"的三种特征：行为目的的非法性、债权债务的虚假性和讨债手段的多样性，由此可见，"套路贷"既不是一个法律概念也不是一个政策概念，而是在办案实践中对假借民间借贷之名非法占有他人财物的类型化违法犯罪的概括性称谓。除此之外，中央政法机关还先后颁布了《关于办理黑恶势力犯罪案件若干问题的指导意见》（以下简称《指导意见》）、《关于依法妥善审理民间借贷案件的通知》（以下简称《通知》），为甄别"套路贷"行为提供了重要依据。《指导意见》进一步阐述了"套路贷"犯罪行为的处理原则、债务范围、犯罪借款没收等原则性规定。《通知》则是指出"套路贷"对人民群众合法权益的侵害，对金融市场和市场经济秩序的破坏，并专门对"套路贷"案件与民间借贷进行区分，从而为司法系统在把握"套路贷"特性、严惩和确定"套路贷"刑事案件提供有力依据。综上可知，我国对"套路贷"犯罪的相关立法规制，总体上是契合当前惩处"套路贷"犯罪的情势和实际需要的。[1]

结合"套路贷"犯罪实际进行定性是当前理论界与实务界所共同认可的，从实践出发才能更好地对犯罪行为作出合适的处罚。但采用何种罪名来规制"套路贷"仍是当前一个较为重要的争议点。一众人认为，可通过解释的方式将"套路贷"纳入非法经营罪的范畴，从而可以利用现有的罪名，即非法经

---

〔1〕 陶建平：《高利贷行为刑事规制层次论析》，载《法学》2018 年第 5 期，第 182 页。

营罪加以规制。还有人认为，"套路贷"的犯罪构成要件与非法经营罪的构成要件并不吻合，其本质上也不是非法经营性质的犯罪行为，而是一种通过创设虚假债务等欺骗的方式达到非法占有他人财物的目的，并复合多种讨债手段的高利放贷行为，是侵害他人财产的犯罪，因此不能以非法经营罪进行定罪。本书比较赞同第二种观点，具体理由如下：第一，"套路贷"的重点是"套路"，其本质上不是具有经营性质的"贷"，而是以"贷"为表象掩盖侵犯他人财产的事实。提到"经营性质"，我们首先要明确非法经营罪中的"经营"的定义，经营并非一种具体行为，而是经营类犯罪类型行为的抽象与概括，是经营类犯罪内涵的最大公约数，是一种泛化的行为类型。根据《刑法》第225条关于非法经营罪的规定，非法经营行为包括非法经营特殊物品（专营、专卖物品或其他限制买卖的物品）、买卖特殊证明文件（进出口许可证、进出口原产地证明等）、非法经营特定业务（证券、期货、保险或支付结算业务）、其他非法经营活动等四类行为。因此，"套路贷"并不具有经营性质，更不符合非法经营罪中提到的"经营"特性，当然不能够被认定为非法经营罪。第二，非法经营罪第4项的兜底条款的适用有着严格的限制。我国《刑法》第225条第4项中"其他严重扰乱市场秩序的非法经营行为"这一兜底性规定使非法经营罪成了名副其实的"口袋罪"，也为司法实践的不断扩张提供了法律依据，但并非所有可能扰乱市场秩序的经营性行为都能够适用。当前，我国司法解释已经明确规定了适用于该兜底条款的非法经营性行为，主要包括非法买卖外汇、[1]非法经营非法出版物或擅自从事出版、[2]非法经营国际或港澳台地区

---

[1]《外汇管理条例》第45条规定："私自买卖外汇、变相买卖外汇、倒买倒卖外汇或者非法介绍买卖外汇数额较大的，由外汇管理机关给予警告，没收违法所得，处违法金额30%以下的罚款；情节严重，处违法金额30%以上等值以下的罚款；构成犯罪的，依法追究刑事责任。"第46条："未经批准擅自经营结汇、售汇业务的，由外汇管理机关责令改正，有违法所得的，没收违法所得，违法所得50万元以上的，并处违法所得1倍以上5倍以下的罚款；没有违法所得或者违法所得不足50万元的，处50万元以上200万元以下的罚款；情节严重的，由有关主管部门责令停业整顿或者吊销业务许可证；构成犯罪的，依法追究刑事责任。未经批准经营结汇、售汇业务以外的其他外汇业务的，由外汇管理机关或者金融业监督管理机构依照前款规定予以处罚。"

[2]《出版管理条例》第61条规定："未经批准，擅自设立出版物的出版、印刷或者复制、进口单位，或者擅自从事出版物的出版、印刷或者复制、进口、发行业务，假冒出版单位名称或者伪造、假冒报纸、期刊名称出版出版物的，由出版行政主管部门、工商行政管理部门依照法定职权予以取缔；依照刑法关于非法经营罪的规定，依法追究刑事责任；尚不够刑事处罚的，没收出版物、违法所得和从事违法活动的专用工具、设备，违法经营额1万元以上的，并处违法经营额5倍以上10倍以下的罚款，违法经营额不足1万元的，可以处5万元以下的罚款；侵犯他人合法权益的，依法承担民事责任。"

电信业务、擅自设立互联网上网服务营业场所、非法经营彩票和赌博机〔1〕和非法经营生猪屠宰业务和农药〔2〕等行为。在 2019 年最高人民法院、最高人民检察院、公安部、司法部联合公安部、司法部共同印发的《非法放贷意见》中提到了附加条件性的高利放贷行为以及最高人民法院发布的《关于审理走私、非法经营、非法使用兴奋剂刑事案件适用法律若干问题的解释》中未经国家许可擅自生产、销售兴奋剂的行为。除此之外并没有新的犯罪行为被解释为非法经营罪。在无司法解释的情况下，我们应该避免盲目地适用非法经营罪。除非向最高人民法院请示，否则只要涉及扰乱市场秩序的经营性行为，不论该犯罪行为的首要保护法益是不是市场秩序，也不论该行为是经营性行为还是涉及经营环节，都直接适用非法经营罪的话，难免导致非法经营罪被无限扩张，成为名副其实的"口袋罪"。由此观之，"套路贷"主要侵害的法益是公民的财产权益而非经济秩序，司法解释中也没有将"套路贷"涵括在非法经营罪的其他经营性行为中，当然不宜适用非法经营罪进行定罪处罚。

"套路贷"通常侵犯公民财产权益，属于侵犯财产性质的犯罪是没有异议的，但通过"套路贷"的实际作案方式来看，有学者认为"套路贷"主要是通过欺骗的方式贷款给他人，行为人在一开始就具有非法占有的目的，因此应当以诈骗罪论处。有的学者认为虽然行为人采用的是欺骗的方式，但并没有直接获得被害人的财产，而是将自己的财产贷给被害人，达成犯罪目的最关键的一环是索债行为，这一阶段是伴随着行为人的暴力、威胁等手段达成非法占有他人财物的目的，如果没有暴力和威胁，被害人一般也不会将不属于合法借贷利息部分的财产交给行为人。因此，"套路贷"所具有的敲诈勒索性质是达成行为人犯罪目的的主要手段，应当按照敲诈勒索罪进行定罪量刑。

---

〔1〕《关于办理赌博刑事案件具体应用法律若干问题的解释》第 6 条规定："未经国家批准擅自发行、销售彩票，构成犯罪的，依照刑法第二百二十五条第（四）项的规定，以非法经营罪定罪处罚。"

〔2〕《关于办理危害食品安全刑事案件适用法律若干问题的解释》第 17 条规定："违反国家规定，私设生猪屠宰厂（场），从事生猪屠宰、销售等经营活动，情节严重的，依照刑法第二百二十五条的规定以非法经营罪定罪处罚。在畜禽屠宰相关环节，对畜禽使用食品动物中禁止使用的药品及其他化合物等有毒、有害的非食品原料，依照刑法第一百四十四条的规定以生产、销售有毒、有害食品罪定罪处罚，对畜禽注水或者注入其他物质，足以造成严重食物中毒事故或者其他严重食源性疾病的，依照刑法第一百四十三条的规定以生产、销售不符合安全标准的食品罪定罪处罚；虽不足以造成严重食物中毒事故或者其他严重食源性疾病，但符合刑法第一百四十条规定的，以生产、销售伪劣产品罪定罪处罚。"

本书认为"套路贷"作为能够涵括套路型高利放贷行为的名称，重点在于对"套路"的认定，因此本书赞同以诈骗罪定性。根据司法解释和实践经验可以得出，实施"套路贷"的行为人在未实行阶段就存在占有他人财产的非法目的，而后设置圈套引诱或者欺骗被害人。在整个犯罪过程中，行为人欺骗被害人签订虚高金额的借款合同，制造虚假的银行流水才是最为关键的环节。而其他观点认为暴力索债环节是被害人的合法财产遭受侵害的主要因素是片面的，行为人在借贷环节中一定会事先准备好各种手续，相比存在触及犯罪风险的暴力索债，通过和平方式的虚假诉讼索债是更好的选择，甚至可以直接处置被害人事先办好的委托处置手续的动产或不动产进行抵债。这些都是建立在行为人采用欺骗手段虚构债权的行为之上，因此行为人"套路"被害人阶段作为整个犯罪过程中的关键环节更为合适，"套路贷"中的"套路"要素也符合诈骗罪的构成要件。当然，如果行为人在实施"套路贷"的过程中还实施了敲诈勒索、抢劫、拘禁等犯罪行为，同时触及其他罪名，应当依法数罪并罚或者从一重罪处罚。

从理论角度出发，"套路贷"最贴合、最典型的危害主要体现在诈骗罪中，但结合司法实践来看，"套路贷"可能会包含或引发其他罪名。本书接下来将以最高人民法院、最高人民检察院、公安部、司法部颁布的法律文件为基础，结合实践中高发的犯罪实际来阐释"套路贷"与其他罪名的相似与不同之处，希望能够明晰"套路贷"的深层内涵，为司法实践提供一些助益。

首先，"套路贷"涉及的主要罪名就是诈骗罪。诈骗罪被规定在《刑法》第266条，根据通说，诈骗罪是指行为人以非法占有为目的，通过虚构事实和隐瞒真相的手段，骗取数额较大的公私财物的行为。简言之，诈骗罪的因果脉络主要是：行为人通过言语和行为欺骗被害人——被害人基于行为人的欺骗陷入错误认识——被害人基于错误认识处分自己的财产——行为人获得财产，被害人损失财产。而"套路贷"的因果脉络是：行为人通过言语和行为欺骗被害人——被害人基于行为人的欺骗与其签订合同，制造民间借贷的假象——行为人制造资金流水走账等一系列虚假给付的事实——行为人故意制造违约情况——行为人恶意垒高借款金额——软硬兼施的"索债"致使被害人损失财产。对比而言，诈骗罪和"套路贷"都是被害人在行为人设置的虚假场景中受骗并损失财产，在主观上，都要求行为人认识到自己行为的性质和后果，并具备非法占有和排除被害人所拥有财产的主观目的。由此观之，

"套路贷"与诈骗罪的犯罪手法与性质有异曲同工之处，正如学者指出："'套路贷'犯罪的行为人利用其精心策划的一系列套路行为和欺骗手段，使得被害人在错误认识的支配下处分其财产从而遭受到了财产损失，该行为表现完全符合了诈骗犯罪特征及构成要件。"[1]但"套路贷"与诈骗罪还是有所不同，诈骗罪行为人从始至终的目的与结果都是侵犯他人的财产利益，很难延伸出其他的犯罪行为，而"套路贷"较为复杂，在"索债"阶段可能会产生故意伤害罪、敲诈勒索罪、抢劫罪等。

其次，"套路贷"犯罪极有可能引发敲诈勒索罪和抢劫罪。虽然"套路贷"犯罪在实施过程中可能触及各种罪名，但引发概率较大的罪名才是本书要讨论的重点，有学者在其文章中提到："'套路贷'犯罪中还极易引发敲诈勒索罪、抢劫罪等恶性犯罪。"[2]敲诈勒索罪被规定在《刑法》第274条，是指以非法占有为目的，采用对被害人实施暴力相威胁或者其他要挟的方法，强行索取数额较大财物的行为。该罪侵犯的法益在公私财物所有权上又增加了他人的人身权利和其他权益。抢劫罪被规定在《刑法》第269条，是指以非法占有为目的，对财物的所有人、保管人使用暴力、胁迫或其他方法，强行将公私财物抢走的行为。抢劫罪的暴力，是指对被害人的身体施以打击或强制，借以排除被害人的反抗，从而劫取他人财物的行为。该罪侵犯的法益也是复合法益，即公私财物所有权和公民的人身权利。虽然敲诈勒索罪与抢劫罪在表面上看起来是两个各自独立的罪名，但实质上二者之间的界限却是刑法理论争议的焦点。关于敲诈勒索罪与抢劫罪的区分，理论界主要有两种看法：一是当场使用暴力或以暴力相威胁和当场取得财物的"两个当场"标准是区分二者的通说。其中"当场"的法律意义不仅指空间，关键更在于时间，而且要从抢劫的手段行为和目的行为的承接关系上去理解。行为人胁迫被害人"当场"交付财物，否则"日后"将侵害被害人的，宜认定为敲诈勒索罪。行为人对被害人"当场"实施暴力或以"当场"实施暴力相威胁，其目的不在于对被害人造成人身伤害，而在于使被害人内心产生恐惧心理，利用其担心受到更为严重侵害的心理，使其确定地在将来某个时间交付财物，

---

〔1〕 孙丽娟、孟庆华：《"套路贷"相关罪名及法律适用解析》，载《犯罪研究》2018年第1期，第99页。

〔2〕 李伟：《"套路贷"的套路、危害与治理》，载《人民法治》2018年第13期，第11~12页。

这样的暴力应是敲诈勒索罪中要挟手段的强化，而非抢劫罪的暴力，应以敲诈勒索罪定罪处罚。二是部分学者对"两个当场"通说标准的质疑与推翻，例如，有学者指出，区分抢劫罪与敲诈勒索罪不需要取财的当场，只要求行为人当场实施了足以压制被害人反抗程度的暴力或暴力威胁；也有学者认为，取财和暴力都不需要当场，只要求行为人的暴力程度能够压制被害人的反抗或者使被害人不敢反抗。在司法实践中，为了保障办案效率，又保持足够的审慎程度，法官通常会遵循"两个当场"标准。本书认为"两个当场"标准并不能够完美区分出敲诈勒索罪和抢劫罪，也没有揭示出两个罪名的本质区别，应当以暴力程度是否能够压制被害人为标准，即敲诈勒索罪的暴力程度不要求压制被害人反抗，而抢劫罪中的暴力必然要求达到足以压制被害人反抗的程度。除此之外，二者也存在竞合的情况，当行为人通过暴力以外的方式，例如威胁，实施了敲诈勒索这一犯罪行为，从而完全压制了被害人的反抗，此时行为人的行为就同时构成了抢劫罪和敲诈勒索罪，择一重罪处罚。回到本书讨论的"套路贷"中，如果行为人在索债过程中采取软暴力或硬暴力压制被害人的反抗，达到抢劫罪的压制程度并符合其构成要件的，以抢劫罪论处，如果行为人通过软暴力或硬暴力导致被害人基于恐惧交出不属于合理借贷利息部分的（高利放贷行为的索要的利息基本都是超出合理规定的），构成敲诈勒索罪。结合现实社会情况考虑，实施"套路贷"的行为人通常只为达到占有他人财物的非法目的，会尽量避免触犯其他罪名，当行为人的暴力或威胁程度未达到抢劫罪的标准，甚至未达到敲诈勒索罪的标准，但对社会秩序存在不利影响时，可能会构成寻衅滋事罪。除此之外，"套路贷"案件不仅定罪较为复杂，还引发了其他的难题，例如，行为人与雇佣的索债者是否构成共犯？该如何处理？本书认为，若雇佣者作为实施"套路贷"犯罪行为的非组成人员，并未事先通谋，也没有完整地参与到整个犯罪中，只是按照"雇主"的指令进行暴力索债，应当以寻衅滋事罪论处；若雇佣者在主观上知悉整个犯罪过程，即使其没有参与主要的犯罪阶段，只是向被害人索取债务，也要认定其为共同犯罪中的从犯，根据其具体实施的犯罪行为定罪量刑。

最后，"套路贷"犯罪极易触及黑恶势力犯罪。"套路贷"作为近年来新兴的高利放贷行为，常常与黑恶势力相互纠结，"套路贷"组织或借用黑恶势力的力量威胁恐吓被害人，或自身不断纠集社会人员，形成稳固的黑社会性质组织。我国《刑法》第 294 条规定了组织、领导、参加黑社会性质组织罪，根据刑法理论，构成黑社会性质组织必须具备一定的条件：组织特征、行为特征、经济特征、危害性特征。第一，就组织特征来看，要具备稳定性、多员性、明确性和固定性。稳定性是指稳定的犯罪组织；多员性是指人数众多；明确性是指有明确的组织者和领导者；固定性是指骨干成员基本固定。在法院审判的众多案例中可以发现，黑社会性质组织并非似人们刻板印象中那样，在隐蔽的建筑物中，凶神恶煞地实施犯罪活动，相反，大多数黑社会性质组织往往采用公司化运作，以合法的形式掩盖非法的行为。涉及套路贷款的黑社会性质组织大多会设立信贷公司，拥有着完善的公司结构与规章制度，而且还会存在一些毫不知情的员工，表面上与正常公司无异。因此，并非所有为黑社会性质组织出力的人都是组织成员，这些员工由于不清楚公司的性质，只是单纯地完成工作，并未真正参与犯罪，当然不构成犯罪。第二，就行为特征来看，黑社会性质组织在公众印象中常以暴力、威胁的方式达成目的，暴力性是黑社会性质组织最基本、最原始的行为方式，但不意味着只有实施了暴力才构成犯罪。在"套路贷"涉黑案件中，行为人也会采取一些非暴力行为实施违法犯罪活动，例如，虚假诉讼；有时也会通过一种异化的暴力行为实施犯罪，例如，软暴力。[1]基于同类解释原则，"软暴力"也能够产生与暴力行为相同的效果，它作为一种隐形暴力，被规定在《刑法》第 294 条第 5 款中的"其他手段"。第三，就经济特征来看，黑社会性质组织一般都具有强大的经济实力才能够推动整个组织的运作，"套路贷"涉黑案件中，行为人更需要本金来保持借贷运转，所以才会常常采取"虚增债务""签订虚假借款协议""制造违约""虚假诉讼"等方式，有条不紊地开展违法犯罪活动，以期获得巨额收益。第四，就危害性特征来看，这里指的危害性具有一定的程度标准，是指黑社会性质组织除侵害对象及对侵害后果具体、直接、特定外，还要求具有间接的、不特定的、抽象的侵害对象和侵害后果，即"在一定区域或者行业内，形成非法控制或者重大影响，严重破坏经济、社会生活秩序"。上述间接的、不特定的侵害对象和后果是黑社会性质组织具有的独特的社会危害后果和本质特征。"套路贷"的犯罪模式不同于传统涉黑犯罪，其危害性虽然没有达到传统黑社会性质组织实施的暴力程度，但给被害人的正

---

〔1〕　黄京平：《恶势力及其软暴力犯罪探微》，载《中国刑事法杂志》2018 年第 3 期，第 65 页。

常生活带来了影响，对社会治安产生了威胁。就司法实践来看，行为人在索债阶段给被害人带来的伤害不是一次性的重击，而是具有隐蔽性、累积性的侵扰。

综上所述，"套路贷"作为一个新兴的诈骗类高利放贷行为，其侵害的法益不仅是公众的财产权益，还会在犯罪过程中涉及其他犯罪，侵犯公民的人身权益和其他合法权益，其给社会带来的侵害不容小觑。因此，对套路型高利放贷的规制要结合实际情况进行分析。

（二）"套路贷"的犯罪数额认定

实施"套路贷"犯罪的行为人在实施犯罪前就具有非法占有他人财物的目的，对于"套路贷"犯罪数额的认定，在该行为产生初期存在一些争议，争议的焦点主要是犯罪数额的认定是否应当扣除民间借贷中合法利息部分。有的观点主张，被告人实际上将资金借给了被害人，存在合法借贷关系，只不过在利息规定上违反了法律规定，因此合法利息部分应当在认定犯罪数额时予以剔除。也有观点主张，"套路贷"是犯罪行为，行为人是有预谋地侵占他人财产，应当与普通的民间借贷和高利放贷行为区分开来，不再考虑利息是否合法的问题。现如今学界已经达成了共识，即认定"套路贷"从整体上来看是一个犯罪行为，并不存在真实的借贷关系，所谓的借贷关系只是犯罪分子为了达到占有被害人财产这一非法目的而设置的假象，所以在计算"套路贷"犯罪数额时不应再考虑出借资金的利息。如果利息不应从犯罪数额中被扣除，那么行为人出借给被害人的利息是否应当扣除？有人认为，既然"套路贷"从整体上看是一个犯罪行为，那么结合行为人的犯罪目的可推断出，放贷人所出借的本金作为一种犯罪工具，用于获取被害人的信任，降低其戒备心。因此，应将其作为犯罪成本予以没收，而不应从犯罪数额中被扣除。本书认为"套路贷"犯罪中行为人的主观认知并不是将借款作为诱饵，而是真的出借给被害人，其意图非法占有的金额是虚高金额减去本金后的部分。有学者将"套路贷"中本金的性质比作假冒艺术作品诈骗中购买艺术品的成本，在对这类诈骗罪的诈骗数额进行计算时，一般以售价计算，并不扣除假冒伪劣艺术品的成本。但本书认为，在出售假冒艺术品诈骗案中，行为人虽然需要花钱购买假冒艺术品，但其诈骗的目标是针对被害人购买假冒艺术品的数额，与"套路贷"犯罪中行为人的犯罪意图有所不同，因此本书认为"套路贷"犯罪数额不应包括借款本金。

（三）"套路贷"的犯罪形态认定

"套路贷"作为一种侵害财产型犯罪，在司法实务中常常以诈骗罪定罪量刑，作为结果犯，一般是以行为人是否取得财物作为犯罪既遂或未遂的标准。但学界对部分情况下的既遂标准有着不同的观点，例如，行为人在索债中未获得全款，而是索得部分钱款，此时的犯罪形态就不太好认定。具体而言，被害人本身想借款 20 万元，资金走账 50 万元，后被害人返还多走账的 30 万元，此时被害人仅持有借款的 20 万元，并非借款合同中的 50 万元，若行为人根据借款合同催还 50 万元，但只索得 5 万元。对于此种情况，有学者认为犯罪数额是被害人返还的 30 万元，但应当将索得的 5 万元认定为犯罪既遂，余下的 25 万元为犯罪未遂。也有学者认为，被害人返还的 5 万元属于还款，犯罪数额是 30 万元未遂。

本书较为赞同第二种观点。首先，根据本书前述结论，"套路贷"犯罪数额不应当包括本金，因此在上述案例中被害人实际持有的 20 万元借款不属于犯罪数额范畴，真正的犯罪数额是借款合同上标明的借款金额 50 万元减去 20 万元后剩余的 30 万元，这部分金额才是行为人非法占有的金额。其次，行为人索要钱款时要求返还数额为虚高的 50 万元，这 50 万元中包含借贷本金 20 万元和犯罪数额 30 万元，当返还金额没有超过本金数额时，就会产生一个返还冲抵的次序问题。如果返还金额优先冲抵犯罪数额，就表明法律认可被虚高部分金额的法律价值，这似乎不妥，因此返还的金额应当优先冲抵借贷本金。最后，若返还金额未超出本金范畴，也就说明被告人并未达到其意图，此时定为犯罪未遂更为合理。

总而言之，"套路贷"作为热点问题不断被学者和社会公众关注，如何更加有效甄别"套路贷"犯罪是打击该类犯罪的核心问题。"套路贷"类似于诈骗罪又区别于诈骗罪，其与黑社会性质犯罪纠缠不清，又存在产生其他犯罪的较大可能性，而且"套路贷"大多数会被伪装成普通的民间借贷，如何从民间借贷中识别高利放贷和套路型高利放贷是我们的主要目标。因此，要完善鉴别机制，——甄别高利放贷行为中不同的犯罪类型，才能进行类型化研究及适用相关法律条文，从而最终实现罪责刑相适应。

五、增设新罪及司法解释的路径探析

经过上述对高利放贷行为的具体化分析可知，高利放贷行为给整个社会带来的风险与侵害已经逐渐显现，社会各界对高利放贷行为越来越重视，高利放贷行为的规制模式与路径不断引起法学者和实务研究者的重视。现阶段，我国刑法没有将高利放贷行为单独入罪，而是采用司法解释的方法将高利放贷行为纳入非法经营罪的规制范畴，这种规制模式是否合理引起广大学者的讨论，是否需要新的规制模式以及采取何种规制模式也成为法律理论界和实务界共同的难题。实务界与理论界对于高利放贷行为是否入刑的问题主要存在两种声音——肯定说与否定说，在《刑法修正案（十一）》出台后，司法实践中大多数裁判将高利放贷行为定为非法经营罪，但也存在不少裁判认为不构成非法经营罪。主张肯定学说的学者认为高利放贷行为产生的严重的社会危害符合刑法规制的标准，其他法律措施难以管控，应当由刑法加以规制。[1] 主张否定学说的学者认为高利放贷属于民事行为，没有达到刑法的规制标准，因此没有入罪的必要性，但可以追究高利放贷行为的衍生犯罪行为。[2] 纵观国内外对于高利放贷行为的规制内容，侧重点各不相同。本书将基于学界对高利放贷行为的不同规制观点展开，探析能够真正规范高利放贷行为的规制模式。

（一）国内高利放贷行为刑法规制的不同立场

1. 司法实践中对于高利放贷规制模式的不同立场

司法实践和学术理论对高利放贷行为的规制模式是从偏向无罪向肯定有罪的转变历程。在早期学说中，就有学者认为通过司法解释的方式规制高利放贷行为无法全面评价该行为，应当根据该犯罪行为的行为模式设定新的罪名，以便抑制其给社会带来的风险。[3] 但直至现在，《刑法》中只有一项罪名与高利放贷行为存在联系，即针对高利放贷行为的上游犯罪行为设立的高利转贷罪。对高利放贷行为的规制也只是搁置在了《刑法修正案（十一）》中，并没有单独成罪。鉴于高利放贷行为及其衍生行为带来的危险，学者们近年来更加积极主张要求立法者在现行刑法规范体系中对高利放贷行为进行有效规制。[4] 司法实践者在审判中虽然有《刑法修正案（十一）》作为依

---

〔1〕 赵秉志、李昊翰：《民间放高利贷行为入罪问题探讨》，载《河南大学学报（社会科学版）》2020 年第 2 期，第 54 页。

〔2〕 张勇：《高利贷行为的刑法规制》，载《江西社会科学》2017 年第 7 期，第 157 页。

〔3〕 郑孟状、薛志才：《论高利放贷行为》，载《中外法学》1992 年第 3 期。

〔4〕 陈庆安、罗开卷：《民间高利贷刑法规制的困境与路径选择》，载《广东社会科学》2015 年第 4 期，第 246 页。

据，但仍存在一些无法适用的情况，对此，司法实践中也产生了对高利放贷行为规制的不同观点与判决。

司法实践中部分审判者认为高利放贷构成非法经营罪。实践中审判者将高利放贷行为定性为非法经营最早要追溯到 2003 年湖北武汉徐某江非法经营案，该案件在学界被称为"高利放贷第一案"。江汉区一审法院以非法经营罪分别判处涂某江、胡某有期徒刑 5 年和 3 年，处以罚金共计 320 万元，并没收二人共计 60 余万元的非法所得。二审维持了一审判决和认定理由。武汉市中级人民法院终审宣判，罪名仍是非法经营罪，但改判涂某江有期徒刑 3 年，改判胡某有期徒刑 2 年，缓刑 3 年。虽然对行为人的量刑并不重，但该案在处理过程中集合了多方意见，其中起主要定性作用的是 4 份文件，分别是 2002 年 11 月 28 日武汉大学法学院教授马克昌等人作出的《关于涂汉江等人涉嫌擅自设立金融机构罪的初步法律意见书》，马克昌教授认为："该案应该属于非法经营罪中的'其他'一款，虽然没有明确规定非法设立金融机构和发放民间贷款属于非法经营，但是，从扰乱市场秩序这个角度来说，它应该符合这一犯罪特征。"2002 年 12 月前后中国人民银行办公厅发出的"银办函 2002874 号"文、2003 年 1 月 13 日最高人民法院刑二庭对公安部经济犯罪侦查局所发出的《关于涂汉江非法从事金融业务行为性质认定问题的复函》以及 2003 年 4 月 8 日公安部给湖北省公安厅的《关于涂汉江等人从事非法金融业务行为性质认定问题的批复》。这一案例在当时起到了一定的示范作用，此后大部分的高利放贷行为被定性为非法经营。理论界很多学者支持这种做法，认为高利放贷行为本质上属于非法经营罪，但在高利放贷行为是全部还是部分行为应纳入刑事范畴、哪一部分属于犯罪行为以及如何妥当解释方面存在分歧。有些学者认为，向不特定的人群发放高利贷的行为类似于替代银行进行非法贷款活动，高利放贷人不具有银行的放贷资格，当然属于非法经营，"以非法经营罪规制情节严重的民间高利放贷行为具有必要性、合法性和一定的合理性"。[1]有学者认为，高利放贷这一行为中当然包括催收阶段的暴力行为，高利放贷行为本身不具有刑事可罚性，其诱发各种暴力犯罪的危险性才是应当被重点关注的，从本质上来看高利放贷行为属于非法发放贷款的非法

---

[1]　陈庆安、罗开卷：《民间高利贷刑法规制的困境与路径选择》，载《广东社会科学》2015 年第 4 期，第 248 页。

经营性行为，在刑法没有特别规定的情况下，对其中严重扰乱市场秩序的，通过非法经营罪的兜底条款进行处理没有任何问题。[1]结合 2019 年最高人民法院、最高人民检察院、公安部、司法部颁布的《非法放贷意见》可窥知，将高利放贷行为纳入非法经营罪是当前在没有设置独立罪名的情况下最正当、最合理的做法。

高利放贷不构成犯罪的观点也曾在早期存在。通过裁判文书网及其他网站检索可发现，曾在上海发生的应某等 7 人实施的犯罪行为被以高利贷之罪追究刑事责任，但在公安逮捕并移送检察机关起诉后，公诉机关最终以无法律依据为由未提起公诉，此案最终便不了了之，这也被当时的媒体广泛报道，成为高利放贷行为无罪的第一案例。在 2012 年，何某光、张某泉等人再度实施高利放贷行为，后被公安机关抓获。由于前述案件的法律依据的缺失，这一案件被逐级上报给最高人民法院，最高人民法院作出了《关于被告人何某光、张某泉等非法经营案的批复》指出，虽然被告人实施的经营性的高利放贷行为给社会带来了一定的危害，但没有相关的罪名与立法解释作为法律支撑，不能够认定该行为属于非法经营罪中的"其他严重扰乱市场秩序的非法经营行为"，因此不宜被定为非法经营罪。后续在陈某亮与陈某、孟·孟某特尔、沈某彬、五峰鸿福投资发展有限公司等非法经营案中，审判法院都是根据最高人民法院的指示，没有将相关涉案人员定为非法经营罪。但随着高利放贷行为的不断出现，其社会危险性也不断升高，各地陆续颁布了关于高利放贷行为的一系列文件。2015 年 8 月 6 日出台了最高人民法院《关于审理民间借贷案件适用法律若干问题的规定》、2017 年 10 月 25 日，上海市高级人民法院、上海市人民检察院、上海市公安局又率先出台了地方司法文件《关于本市办理"套路贷"刑事案件的工作意见》、2018 年 3 月 18 日，浙江省高级人民法院、浙江省人民检察院、浙江省公安厅随之发布了《关于办理"套路贷"刑事案件的指导意见》、后于 2019 年 7 月 24 日再次发布《关于办理"套路贷"相关刑事案件若干问题的纪要》，直至 2019 年 4 月 9 日，最高人民法院、最高人民检察院、公安部、司法部才颁布了《关于办理"套路贷"刑事案件若干问题的意见》、2019 年 7 月 23 日最高人民法院、最高人民检察院、公安部、司法部又联合发布了《非法放贷意见》。上述司法解释和文件的出台

---

[1] 周铭川：《论刑法中高利贷及其刑事可罚性》，载《法治研究》2018 年第 4 期，第 80~84 页。

意味着最高人民法院在 2012 年的批复中提到的"没有法律依据"这一主张不再成立。

前述司法实践中认为高利放贷行为无罪并非裁判者的主张，而是由于法律依据的缺失。罪刑法定原则是审判者在裁量刑事案件时必须遵守的原则，即法无明文规定不为罪，法无明文规定不处罚。但除了罪刑法定原则这一原则性规定外，刑法中还规定了法律解释，法律解释的目的就是为了阐明法律意思，如果能通过涵摄的方式，将没有明确法律依据的情形纳入法律规范的范畴，也能够利用现有法律对其进行规制。除此之外，我国立法者在制定法律规范体系，尤其是刑事法律体系时，往往会考虑到社会的发展变化，从而设置兜底条款。例如，与高利放贷行为最为接近的非法经营罪就设置了兜底条款，以期能够"堵截刑法规范列举、描述充类至尽"，[1]减少法律漏洞。就非法经营罪的兜底条款而言，如果考虑非法经营罪保护的法益和非法经营罪实践运用的扩张走向，将高利放贷行为纳入非法经营罪的规制范围也具有合理性与正当性，但在没有明确法律依据和司法解释的支撑下，选择较为谨慎保守的立场是司法裁判较为常见的选择。

2. 学术理论中对于高利放贷规制模式的不同立场

相较于司法实践的现实性，理论界的讨论更加激烈，学者们对于高利放贷行为的态度主要分为两大类：一类是肯定、支持高利放贷行为纳入刑法规范体系，受刑事规则的制约；另一类就是否定高利放贷行为构成犯罪，认为高利放贷行为的社会危害性不值得动用刑法调整。在肯定学说和否定学说的两大阵营中还存在一些具体化的分歧，不同学者都在用各自的逻辑说明自己的观点，不同的观点也都具有一定的合理性，其最终目的都是尽可能完善规范高利放贷行为的具体措施，建设和谐安定的金融秩序。

支持高利放贷行为应当受到刑法规范的学者认为高利放贷带来的危险是综合性的，主要体现在高利放贷行为本身带来的金融问题和高利放贷行为衍生的犯罪问题上。

（1）高利放贷行为对金融秩序的破坏是学者控诉其实质危险性的重要理由。具体而言主要包括四大理由：第一，高利放贷行为违反了金融交易的公平等价原则，破坏了交易规则。金融行业是经营金融商品的特殊行业，从业

---

〔1〕　王安异：《非法经营罪适用问题研究》，中国法制出版社 2018 年版，第 94 页。

者必须遵循固有的规则，才能使资金健康流转。民间借贷是金融交易的一部分，如果按照自愿原则不对民间借贷的利率加以规制，放贷人就会乘人之危或利用优势地位与借款人成立不公平、不对等的交易，从而损害借款人的利益，导致金钱资源过度整合，金融秩序出现混乱。当前绝大多数国家选择对民间借贷设置利率上限是明智选择，超出利率上限的借贷交易违背了金融规则，破坏了交易秩序，对社会长远的经济发展实属不利。第二，高利放贷行为违反了金融市场的主体准入规则。不论高利放贷者的资金是骗取的贷款还是自有资金还是面向公众筹集的资金，最终资金的流向是发放给社会公众并从中牟利，这种贷款性质的业务采用经营许可制度是包括我国在内的大多数国家的常见做法。而发放高利贷款者绝大多数是在没有获得经营资质的情况下，以公司的名义对外放款，未经许可的放贷主体混入金融市场，必定会对金融市场造成重大破坏。第三，高利放贷行为存在削弱国家通过利率杠杆调节宏观经济的能力的风险。利率杠杆是借用力学中"杠杆定律"一词衍生而来，主要说明利率的高低对资金流向的调节作用。在中国，银行利率既是重要的经济杠杆，又是国家管理经济的手段，也是中央银行货币政策工具，用以调节货币供应量。当民间高利放贷行为不断滋生蔓延，"地下钱庄"数量剧增，国家就无法准确掌握社会整体资金的供求状况，也无法通过利率进行调节，或者说在无法掌握准确数据的情况下，国家在利率的决定上就会存在偏差，难以对宏观经济进行调节。有学者在文中提道："高利贷脱离了国家正常金融管理制度，刺激了大量'地下钱庄'的产生，大规模高利贷的资金交易会对银行信贷业务造成冲击，影响国家通过信贷政策对宏观经济进行调节。"[1]从长远角度来看，高利放贷行为会给各经济组织的经营管理和经济核算带来不利影响。社会闲散资金被高利放贷者分流，部分消费基金难以转化为生产基金，不利于提高国民经济积累率。第四，高利放贷行为给国家金融安全带来了威胁。前述提到高利放贷者也会吸收社会闲散资金，相较于银行，高利放贷者会采用高利息诱惑的方式吸引资金，甚至还会通过银行借贷来积累本金。如此一来，本应属于银行的资金有相当一部分流入高利放贷者手中，极易导致银行资金链断裂，使得银行无法及时收回贷款，对国家金融安全造成

---

〔1〕 胡斌勇、马翔宇、沈安俊：《浅议高利贷活动的刑法规制及犯罪侦查》，载《上海公安高等专科学校学报》2011 年第 6 期，第 79 页。

破坏。

（2）高利放贷行为损害了社会主体的合法财产利益。畸形极高的利率给借款者带来财产损失是理论界关注的原因之一，同时也是不得不提的刑法介入高利放贷行为的重要理由之一。本书在讨论非经营性高利放贷部分中提到，多数否定刑法介入规制高利放贷行为的学者主张贷款的利率是双方约定好的，应当遵循民法中的自愿原则，尊重当事人的意愿。虽然在表面上高利贷合同有双方的签名或指印，但这一外在表现形式是不是当事人的尤其是借款人的真实意思表示，即使是当事人自愿，也不一定是公平的。上文已经细致分析过，高利放贷的发生机制在实质上是不公平的，贷款方掌握金钱处于优势地位，而借款方不论是被套路、强迫还是急需资金，都是处于显失公平的不利地位，没有议价的资格和能力，这在本质上是一种资源掌握的不公。总体而言，高利放贷行为具有为社会所不能接受的剥削性，它对社会公众，尤其是较低层次的群众的财产利益有着巨大的威胁，是社会潜在的不稳定因素。除了社会公众，中小企业也深受高利放贷荼毒但又无可奈何，高利放贷者吞噬中小企业的利润，阻碍它们的发展，这对整个社会的经济运转产生弊大于利的影响。

（3）高利放贷行为带来的衍生犯罪给社会治安带来了极大的威胁。高利放贷者脱离了国家金融监管，不受规则的控制很容易成为黑恶势力的敛财手段，资金来源的非法性、资金放贷的套路性和暴力性、索还贷款过程中的暴力行为等情况时常发生。高利放贷行为带来的涉黑犯罪、财产犯罪、侵权犯罪、破坏市场和金融秩序犯罪等都是该类犯罪行为的附加危害。高利放贷行为带来的衍生犯罪及其危害性在前文已详细阐述过，总而言之，高利放贷行为的上游行为会引发集资诈骗罪、高利转贷罪、非法吸收公众存款罪等一系列经济犯罪，下游行为会引发非法拘禁罪、故意伤害罪、故意杀人罪、敲诈勒索罪等一系列侵犯人身和财产权益的犯罪。此外，高利放贷行为与黑社会性质组织有着千丝万缕的联系，易于助长黑社会性质组织的势力。当借款人是犯罪分子或从事违法行为时，向高利放贷者借款会给他们提供经济支持，这可能会促进犯罪行为的循环运转。例如，犯罪团伙通过借贷获取资金购买犯罪工具实施抢劫，此时高利放贷人的借款在无形中助成了一起抢劫行为；再如，吸毒者通常需要大量金钱购买毒品，当其向高利放贷者借款后，没有偿还能力，面对催债者的暴力施压，穷途末路的吸毒者可能会走向贩毒或者其他暴力犯罪的道路，又为社会增加了风险，给社会治安带来极大的不安因素。

否定高利放贷行为构成犯罪的学者认为，高利放贷行为的社会危害性并未达到入刑的严重程度，因此，刑事立法和刑事司法都不能够对高利放贷行为进行规制。否定说的学者们从农村高利贷入手，认为通过刑法规制高利放贷行为只是表面功夫，因此坚持高利放贷行为犯罪化的立法思路和司法实践都没有必要。根本的解决方法还是要构建健全的资金融通体系，这样才能不断满足民间融资的发展需求，从而能够在根本上杜绝高利放贷行为。具体而言，否定高利放贷行为入刑的理由主要有以下两点：

（1）结合《刑法修正案（十一）》将高利放贷行为解释为非法经营罪的现状，否定说认为高利放贷行为不符合非法经营罪的罪质。否定说学者与肯定说学者中支持立法入罪的部分学者都不认同通过非法经营罪来规制高利放贷行为，但二者之间不同的是，支持立法入罪的学者认为可以通过刑法对高利放贷行为加以规制，但非法经营罪中规定的兜底条款并不符合高利放贷行为的构成要件，而否定说学者认为高利放贷行为本质上不需要刑法规制，非法经营罪的兜底条款并不能实现规制高利放贷行为的目的。有学者在其文章中指出："适用非法经营罪规制高利放贷行为会产生放贷行为取证困难、非法发放贷款行为未达到严重社会危害程度等诸多方面的问题。"〔1〕支持以非法经营罪规制高利放贷行为的学者认为，高利放贷违反了国家规定，契合非法经营罪的兜底条款。但是否定说学者与支持非法经营罪规制高利放贷行为的学者的争议核心就在此处——高利放贷行为是否违反了国家规定。

首先，否定说学者认为高利放贷行为并没有违反非法经营罪中要求的"国家规定"。《刑法》第225条中的非法经营罪规定，该罪规制的非法经营行为必须违反《刑法》第96条的"国家规定"，即"本法所称违反国家规定，是指违反全国人民代表大会及其常务委员会制定的法律和决定，国务院制定的行政法规、规定的行政措施、发布的决定和命令。"最高人民法院在2011年4月8日颁布的《关于准确理解和适用刑法中"国家规定"的有关问题的通知》进一步解释了"国家规定"中的"国务院规定的行政措施"，即应当

---

〔1〕 潘庸鲁、周茎：《民间借贷、高利贷与非法发放贷款疑难问题探究——兼对"非法发放贷款"入罪观点之批驳》，载《金融理论与实践》2012年第1期，第92页。

由国务院决定，通常以行政法规或者国务院制发文件的形式加以规定。以国务院办公厅名义制发的文件，符合以下条件的，亦应视为刑法中的"国家规定"：①有明确的法律依据或者同相关行政法规不相抵触；②经国务院常务会议讨论通过或者经国务院批准；③在国务院公报上公开发布。由此观之，高利放贷行为是否违反国家规定是能否由非法经营罪进行规制的一个至关重要的因素。否定说学者认为，提到高利放贷行为主体的主要是《办法》，从制定主体来看，该文件是由国务院颁布，符合国家规定的主体要求，但从具体内容来看，该办法提到的非法金融活动是指未经过中国人民银行批准，金融机构从事的专业性金融活动，高利放贷行为明显不位于该办法规定的行为之列，从这一角度来看，高利放贷行为没有违反国家规定。除此之外，中国人民银行办公厅颁布的《批复》和中国人民银行颁布的《关于取缔地下钱庄及打击高利贷行为的通知》也提到了高利放贷行为，但这两个文件属于部门规章，虽然在内容上主要规定了高利放贷但在制订主体上并不符合要求。如此一来，高利放贷行为并不符合构成非法经营罪所必备的"违反国家规定"，以非法经营罪来规制高利放贷行为当然具有不合理性。

其次，高利放贷行为并不一定是经营性行为，也不属于非法经营行为。在本书前述讨论非经营性高利放贷时，我们已详细分析了该行为具有构成犯罪的可能性。当高利放贷者构成犯罪却又不以发放高利贷为主要经营业务时，很难用非法经营罪加以规制。即使经营性的高利放贷行为属于"非法经营"，但发放高利贷款作为一种违法行为并没有"合法经营"一说，由于不存在合法的高利放贷行为，也就没有非法经营的高利放贷行为，从这一角度细究，高利放贷行为也不符合非法经营罪的构成要件。[1]质言之，高利放贷行为并不是本质意义上的经营行为，而是一种彻底的违法行为。

最后，以非法经营罪规制高利放贷行为有违罪责刑相适应原则。我国《刑法》对高利放贷行为现有的明确规定只有一个高利转贷罪，高利转贷罪是指行为人以转贷牟利为目的，套取金融机构的信贷资金再以更高的利率转贷给他人，并且获得数额较大的收益。虽然高利转贷罪与高利放贷行为都是非法向他人提供高利率的贷款，但高利转贷行为在中国具有一定的普遍性，而且这种行为直接损害了银行的利益，严重地破坏了中国的金融秩序，比高利

---

[1]　王志祥、韩雪：《论高利放贷行为的刑法命运》，载《法治研究》2015 年第 5 期，第 100 页。

放贷这种间接损害金融秩序的行为具有更大的危害性。如果将高利放贷行为定性为非法经营罪，最高法定刑为 15 年有期徒刑并处罚金或没收财产，而高利转贷罪的最高法定刑为 7 年有期徒刑并处罚金。这就造成了一种"重罪轻罚、轻罪重罚"的矛盾局面，即高利转贷行为有着更大的危害性但受到的刑罚相对较轻，而高利放贷行为的危害性较小却承受了更重的刑罚。这一结果明显违背了罪责刑相适应原则，由此可说明以非法经营罪规制高利放贷行为不具有正当性。

（2）刑法作为最后的防线，应当保持其谦抑性，将高利放贷行为纳入刑法规范体系违背了刑法的谦抑性。批驳高利放贷行为不适用非法经营罪并不是否定说学者的最终目的，将高利放贷行为脱离刑法规范体系纳入民法规范体系，并通过健全民间借贷规范体系在根源上化解高利放贷行为才是其最终目标。当然，否定说学者对于高利放贷行为衍生的暴力性犯罪并不否认，只是认为要将衍生犯罪与高利放贷行为本身进行区分，可以通过刑罚制裁衍生的暴力犯罪，但不能以此为由动用刑法惩治高利放贷行为本身。对于这一观点，否定说学者认为高利息贷款是经济快速发展过程中的必然产物，符合事物发展的规律，如果当事人通过自由合意成立借贷关系，就必然具有一定的合理性、契约自由性和意思自治精神，平等主体之间的借贷关系当然由民法进行规范。甚至有学者认为将高利放贷行为合法化还能有效遏制由高利放贷行为衍生的犯罪行为。[1]还有学者认为，现阶段对高利放贷行为的研究并不清晰，在无法对高利放贷行为进行区分、无法确认确定职业放贷者身份的情况下，不宜动用刑法，否则会降低该行为的积极意义、加剧负面效应。[2]也有学者认为，如果抛却高利放贷行为带来的暴力犯罪，可以认为当事人之间订立的借款合同体现了当事人的自由意志，属于正常的社会经济活动，没有必要动用刑法进行规制。[3]否定说学者还认为不能只看到高利放贷行为消极的一面，还要看到其积极意义。不能否认的是，任何事物都有两面性，当负面作用多于积极作用时，就会被定性为不好的事物。在整个社会中，民间高利放贷行为的负面作用被广泛传播，常被视作必须铲除的违法行为，而否定

---

〔1〕 邱兴隆：《民间高利贷的泛刑法分析》，载《现代法学》2012 年第 1 期，第 120~123 页。

〔2〕 王绍旺：《论民间高利贷域外法律规制及其对我国的法律启示》，载《求索》2012 年第 2 期，第 140 页。

〔3〕 周铭川：《论刑法中高利贷及其刑事可罚性》，载《法治研究》2018 年第 4 期，第 86 页。

说学者将视线放在了高利放贷行为的积极面。例如，邱兴隆教授在其文章中提道："高利贷在提高资金利用率、满足市场对资金的需求、刺激经济发展、分摊金融机构的贷款风险等方面都具有积极意义。"[1]赵长青教授提出："高利放贷行为还能在客观上拓宽中小企业的融资渠道，促进多层次信贷市场的形成和发展。"[2]其实，否定说学者并不主张利用严厉的刑法将高利放贷行为一律惩治，而是主张通过温和的手段消除高利放贷行为给社会带来的不利影响，从根源上改变民间借贷行为的走向，保留民间借贷的积极作用，从而也能够减少或消除高利放贷行为带来的下游暴力犯罪。

综上所述，否定说学者们对利用刑法规制高利放贷行为的做法嗤之以鼻，从不同角度辩证看待高利放贷行为给整个社会带来的影响，肯定了高利放贷行为对社会经济的调节功能，并指出过度依赖刑法打破了刑法的谦抑性原理，单一的刑事主义金融犯罪治理观和不健全的法律体系会使我国的法治建设陷入恶性循环，不利于推进法律体系的规范化进程。

（二）国内高利放贷行为刑法规制的路径选择

从根本上来说，高利放贷行为作为弊大于利的违法行为，一定会被民法和行政法给予否定性评价，但刑法作为一种保障法并不能够规制所有的高利放贷行为。在维护市场经济发展秩序和金融管理秩序方面，民法、行政法和刑法的目标是一致的，但高利放贷行为是经济犯罪还是单纯的违反经济秩序，其现有危害程度是否达到了入刑的标准是肯定说学者与否定说学者的分歧焦点。社会危害性本身具有一种超规范性特征，学者们很容易因为不同的概念界定、不同的立场、不同的政策理解程度等因素得出高利放贷行为不同的危害程度，并没有真正抓住高利放贷行为的核心问题。本书认为规制高利放贷行为的本质在于法益侵害，无论是立法角度还是司法角度，将高利放贷行为侵害的法益作为核心，并作具体分析才能够合理规制高利放贷行为。

1. 明晰高利放贷行为本身和衍生犯罪

在确立对高利放贷行为的立场之前，必须明确高利放贷行为与衍生犯罪之间的区别。不论是高利放贷行为的伴生行为还是衍生行为，我们均可以从名称中清晰地看出，该类犯罪行为是附属于高利放贷行为本身的，虽然衍生

---

〔1〕　邱兴隆：《民间高利贷的泛刑法分析》，载《现代法学》2012年第1期，第121~122页。
〔2〕　赵长青：《民间高利贷不宜认定为非法经营罪》，载《检察日报》2012年4月25日。

行为的存在影响着对高利放贷行为的整体评价，但从法益侵害应当限定为实行行为直接引起的损害结果或损害危险角度来看，伴生行为的法益侵害并非是高利放贷行为本身的法益侵害性。但有学者认为正是因为高利放贷行为极易引发各类暴力性犯罪行为甚至勾结黑恶势力，这种强附带行为带来的社会危险性正是高利放贷行为引起的，应当归属于该类行为，因而赞成利用刑法规制高利放贷行为。还有学者认为："受刑法规制的高利放贷行为的犯罪性和可罚性并非放贷行为本身，而是因为该行为具有引发暴力催收犯罪的高度危险性，出于预防暴力催收犯罪而提前打击高利放贷行为，因此刑法中高利放贷行为具体指的是包含暴力催收因素的非法发放贷款行为，该类行为符合非法经营罪的构成要件。"[1]若按照上述学者的逻辑观点进行分析，为了预防暴力催收犯罪行为而预先以非法经营罪之名规制高利放贷行为，即使高利放贷行为符合非法经营罪的构成要件与罪质要求，但是暴力催收犯罪行为侵害的法益是人身安全，而非法经营罪侵害的法益是社会主义市场经济秩序。利用保护经济秩序的罪名来实现保护人身安全的目的显然不符合法律规范的要求。

本书认为，高利放贷行为与其衍生行为在本质上不具有因果关系，即使高利放贷极易引发暴力催收行为，也并不会百分之百引发衍生犯罪，因此二者之间并不具有直接的因果关系。换言之，虽然衍生行为提高了该类犯罪行为的整体危害程度，但这些行为并不是高利放贷行为的本质特征，将二者区分看待并不存在任何问题。而且高利放贷的衍生犯罪已经具有成熟独立的罪名，再将其与高利放贷行为捆绑评价难免会出现重复评价的问题，而且难以实现罪责刑相适应原则的要求。考虑某一行为是否应纳入刑法规制范畴的重点在于该行为本身的法益侵害性是否达到动用刑法的严重程度，高利放贷行为亦是如此。因此应当从高利放贷行为本身的影响因素入手，不要与衍生犯罪行为混为一谈，更不能将衍生犯罪的危害性直接认定为高利放贷行为本身的危害性。

2. 明晰经营性与非法经营性高利放贷行为

经营性高利放贷行为与非经营性高利放贷行为是基于上述提到的高利放贷行为本身进行的具体划分，本书前述采用较多笔墨分别详细阐述了经营性高利放贷行为与非经营性高利放贷行为。理论界大多数观点并没有将高利放贷行为进行具体区分或者只分析经营性高利放贷行为的影响，值得一提的是，

---

[1] 周铭川：《论刑法中高利贷及其刑事可罚性》，载《法治研究》2018 年第 4 期，第 77 页。

肯定说学者往往重点谈论经营性高利放贷行为的危害并提出将其纳入刑法范畴，而否定说学者又将非经营性的民间借贷行为具有的积极意义作为主要理由否认高利放贷行为的严重危害性。本书认为，经营性高利放贷行为涉及的范围广、危害性强、对金融秩序的侵害重，2019 年最高人民法院、最高人民检察院、公安部、司法部发布的《非法放贷意见》提到的高利放贷概念就类似于经营性的高利放贷行为，即："违反国家规定，未经监管部门批准，或者超越经营范围，以营利为目的，经常性地向社会不特定对象发放贷款，扰乱金融市场秩序，情节严重的……"而非经营性高利放贷行为常常局限在某一地区或个人之间，对社会的影响较小。具体而言，经营性高利放贷行为的放贷对象具有不特定性，非经营性高利放贷行为的放贷对象具有特定性，但理论与实践中对"特定"与"不特定"的概念存在诸多争议。回归到高利放贷行为中，辨别放贷对象的特定与否可以参照具体的时空环境，能够在某一时空条件下确定的对象就是特定的，反之则被视为不特定。资金出借对象是否为"特定"区分经营性与非经营性高利放贷行为的特点之一，直接反映了这两类行为对社会的危险程度。而且非经营性高利放贷行为的对象、地区的限定性与偶发性决定了该类高利放贷行为具有较小的危害性，对于偶发性事件自然不必动用刑法加以预防。（但不否认本书前述论证的非经营性高利放贷行为的违法部分应受刑法规制）由此一来，将二者进行区分能够合理规制高利放贷行为的犯罪部分，保护其合理合法部分。

3. 明晰刑事立法规制模式和刑事司法规制模式

对于高利放贷行为的刑法规制主要有两条路径——司法评价与立法评价。赞同肯定说的学者大都认为高利放贷行为的危害程度已经达到利用刑法加以规制的程度，但对于如何入罪又产生了意见分歧。

司法入罪是通过司法解释将新的问题解释为已有的罪名并纳入其规范范围。主张司法入罪的学者认为，虽然我国刑法现在没有对高利放贷行为作出明确规定，但不能说明我国在相关的规制措施上存在空白。支持司法入罪的学者认为高利放贷行为在本质上属于非法经营行为，可以通过解释的方式把高利放贷行为纳入非法经营罪的规制范畴，这样一来，不仅不需要复杂化地单独开设新的罪名，又能够规制具有严重社会危害性的高利放贷行为，维护市场经济秩序，保障社会公众合法的人身和财产权益。

立法入罪是通过立法程序设立新的罪名来规制在社会发展过程中产生的

具有足够危害性的犯罪行为。与赞同司法入罪的观点类似的是，支持立法入罪的观点认同了高利放贷行为的危害性，但同时指出了现有法律在高利放贷行为方面存在的规制漏洞，认为高利放贷行为在本质上不属于非法经营行为，通过解释的方式将高利放贷行为纳入非法经营罪的兜底条款有违罪刑法定原则，无法真正实现同案同判的结果。主张通过立法设立新罪名的呼声越来越高，诸多罪名如：高利放贷罪、发放高利贷罪、暴利罪、职业发放高利贷罪等，虽然众多学者基于各自的理由提出了不同罪名，但实质上都是支持通过立法入罪的方式规制高利放贷行为。陈兴良教授早在 20 世纪 90 年代初就提出了这一观点，并在其《论发放高利贷罪及其刑事责任》一文中尝试设置了罪行规范："违反金融管理法规，以营利为目的，发放高利贷的，处三年以下有期徒刑或拘役，并处或者单处罚金，情节严重的，处三年以上七年以下有期徒刑并处罚金。"[1]刑事立法涉及新罪名的增加需要慎重考虑，即使在支持立法入罪的学者之间，也存在一些分歧。有些学者认为要根据高利放贷行为的对象是否特定与活动是否频繁将一般的民间借贷行为与职业化的高利放贷行为区分开来；有些学者认为应当考虑行为人是否实际获利作为判断罪与非罪的标准；对于涉及黑恶势力的会采用犯罪手法索债的致人重伤或死亡等严重后果的情况应该加重处罚。[2]还有学者反对将高利放贷行为区分为经营性高利放贷与非经营性高利放贷两种情况，认为应当根据高利放贷行为的社会危害性进行定罪，没有必要将高利放贷行为类型化处理。[3]还有学者主张设置"非法放贷谋取暴利罪"，对身份犯以及涉及赌场、地下钱庄等高利放贷者都要进行定罪处罚，若非经营性的高利放贷行为涉及暴力犯罪，可以根据具体的暴力犯罪进行定罪，但应当加重处罚。[4]还有学者强调设置高利放贷行为应当有条件限制，即"利用借贷人的弱势情形""利息明显不合理""情节严重"这三项标准。[5]

---

〔1〕 陈兴良：《论发放高利贷罪及其刑事责任》，载《政法学刊》1990 年第 2 期，第 18 页。

〔2〕 徐德高、高志雄：《增设"职业放高利贷罪"确有必要》，载《人民检察》2005 年第 18 期，第 60 页。

〔3〕 赵秉志、李昊翰：《民间放高利贷行为入罪问题探讨》，载《河南大学学报（社会科学版）》2020 年第 2 期，第 57 页。

〔4〕 杨怡敏：《中日高利贷比较与法律控制》，载《前沿》2011 年第 6 期，第 74~75 页。

〔5〕 郭浩：《民间高利贷行为的刑法双向规制——基于刑事法网扩张与限缩的分析》，载《刑事法评论》2018 年第 1 期，第 589 页。

　　综上所述，对高利放贷行为的规制在学界并没有一个明确的定论，即使是支持立法入罪的学者之间也存在不同的观点。但是既有的研究主要存在两个问题：第一个是刑事司法与刑事立法的优先顺位。在评价路径的先后顺序上，司法评价要排在第一顺位，只有无法通过解释的方式将现有问题纳入已有规范中规制，才能进一步考虑立法问题。就高利放贷行为而言，肯定说中也出现了主张以非法经营罪规制的司法评价立场和主张设立新罪名的立法评价立场，这两种观点分别代表了司法评价与立法评价，但并不意味着高利放贷行为可以同时进行立法评价和司法评价。主张以非法经营罪规制高利放贷行为的学者认同第一顺位的司法解释方法，而主张设立新罪名的学者则是通过批驳司法解释方法的不合理性来主张采用立法的方式规制高利放贷行为。我们需要解决的是，司法评价是否足够评价高利放贷行为，是否需要设置新的罪名来规制高利放贷行为的问题。第二个是刑事司法评价和刑事立法评价的针对性问题。在解决上述问题的基础上，既有研究应该在充分评价高利放贷行为的基础上进行类型化区分，否则就会存在以偏概全的风险。就高利放贷行为来说，将高利放贷行为从不同角度作类型化区分，能够全面分析与确认刑法应当规制的范围与其他法律应当规范的范围，才能真正符合罪责刑相适应的刑法理念。

第五章

刑民交叉视角下高利放贷行为
定性研究

在我国，很多学者将"高利放贷"与"民间借贷"混淆使用。"高利放贷"与"民间借贷"本质上属于同义词。追溯到 20 世纪 80 年代，正值我国改革开放初期，面对国内百废待兴的局面，基于经济发展对金融财政的需求，首先在我国南方催生了一些民间金融形式。这些民间金融机构通过借贷带动了一批中小企业的发展，民间借贷形式为经济发展作出了极大的贡献，其积极意义占据上风，因此被留存下来并不断发展。随着国内经济的发展逐渐缓慢，民间借贷为了提高利润而不断提高利率便产生了高利息民间借贷。如果就字面意思来看，只要存在于私人之间的借贷，不论是经营性还是非经营性的借贷行为都属于民间借贷，但现有的刑事法律规定和司法解释都将矛头对准了经营性高利放贷行为，并将非经营性高利放贷行为划归至民法和行政法的规范范畴。暂且不讨论非经营性高利放贷行为是否也涉及犯罪，但可以明确的是，高利放贷行为是一个触及多种法律的综合性违法犯罪行为，因此通过刑民双重视角考察对高利放贷行为的法律规制对于正确处理高利放贷行为具有积极意义，益于实现有重点地、有区分地、合理适当地规制高利放贷行为。

一、高利放贷行为的刑民界限探究

我国现今对高利放贷行为的规制存在较多的现实问题和法律问题，这些问题大多根源于没有正确认识高利放贷行为的内涵，没有明确区分刑法与民法、行政法的规制界限，从而造成罪责不一的矛盾现象。因此本书在既有理论和司法实践经验的基础上，通过类型化高利放贷行为的方式，探究高利放贷行为的刑民界限。

民间借贷行为在我国乃至全世界都有着悠久的历史，是一种传统的资金融通方式，虽然在各朝各代以及不同国家有着不同的名称，但在本质上都属于民间性质的资金流转，如今被统称为民间借贷。虽然很多规范性文件中都提到过"民间借贷"这一词汇，但作为一个规范性概念并没有被赋予一个完整规范的定义。1999 年最高人民法院曾在《关于如何确认公民与企业之间借贷行为效力问题的批复》中提到过"公民与非金融企业（以下简称企业）之间的借贷属于民间借贷。只要双方当事人意思表示真实即可认定有效"。但这一规定明显缩小了民间借贷的范围。结合司法实践与 2008 年最高人民法院颁布的《民事案件案由规定》第 77 条可知，民间借贷的内涵可以初步概括为：自然人之间、自然人与非金融企业或者其他组织之间的借贷关系。但这一定义只是在当时法律框架下审判规范角度的定义，不能体现当今社会中存在的民间借贷的真实含义。对于民间借贷的具体含义，浙江省高级人民法院和江苏省高级人民法院都曾经基于大量司法案例来归纳民间借贷的含义，但相较于审判规范层面下的定义，社会层面下的真实情况更为复杂。高利放贷行为衍生自民间借贷，要区分高利放贷行为的刑民界限，首先要对民间借贷行为的不同法律类别进行界定。

民间借贷存在多种表现形式，大体上可以分为合法借贷和非法借贷，合法借贷可以细分为民事借贷和商事信贷，非法借贷又可以细分为非法信贷、高利贷和非法集资类借贷。这些行为只要是涉及高利息放贷就属于本书讨论的高利放贷行为，厘清这些行为具体要被什么类型的法律进行规制，就要将民间借贷行为进行细致区分。

（一）民间合法借贷

民间借贷的设立是为了促进资金流通，推动经济发展，但法律推崇和保护的是合法的民间借贷行为。有学者主张以营利为标准将民间借贷行为划分为民事借贷和商事信贷，但还有学者认为应当将经营性考虑在内，从而能够标准化划分民间合法借贷行为。从借贷主体来看，民事借贷人通常不具有放贷业务资格，与借款人建立贷款关系主要是基于前期的信任关系，而商事信贷主体具有放贷业务资格，其客户主体主要是社会上不特定多数人，成立借款关系主要依据借款人客观的征信情况；从二者的放贷目的来看，民事借贷行为具有情感上的助益性和营利性，但不具有经营性质，而商事信贷的成立本身就是为了盈利，放贷者会在商业银行贷款利率的基础上提高利率，通过不断经营获取利益；从贷款合同形式来看，民事借贷大多为实践合同，合同只有在出借人交付钱款时成立，而商事合同属于诺成合同，形式较为规范，以签名或者盖印章作为合同成立的前提。除此之外，民事合同大多为短期贷款，担保要求较低，通常采取人保或者无担保形式，是一种形式简单的民间金融活动。商事信贷为了迎合社会不特定群体的不同要求，长期、中期、短期的贷款业务都较为齐备，而且具有较高的担保要求，通常要求借款人提供物保或人保，是一种专业形态的民间金融活动。即使是这二者在不同的角度有着不同的表现形式，但我国关于民间借贷的规范性法律文件中并不将二者进行区分，无论是"自然人之间"还是"公民与非金融企业或者其他组织之间"，只要有一方属于以长期经营贷款业务为手段实现营利的，即可认定为商事信贷，纳入商事行为范畴，例如，职业放贷个人、小额贷款公司、典当行和地下钱庄以及其他形式的商业性放贷。[1]例如，2008年颁布的《意见》中提到了4倍原则，即小额贷款公司本身属于以经营贷款业务为业的商法人，其发放贷款的行为属于商事信贷，却与民事借贷采用同等的"4倍规则"标准。由此可以看出，我国在立法和司法实践中将民事借贷与商事信贷混为一谈，没有考虑二者的区别，也没有根据不同的行为特征作出特别的规定，这也体现了我国"民商合一"的特性。但这样相当于违背了民间金融发展的规律，助长了民间借贷利率的推高，埋下了民间借贷危机的隐患。从金融监管角度来看，没有将二者置于同一标准之下，使得行政部门难以抓住规制重点进行有效监管，导致商事信贷处于金融监管之外的无监管状态。从利率角度来看，这也是推动民间借贷利率一路升高的主要原因之一。由于民事借贷注重前期信任进行贷款，不具有经营性质的民间借贷行为必然资金有限，因而个人与小额资金偏向进行民事借贷。虽然商事信贷的利率高于民事借贷，但中小型企业需要运转的资金数额较大，常常也拥有厂房、设备等不动产或动产可以进行担保，因此部分中小企业或者自然人在无法向银行或者民事借贷中获得足够资金时，会选择向非银行放贷人提供担保借入高息贷款。当中小企业无法偿还贷款，商事信贷人必然会行使担保权，导致中小企业遭受巨大的损失，甚至面临破产的风险。当中小企业征信较低、急需资金时，常常会求助于高利贷等其他类型的民间融资方式。高利贷往往不会考虑征信和担保问题，即使开出的利率大大高于商事信贷和民事借贷，急需用钱的中小企业或者自然人也都会选择高利贷款。起初这种现象可能并未引起足够的重视，

---

[1] 刘道云：《民间金融法律规制研究》，复旦大学2013年博士学位论文，第26页。

但随着类似案例不断增多，这种行为便会形成一种恶性循环，为非正常形态的民间金融的滋生演变提供了发展环境，同时推动着民间借贷利率的不断升高。

综上所述，我国不区分民事借贷和商事信贷的行为必然会带来严重的法律问题。若要规范化解这类问题，必然要将民事借贷与商事信贷的利率标准进行区分，降低商事信贷的最高利率，执行单独的利率标准，将民事借贷纳入民法规范的保护范畴，将商事信贷纳入行政法的规范的领域之内。

（二）民间非法借贷

民间非法借贷的三个主要表现形式是刑法学者关注的重点，主要包括非法信贷、高利贷和非法集资类借贷。

首先，非法信贷是指非法设立的组织机构以及不具有贷款资格的自然人、机构、组织，违反国家金融管理规定，未经许可经营贷款业务活动。非法信贷包括非法经营合法利率的放贷业务与非法经营高利贷。非法信贷业务的主体在未经过国家批准的前提下开展放贷业务，属于地下交易，这类交易游离于金融监管的范围之外，具有极大的社会危害性。除此之外，非法信贷还存在于合法设立的法人和组织中，例如，上市银行假借投资的名义变相向中小企业发放高利贷款或者利用自身优势开设委托贷款业务。其次，高利贷指具有贷款业务资格和不具有贷款业务资格的组织、机构或自然人实施的，违反国家金融管理秩序，贷款利率畸高的贷款活动。高利贷是高利放贷行为的一种形式，也是最古老的高利息贷款之一，这在全世界都是一个古老的法律问题。中国对高利贷的惩治措施自古以来都有，直至建国时期，由于经济发展缓慢，高利贷问题并没有过于显现。此后我国针对高利放贷行为采取了多种措施，从 2002 年开始便逐渐颁布专项整治文件，2019 年将高利放贷行为解释为非法经营罪。从这十余年颁发的文件和司法实践中可以看出，国家对打击高利放贷行为的重视以及打击范围的偏颇，国家专项打击的重点仅放在非法经营性质的高利贷上，即经营性高利放贷行为。本书上述提到的非经营性高利放贷行为未被官方入罪，相关犯罪行为的打击空白给高利放贷行为留下可乘之机，给将来的市场经济发展秩序留下隐患。最后，非法集资类借贷是一个综合性的问题。根据中国人民银行《关于取缔非法金融机构和非法金融业务活动中有关问题的通知》中对于非法集资的定义可知："非法集资是指单位或者个人未依照法定程序经有关部门批准，以发行股票、债券、彩票、投资基金证券或其他债权凭证的方式向社会公众筹集资金，并承诺在一定期限内以货币、实物或其他方式向出资人还本付息或给予回报的行为。……"犯罪行为的特征一般都会被隐含在定义中，非法集资行为的行为特征主要体现在三个方面，即未经监管部门的批准擅自向不特定社会公众集资；给投资的社会公众承诺不合理的回报；具有非法目的。非法集资主要可以分为债权、股权、商品营销、生产经营四类，结合其行为特征很明显属于违法犯罪行为。很多国家都对该类行为采取了民事和刑事措施，例如，美国加利福尼亚州的《加利福尼亚州民法典》就在效力上规定该类合同归于无效，在民事责任上放贷者须向债务人返还 3 倍高利贷金额，恶意违反利率限制构成犯罪的将会被判处 5 年徒刑或 1 年地方监禁。反观国内，我国并没有明确的关于非法借贷行为的认定标准，现有的法律制度并没有完全涉及对非法借贷的规制，打击力度还远远不够。

将民间借贷行为进行法律类别上的区分有利于梳理民间金融的理论研究脉络，完善我国有关民间借贷的法律规范，更好地保护民间借贷行为中合理合法的部分，规制民间借贷中的违法行为和严厉打击民间借贷中形成的犯罪行为。我国现存法律中并没有对民间借贷行为进行体系化分析与规范，只是对危害较重的部分进行"灭活"，相关规定过于简单，也没有将偶发性的民事借贷与经营性的商事信贷区分开来，采用同一种利率标准，存在提高后续民间贷款利率的风险。商事信贷作为民间合法借贷的重点部分，没有将其纳入金融监管范畴加以监督，很容易造成民间金融风险失控，进而扰乱市场经济秩序。当前法律对民间非法借贷的规制混乱，体系不够健全，且片面地针对非法集资类高利放贷行为，而忽略了其他类型的犯罪行为，导致打击力度不够，给民间非法借贷行为提供了可乘之机。将偶发性的民事借贷利率严格限制在民法规定的最高利率之下，由于该类行为不具有经常性，借贷双方之间通常具有情感基础，利用民法调整双方之间的争议与纠纷更加合适。经营性的商事信贷是应予重点支持的民间金融流通活动，我国应当将商事信贷纳入常规的金融管理范畴，利用行政法规保障商事信贷活动的有序开展，将隐蔽的、变相的商事信贷活动扼杀在摇篮之中，从根源上防控民间金融危机，降低风险发生的可能性。现如今我国对非法信贷和高利贷的重视程度不断提高，但通过司法解释的方式将高利贷纳入非法经营罪遭到很多学者的反对，另设新罪是当前系统化规制民间非法借贷行为的有效方式，也是理论学者和实践审判者中呼声最高的规制途径。本书也认为应当通过立法来规制高利放贷行为，即民间非法借贷行为的法律责任。通过民法、行政法和刑法的综合规制，针对高利放贷行为的不同情况分别采取相应的法律措施，不仅可以有效避免将不构成犯罪的偶发性的高利放贷行为归为犯罪，还可以避免将构成犯罪的高利放贷行为按照民事纠纷进行调节或者宣判。刑民交叉下的处理方式需要在明晰民间借贷行为中不同行为的特征的前提下发挥作用，不仅能够满足市场上经营主体的资金需求，缓和银行等金融机构的贷款压力，还能及时准确地防范民间借贷行为异化形式的出现，保障民间金融秩序和市场经济秩序。

二、刑民交叉视角下法律规范的建构

高利放贷问题是一个历史性的、世界范围内的问题。目前，我国仅有若干条文分散地规定了高利放贷行为，但根据前文分析可知，现有的法律条文并不足以规制我国社会经济中的高利放贷行为及其相关犯罪活动。而且，我国高利放贷活动发生率不断升高，衍生的恶性犯罪事件在司法实践中屡见不鲜，2016 年发生的"于欢案"更是引发了极大的社会争议。由此可知，高利放贷行为的体系化规制需求迫在眉睫，不能仅通过部分条文进行片面规制，也不能仅利用刑法严厉制约民间金融放贷行为，应当在正确分析民间金融放贷的行为特征的基础上综合运用法律规制。

追溯至 1952 年的最高人民法院《关于城市借贷超过几分为高利贷的解答》，作为新中国成立后最早提起高利放贷行为的官方文件，该文件认为即使超过当时的私人借贷利率（三分），只要双方基于自愿达成协议即可成立借贷关系，如果不存在其他非法情况，法律并不过多干涉。当时的最高人民法院认为在双方自愿的前提下并不存在高利贷，自然没有给予高利贷一个官方定义。及至 2002 年中国人民银行《关于取缔地下钱庄及打击高利贷行为的通知》曾试图界定高利贷，其第 2 条规定了："……民间个人借贷利率由借贷双方协商确定，但双方协商的利率不得超过中国人民银行公布的金融机构同期、同档次贷款利率（不含浮动）的 4 倍。超过上述标准的，应界定为高利借贷行为。"但这种定义并不全面，仅涉及民间个体之间的借贷行为，并没有涵盖不同主体之间的借贷行为。除此之外，江苏省高级人民法院曾颁布《关于当前宏观经济形势下依法妥善审理非金融机构借贷合同纠纷案件若干问题意见》，其第 8 条规定："出借人与借款人约定的借款利息计算标准超过银行同期同类贷款基准利率四倍的'高利贷'行为，对超过的部分的利息人民法院不予保护。借款人已经偿还的款项中包含超过按银行同期同类贷款基准利率四倍计算的利息的，根据借款人的主张，超过部分可冲抵本金。"但该规定也没有对高利贷作出一个完整的定义，仅是对官方文件的汇总解读。因此，我国现有官方文件缺乏对高利放贷行为的定义和认证标准。实践中，经营性高利放贷活动常常隐藏在"民间借贷"的合法外衣之下躲避信贷监管，商事信贷与民事借贷的同等对待不断推高民间借贷利率，恶化高利放贷行为对社会的不良影响。这一系列操作带来的社会危害前文已详述，此处不再赘言，从现行法律体系的规制不足之处以及异化的民间借贷行为带来的实际危害来看，可以十分确定构建新规制模式的重要性。为解决司法认定的困难，合理有效控制民间借贷活动的利率，必须开展反高利放贷的相关立法，从民商法、行政法和刑法角度设立商事信贷与高利放贷行为的认定标准，使民间借贷行为的合法部分与非法部分各得其所。

首先，从金融监管制度的实践规律来看，没有必要对所有类型的民间借贷行为进行全面规制。反高利放贷的立法要赋予银行监管机构对商事信贷的监管权力，放开非银行等金融机构进行民间借贷活动，打击非法经营性质的高利放贷活动，调控商事信贷的利率上限，严格限制民间利率的推高，偶发性的民事借贷可以参照民法典颁布的相关利率标准，并不需要多加规范。相较于正规金融机构，民事借贷和商事信贷作为一种辅助性民间互助金融形式对市场经济运转提供了现实补充，因此需要不断推进二者的合法化设计。对于异化形成的高利放贷行为并不是民法和行政法能够通过金融监管就足以控制的，需要利用刑法对其进行严厉惩处。反高利放贷立法的设立目的主要是保障民间金融机构对市场经济活动的资金补充，严厉打击异化的民间借贷活动，从而促进市场经济健康发展。

其次，反高利放贷立法中必须要明确的是对高利贷的认证标准，并界定商事行为的运行规则。明确高利贷的法律定义有助于保证规制措施的针对性，进而能够及时有效地消除民间借贷行为中的异化部分，同时保留对经济发展有利的民间借贷活动。这一工作的核心步骤便是划定法律许可的具有经营性质的商事信贷利率，将其与民事借贷利率中规定的"四倍利率"区分开来，将商事信贷的利率限制与银行同类贷款利率脱钩，严格限制商事信贷的最高利率。除了利率问题，还需要明确商事信贷的准入主体、运行规则和方式。

在实践中，未经法律承认的民间借贷活动参与者主要有企业主体与个人主体。就企业主体来说，企业的设立必须进行登记，因而非银行等金融机构的企业实施商事信贷活动并不难被调查，将其经营行为纳入经营性质的商事信贷也不困难。而非登记注册的个人和组织等商事信贷主体隐匿在社会之中，如何确保这些主体的行为能够合法，如何保障这些主体不会异化为高利放贷活动的主体却是个难题。因此，开放化地将个人、组织和企业认定为合法主体，将这些主体的信贷行为纳入市场活动范围，实现信贷行为透明化监管，更有助于市场监督主体加强对市场的监管和对法律的适用。

再次，要在反高利放贷立法中明晰监管机关的职责，敦促监管机关对民间借贷活动的监控。在商事信贷被准入市场后，作为民间金融的重要组成部分，应当规范监管机关行使监管职权的正当程序，明确监管机关违反职责的责任追究制度。在实践中我国曾尝试采用省级政府金融管理机构对小额贷款公司进行监管，但就现状来看，省级的监管力度难以有效实现商事信贷的规范经营和全面监管，无法有力识别变相的高利放贷活动。因此，建议在准许商事信贷活动合法化的基础上，建立由国家级的监管机构主导，并联合各级行政机关及金融管理部门和工商行政管理部门的联合监管模式，这样更符合民间商事信贷业务的企业和个人的放贷特点，在层级化的监管模式以及责任化的压力的推动下，有利于实现对民间金融活动的有效全面监管。

最后，反高利贷立法的核心主要是规制异化的民间借贷行为——高利放贷。将高利放贷行为纳入刑法规范范畴是本书的重点，高利放贷行为的危害性与现存司法解释的不符合性是高利放贷行为亟待解决的主要问题，司法实践中的高利放贷行为呈现出各种形式，纷繁复杂，刑法规制的无力与空白不断助长高利放贷活动者的嚣张气焰，构建体系化的反高利放贷立法迫在眉睫。就高利放贷角度而言，其类型主要呈现出三种递进模式：无组织无机构的高利放贷；有组织无机构的高利放贷；有组织有机构的高利放贷。第一种类型高利放贷者并不具备专业性，常常由个人或少数人组成，呈点状分布，规模较小。第二种类型虽然没有成立一个专门发放高利贷款的机构，但是人数规模较大，可以认为是一个犯罪团伙，不同的人在内部有着明确的分工，有计划地开展高利放贷活动。第三种类型的社会危害性相对来说最大，这类行为人常常会依托合法的寄售行、担保公司等掩盖非法放贷的目的与行踪，行为人的分工更加专业，组织性更强，资金雄厚，规模庞大，甚至有可能涉及黑恶势力。除此之外，这种高利放贷类型会导致一系列犯罪活动，包括高利转贷、集资诈骗、非法吸收公众存款等上游犯罪，以及暴力性的下游犯罪。虽然这三类高利放贷行为方式不同，但本质上都给社会带来了不良影响，应当共同纳入刑法规制的行列。从我国传统的立法结构来看，通过设置反高利放贷立法、规定合法的民间借贷标准、对相关利率作出具体明确的规定并指出实施放贷者应当承担的责任与监管机构的职责。对于构成犯罪的放贷行为，可以在刑法中对异化的民间借贷行为通过设立新的罪名进行具体规定，这一立法模式较为符合我国的立法习惯。

结合国外针对非法放贷者的认定标准和法律责任来看，并非所有的国家都直接采用刑法对非法放贷行为进行惩处，而是采用阶梯式的立法模式对其中部分情况作入罪处理。例如，日本在1954年出台的《利率限制法》第1条就对高利贷作出了三种限制，2003年出台的《出资法修改案》规定年息超过109.5%的自然人之间的借贷合同与年息超过29.2%的经营性合同都归于无效。韩国在2007年重新启用《信贷业务法》，明确规定借贷合同年利率要保持在40%以下，否则认定为高利贷。美国则给出了高利贷的认定标准——畸高的利率或利息总量过大，过分高于法律允许的范围。美国不同的州也都对借贷利息进行了规定，其中前文提到的加利福尼亚州对高利贷进行的阶梯式规定较为经典。因此，我国在规定民间借贷活动时，宜在将来的反高利放贷立法中明确高利贷的认定标准，虽然我国坚持"民商合一"的规范模式，但在规制民间借贷行为时应当将民事借贷与商事信贷进行区分。根据我国社会经济发展现状并参考国外成熟的相关经验，设定高利贷的入罪标准，并将利率作为阶梯式规制的重要参考标准。我国对于民间借贷利率进行了一系列限制和规定，从"两线三区"到"一年期LPR的4倍"，清晰地体现了降低民间借贷利率的官方态度。因此，建议将商事信贷年利率规定在12%左右，年利率在12%~36%之间定性为高利贷违法但不构成犯罪，利用民法和行政法进行管控，年利率超出36%的定性为高利贷犯罪，并在刑法中设立"高利放贷罪"进行规制，可以同时追究民事、行政和刑事责任。当然，刑法作为最后的保障应当秉持谨慎的态度，利率作为一个重要标准的同时也要考虑其他因素。"高利放贷罪"作为一种财产犯罪，应当考虑犯罪行为的数额和连续性，对于偶尔性的高利放贷行为和利息总量较小的高利借贷行为，即使利率达到犯罪标准也不应当认为构成犯罪。借贷双方即使没有约定借贷利率，仅约定在一定期限后给付总额过大的利息与本金也应当构成"高利放贷罪"。在该罪名的具体设定上，正如前所述，应当根据高利放贷行为的行为特征、利率、非法所得金额、行为性质、社会危害性、主观目的、行为手段以及其他具体情况进行考虑。对于涉及上下游犯罪的行为人与犯罪团伙应当数罪并罚，并且判处较重的罚金。

综上所述，通过设置反高利放贷立法，并保留了反对说学者的有益建议，能够更好地保留民间借贷行为的积极部分，发挥民间借贷在市场经济中的资金流通作用，拯救多数中小企业于危难之中。在刑法中新立"高利放贷罪"能够破除司法实践中无依无据的尴尬局面，消除学界对"非法经营罪"规制不足的质疑，也能够更好地践行罪刑法定原则。

三、刑民交叉视角下司法适用的厘定

在处理民间借贷活动上，实践与理论存在较大差别，不同于学术理论的观点分歧，司法实践需要明确的规定与思维逻辑，通过泛化的规定不断解决各种具有特殊性的具体问题。前述在申明本书的论点之上，通过设计更为明确的制度化规范以期为司法实践活动带来些许借鉴。偶发性的民事借贷在类型上包含在民间借贷活动中，但从法律规制上可以作为忽略不计的普通民事法律行为，重点关注的应当是经营性的商事信贷活动与异化性的高利放贷行为的制度设计。

（一）商事信贷的具体规制制度构建

（1）商事信贷法律监管的第一步也是最重要的一步，即主体准入制度。市场准入制度是指有关国家和政府准许公民和法人进入市场，从事生产经营活动的条件和程序规则的各种制度和规范的总称。也即国家对市场主体资格的确立、审核和确认的法律制度，包括市场主体资格的实体条件和取得主体资格的程序条件，其表现形式是国家通过立法，规定市场主体资格的条件及取得程序，并通过审批和登记程序执行。严格把控商事信贷的准入主体可以保证开展相关业务的主体具有较强的资信能力，能够依法有序地开展商事信贷活动，还能够通过层级分布直入基层，与地方政策结合惠及全国，缓和地方资金困难的窘状，助力"三农"问题的解决，推动非经济发达地区中小企业的发展，从而带动地方经济的崛起，满足社会经济发展对资金的需求。为了达成上述构想，商事性信贷主体准入制度要明确以下几个方面：

首先，要限定申请主体的最低注册金额。商事信贷活动主要以经营货币为主，不同于其他注册公司，资金拥有量是应当重点考察的一项，我国银监会在 2008 年发布的《意见》中提出小额贷款公司有限责任公司注册资本不得低于 500 万元，股份有限公司注册资本不得低于 1000 万元。黑龙江省人民政府根据此文件于 2018 年颁布了《小额贷款公司管理办法的通知》，并将有限责任公司注册资本的最低限额规定在 1000 万元，股份有限公司的注册资本最低限额规定在 2000 万元。上海市地方金融监督管理局在 2021 年根据银监会的文件精神颁布了《上海市小额贷款公司监督管理办法》，并再度提高小额贷款公司的注册资本，要求小额贷款公司的注册资本不得低于 1 亿元，并一次性缴纳。从这些地方性文件的颁布可以看出，随着我国经济的迅猛发展和国家总体经济实力的增强，十余年前的金额下限已经不再适用，适当提高商事信贷的注册资本不仅能够给职业放贷人和典当行这种小规模的放贷行业留出发展空间，分出借贷层次，与小额借贷公司和私人钱庄等大型放贷者作出区别，还能够更好地控制金融风险。但是我国幅员辽阔，不同地区的经济发展差距较大，本书认为商事信贷活动的准入资金可以在指定一个标准金额的基础上根据各地区的经济发展差异进行调整，相对发达的地区可以上调金额，相对欠发达的地区可以下调金额。根据层级分布以及银监会和不同地区的文件分析，本书构设职业放贷人的准入资本可以定在 300 万元；小额贷款公司中有限责任公司的注册资本最低限额为 1000 万元，股份有限公司注册资本最低限额为 2000 万元；私人钱庄注册资本最低限额为 5 亿元。

其次，准入主体要坚持宽严相济原则，适当放宽市场准入主体的组织形式但也要对申请主体进行背调。纵观世界各国的立法现状，放贷人组织呈现多样化，可以是法人、合伙、独资、个人等，我国的民间借贷形式也是纷繁复杂多种多样，只要不扰乱法律秩序的统一，应当允许多样化的形式存在。现如今，我国职业放贷人以个人与合伙为主，小额贷款公司主要以公司形式存在，私人钱庄多以股份有限公司的形式存在，社会规律推敲出的现有模式符合放贷行业的发展规律，法律应当尊重实践经验呈现出的结果。在放宽准入主体的同时，也要防范此举可能带来的不良后果，高利放贷行业作为一个高危行业，非常容易与违法犯罪行为联系在一起，因此要严格审查商事信贷行业的一些特殊人员，对公司高管、股东等人员进行背景调查，尽可能将不适格的主体挡在门外，特别是有犯罪前科的人员。这一问题并不是空穴来风，实际上很多国家对不同行业都有着不同的要求，例如，美国纽约州法律规定，申请放贷人牌照的必须经过复杂严格的背景审查，申请者必须提交详细的材料，包括从业经历、教育经历、民事诉讼记录、信贷历史记录、破产诉讼记录、犯罪记录等十一项。[1]目前大数据平台的广泛应用使得社会公众的个人信息不再是秘密，作为一把双刃剑，给社会公众隐私带来危机的同时也使得申请放贷资格的主体的信息无处遁逃，这为审查商事信贷主体资格提供了有利条件。

最后，要明确备案机关，商事信贷的主体是具有商事性质的行为主体，应当进行备案登记注册。考虑到商事信贷行业的特殊性，应当由各地政府进行专项负责，由政府内的金融管理部门和工商登记部门分别进行资格审查和注册登记，并根据当地的注册资本和相关规定进行具体的背景审查和注册登记。

（2）商事信贷的运行制度是推动商事信贷活动健康运行的关键。作为经营货币的活动，收取利息是必然的，在商事信贷活动中利息的界定是最重要的制度。从国外的次贷危机和经济危机中我们可以得到一个重要的经验，那就是对利率标准的控制是必要的。前述已经提到过建议将商事信贷的年利率限制在12%至36%之间，在执行该利率限制时应当严格掌控，不能突破利率上限。除此之外还要严格监控放贷人的业务范围，区域限制会将放贷者的放贷活动限制在某一地区内。在熟人社会中，能够充分发挥放贷者的亲缘、地缘和人缘的优势，同时放贷者的背景也较为简单、交易简单，可以节约大量时间成本和中介费用。但区域化会减小放贷活动的规模，很难持续发展。商事信贷本身相较于正规金融机构存在成本较低的优势，一旦交易规模受到限制，这一优势也难以凸显。实际上，限制跨区域经营是一个普遍性的难题，民间借贷和银行机构都不能幸免，这也是所谓的金融抑制。其理论核心是每个发展中国家的国内资本市场以及货币政策和财政政策是如何影响该市场运作的，把实际货币余额和物质资本的关系视作是互补的，即实际货币余额的增加将导致投资和总产出的增加。实际存贷款利率较低甚至出现负利率会导致实际货币余额较低，为了使政策对货币体系的实际规模产生实质性的影响，私人部门必须对实际贷款利率的变化保持敏感。所谓金融抑制就是指政府对

---

〔1〕　王宏：《中国国高利贷规制制度研究》，武汉大学2017年博士学位论文，第10页。

金融活动和金融体系的过多干预抑制了金融体系的发展，而金融体系的发展滞后又阻碍了经济的发展，从而造成了金融抑制和经济落后的恶性循环。区域化限制还会带来高风险，主要表现为区域集中度风险和客户集中度风险，即放贷人的经营范围如果被限制在某一个区域，其经营状况必然与当地的经济发展状况和中小企业经营情况捆绑在一起，当中小企业发展不佳，贷款风险也会急剧上升，为了规避此类风险，应当允许商事信贷的跨区域经营但又要严格把控尺度，否则又会因为竞争劣势、信息落后和地缘信息不足等情况产生新的风险。为了降低这种风险，银监会在 2006 年颁布了《城市商业银行异地分支机构管理办法》和 2009 年颁布了《关于中小商业银行分支机构市场准入政策的调整意见（试行）》，放松了银行跨区域经营的限制。其实，美国在 20 世纪 90 年代颁布的《麦克法登法》就规定了禁止银行和储贷协会跨洲经营，及至 1994 年美国国会通过的一项法案，即《里格-尼尔银行跨洲经营与跨州设立分支机构效率法》，取消了对银行在区域经营方面的限制并陈述了这一举措的有利之处。因此，本书认为要审慎地开放商事信贷行业的跨区域经营，不能一味禁止又不能完全放开。基本构想主要是对于职业放贷人和典当行这类小规模的放贷模式可以进行区域限制；对于小额贷款公司可以在某地区连续经营 5 年以上，近 3 年内无重大违规等限制性条件下，经省级政府金融管理部门允许的情况下，在省级区域内开展跨区域经营；私人钱庄在省内开展商事信贷业务连续经营 5 年以上，近 3 年内无重大违规等限制性条件下，经国务院金融管理部门批准可以跨省经营。而且，上述行为以及放贷人开展的每笔信贷都应当及时备案，不仅可以监管借贷利率还可以及时掌握经营状况。根据前述层级化的构思，商事信贷的备案机关应当经过行政授权的当地政府的金融管理部门，这一安排是较为合理与便捷的，通过金融部门对每一笔商事信贷进行备案登记、上报、公开，能够使得商事信贷活动更加透明，市场资金流动被政府监控，为国家金融管理部门提供风险管理数据，将市场经济发展引入一个良性循环。

（3）商事信贷主体退出机制的妥善构建是未来的发展趋势。具体来讲，商事信贷行业本身就具有较高的风险，商事信贷行业的破产、重组、整合在未来可能会经常发生，这些情况的出现就需要完善的市场退出机制进行调节。而且商事信贷主体具有开放性，是在民间资本的基础上形成的，为了使放贷主体能够有进有退的双向选择，建立退出机制是十分有必要的。从宏观上看，建立完善的退出机制是利率市场化改革的需要。利率市场化是指金融机构在货币市场经营融资的利率水平由市场供求来决定。它包括利率决定、利率传导、利率结构和利率管理的市场化。实际上，它就是将利率的决策权交给金融机构，由金融机构自己根据资金状况和对金融市场动向的判断来自主调节利率水平，最终形成以中央银行基准利率为基础，以货币市场利率为中介，由市场供求决定金融机构存贷款利率的市场利率体系和利率形成机制。我国在利率的管制上一直比较严格，自从 1996 年中国人民银行开始启动利率市场化改革，而后放开了我国的货币市场和债券市场利率、境内外币存贷款利率以及人民币贷款利率。目前我国仅对金融机构的人民币存款利率进行上限管理，存款利率管制的放手是风险最大也是最为关键的一项举措，相关配套制度的建立能够为利率市场化稳定持续发展保驾护航。商事信贷行业的退出机制作为市场利率化主体的配套机制将会给金融业改革带来极大的益处。因此应当建立完善妥当的商事信贷退出机制，在《破产法》中扩大其主体范围，将商事信贷主体纳入其中，与商事信贷的准入制度相互辉映，从而完整、系统地规范商事信贷行业的交易活动。

综上所述，商事信贷作为合法经营货币的非金融机构，应当建立严格完整的规范制度，准入制度、运行制度和退出机制，是规范商事信贷活动的配套规范，是推动商事信贷活动良性循环、持续发展的关键举措。具体而言，就是允许法人、合伙、独资、个人申请经营商事信贷活动，申请放贷牌照者必须提交教育经历、就业经历、民事诉讼记录、信贷历史记录、破产诉讼记录、犯罪记录等，并经过一位法官和两位市民审查后全部同意才能发放牌照。职业放贷人的准入资本可以定在 300 万元；小额贷款公司中有限责任公司的准入资本为 1000 万元，股份有限公司的准入资本为 2000 万元；私人钱庄的准入资本为 5 亿元。由政府内的金融管理部门和工商登记部门分别进行资格审查和注册登记。职业放贷人和典当行这类小规模的放贷模式可以进行区域限制；对于小额贷款公司可以在某地区连续经营 5 年以上，近 3 年内无重大违规等限制性条件下，经省级政府金融管理部门允许的情况下，在省级内开展跨区域经营；私人钱庄在省内开展商事信贷业务连续经营 5 年以上，近 3 年内无重大违规等限制性条件下，经国务院金融管理部门批准可以跨省经营。商事信贷活动者的放贷活动必须及时备案并且年利率限制在 12% 至 36% 之间。商事信贷业的破产、重组、合并等退出机制可以参照《企业破产法》。

（二）高利放贷的具体规制制度构建

合法的民间借贷可以通过法律规制释放积极信号，但异化的高利放贷行为会给社会经济发展带来严重危害，通过刑法禁止这些非法活动的开展不仅符合法理和情理，并且也是十分必要的。高利放贷不论是经营性与非经营性放贷行为给社会带来的危害，还是其衍生的上下游犯罪，以及《非法放贷意见》将高利放贷行为定性为非法经营罪的不妥，均在前文已经作过详细论述。考虑到高利放贷行为的危害性与特殊性，借鉴国内外地区和国家的成熟经验，本书认为应当对异化的民间借贷行为，即高利放贷设置单独的罪名，并构思完整的犯罪构成要件，以助司法实践在今后面对相关问题时能够有法可依，有理有据。

1. 增设"高利放贷罪"

该罪名的构想主要从两个角度出发：其一是高利放贷行为的种类，本书将高利放贷行为主要归为两大类并进行了大篇幅的论述，这二者之间的确存在本质上的区别。尽管非经营性质的放贷行为表面上不存在遍及社会的不良后果，但本质上也属于刑法所禁止的行为。非经营性高利放贷行为的刑法规制可以有条件地针对部分行为设置"暴利罪"，此处不再赘言。而经营性高利放贷行为的社会危害性较为普遍与显著，给社会带来的不良影响与不稳定因素不容忽视，因此"高利放贷罪"所包含的内容应当仅涵盖经营性质的高利放贷行为，而不包含非经营性质的。其二是"高利"二字，类似于日本对高利放贷行为的规制过程一直围绕着"高利"进行，在立法时应当明确对具有何种特征的行为进行规制，不论是"高利放贷"还是"高利贷"，都呈现了这一行为超越国家利率上限产生的货币交易，此类行为的危害也正是基于"高利"产生，所以在名称中要明确"高利"二字。若将"高利"二字替换成"非法"二字则略有不妥，非法是代表违反了国家的法律规定，并没有突出高利放贷行为真正引发社会矛盾的"高利"性质，而且"非法放贷罪"易与"非法经营罪"落得同一下场——在不断适用过程中沦为口袋罪名。

就"高利放贷罪"保护的法益而言，经营性的高利放贷行为侵害了多种法益，主要包括社会主义市场经济秩序、金融管理秩序、他人的人身和财产权益。我国《刑法》第三章主要规定了破坏社会主义市场经济秩序相关罪名，其下设的第四节，即"次层次"的同类客体即为金融管理秩序。尽管高利放贷行为侵害的法益还可能涉及他人的人身权益，但造成他人身权益损害的行为是索债时的暴力犯罪行为，而不是高利放贷行为本身，人身权益作为"高利放贷罪"的附随法益是刑法所保护的为某一具体犯罪可能侵害的法益，并不是只要存在高利放贷行为就一定会给受害人带来人身伤害。因此，作为附随法益的人身权益可以忽略不计，应当重点考虑社会主义市场经济秩序、金融管理秩序和他人的财产权益，尽管该章节没有完全涵盖"高利放贷罪"的保护法益，但主要法益与该章节重合，而且与上游犯罪规定的高利转贷罪在同一章节。因此，将"高利放贷罪"规定在《刑法》第三章第四节较为合适。

就"高利放贷罪"的罪状来看，可以参照最高人民法院、最高人民检察院、公安部、司法部颁布的《非法放贷意见》中对高利放贷行为的描述，即"违反国家规定，未经监管部门批准，或者超越经营范围，以营利为目的，经常性地向社会不特定对象发放贷款，扰乱金融市场秩序，情节严重的……"但本书认为"高利放贷罪"的罪状应当将重点放在"经营性"与"高利"上，去除"未经监管部门批准"和"或超越经营范围"这两个前置条件。因为高利放贷行为中的"高利"是有利率限制的，商事信贷虽然设置了较高利率，但仍是在法律允许的范围之内，可以说我国并不存在合法的经营性高利放贷活动，因此也就不存在批准或者监管问题，监管部门批准或者划定经营范围就意味着存在合法的经营性高利放贷活动，这就出现了规制目的与实际举措的矛盾之处。

就"高利放贷罪"的构成要件来看，应当从我国传统的四要件角度进行剖析。尽管现阶段犯罪构成理论颇多，但我国司法实践审理案件主要还是采用四要件体系。第一，犯罪客体要件主要是指刑法所保护而为犯罪所侵犯的社会主义社会关系。高利放贷行为侵犯的必然是前文详细阐述过的社会主义市场经济秩序、金融管理秩序、他人的财产权益以及附随的人身权益。第二，犯罪客观要件是指犯罪行为的具体表现。根据最高人民法院、最高人民检察院、公安部、司法部颁布的《非法放贷意见》来看，高利放贷行为的犯罪行为主要表现在违反国家规定，以营利为目的，经常性地向社会不特定对象发放高利贷款，扰乱金融市场秩序，情节严重的行为。第三，犯罪主体要件是指实施犯罪行为的人，包括自然人或单位。高利放贷的主体是一般主体，只要是达到刑事责任年龄，具备刑事责任能力的自然人均可构成本罪主体，根据高利转贷罪的规定可看出，在某些情形下，单位也可以构成高利放贷行为的主体。第四，犯罪主观要件是指犯罪主体对其实施的犯罪行为及其结果所具有的心理状态，包括故意或者过失。结合最高人民法院、最高人民检察院、公安部、司法部颁布的《非法放贷意见》以及司法实践经验分析，高利放贷行为的主体在主观方面必须是故意，并且在一般条件下应当具有营利目的。

就"高利放贷罪"的法定刑来看，不仅要考虑单独的罪名构成还要考虑罪刑体系的协调。首先，"高利放贷罪"保护的法益主要是市场经济秩序和金融秩序以及他人的财产权益，他人的人身权益鲜少涉及，而且主要是被高利放贷行为的衍生犯罪行为所侵犯，这种情况应当以其暴力行为涉及的法定刑进行惩处，刨去暴力性犯罪带来的伤害，"高利放贷罪"本身的法定刑不宜过高。其次，我国《刑法》第三章第四节部分的罪名大都采取拘役、有期徒刑或者罚金，有期徒刑大都划分 3 年、5 年、7 年、10 年这几个层次，与"高利放贷罪"最为接近的高利转贷罪的法定刑是"违法所得数额较大的，处三年以下有期徒刑或者拘役，并处违法所得一倍以上五倍以下罚金；数额巨大的，处三年以上七年以下有期徒刑，并处违法所得一倍以上五倍以下罚金。单位犯前款罪的，对单位判处罚金，并对其直接负责的主管人员和其他直接责任人员，处三年以下有期徒刑或者拘役"。高利转贷罪作为高利放贷行为的上游犯罪造成的危害结果相对较小，因此高利放贷行为在情节严重和情节特别严重上的量刑应当高于高利转贷罪。而且高利放贷行为是以发放高利贷为业，应当附加"没收全部财产"的规定。最后，纵观世界，大多国家和地区都对高利放贷行为进行了规定，国内外国家和地区成熟的法定刑标准可以成为我国立法的有益借鉴。就日本来看，20 世纪 70 年代左右，美国的提前消费理念席卷日本，在当地引发了高利借贷风潮，高利放贷的猖獗很快拖垮了日本的金融体系，并成为日本 21 世纪初最为严重的社会问题。随后日本将 1954 年颁布的《出资法》和 1983 年颁布的《贷金业法》合并为对高利放贷的"规制二法"，并在 1999 年、2003 年和 2006 年进行多次修改。[1]随着日本对相关法律的修改，相关利率和法定刑也在不断变化，现行《出资法》将职业放贷利率上限规定在 20%，个人放贷利率要控制在 109.5%，超出者自由刑最高不超过 10 年，罚金最高不超过 3000 万元，可并处或单处罚金。就美国来看，作为最大的资本主义国家之一，高利贷问题是不可避免的。美国独特的联邦

---

〔1〕 于佳佳：《刑法对高利贷的"打击点"——以日本法为比照的评析》，载《浙江学刊》2020年第 2 期，第 108 页。

制度使得他们针对高利贷问题分别从联邦层面和各州层面制定了相应的规制措施，并采用了刑民交叉的规制模式。联邦层面主要是通过《诈骗影响和腐败组织法》进行规制，将利率上限的立法权限下放给各州，民法上否认超出利率限制的法律关系，在刑法上对于超出利率上限 2 倍的，联邦将会收回违法债务并判决放贷人构成联邦重罪。[1]各州通过获得联邦授权制定利率上限，大都规定在 10%左右，并在联邦重罪之外针对高利放贷行为单独规定了刑罚。意大利是关注高利放贷问题相对最早的国家，早在 20 世纪 20 年代，意大利就面临了高利贷给金融市场带来的问题，并在各个部门法制定了规制方案。在《意大利刑法典》中第 644 条专门规定了高利放贷罪——"除第 643 条规定的情况外（643 条规定了欺诈的情形），以任何形式要求他人向自己或他人给付或者许诺高利贷性质的利息或其他好处，以作为对欠款或者其他利益借贷的报偿的，处以 1 年至 6 年有期徒刑和 600 万里拉至 3000 万里拉罚金。除共同参与第一款规定的犯罪的情况外，设法使某人获得一笔欠款或者其他利益并要求其向自己或者他人或者许诺给付高利贷性质的佣金报酬的，处以同样的刑罚。"[2]在《意大利民法典》中也规定了相关内容，例如，复利、法定利率、高额违约金和合同解除问题等等。除此之外，还在《意大利宪法》中规定了市场经济主体的"自由"与"义务"，为规制高利放贷行为提供了指引。20 世纪 90 年代，意大利又进行了修改，扩大了高利贷的范围，增加了"物的高利贷"，并设立了反高利贷预防基金，以避免中小企业走投无路被迫求助于高利贷。直至 2013 年意大利又出台了《规制高利贷和敲诈勒索以及解决债务危机产生问题的法令》，由此看出意大利对高利放贷行为的规制仍在不断完善。综上所述，我国对于高利放贷的规制也应重点考虑自由刑与财产刑两个方面，并参照高利转贷罪采用 3 年和 7 年两个标准进行划分；财产刑可以采用倍数罚金制划分两档，对于违法所得数额较大的，处违法所得 1 倍以上 5 倍以下罚金，数额巨大的，可没收全部财产。对于单位实施高利放贷犯罪行为的，可以依照高利转贷罪进行处罚。

　　综上所述，可以将"高利放贷罪"规定为："违反国家规定，以营利为目的，经常性地向社会不特定对象发放高利贷款，扰乱金融市场秩序，情节严

---

〔1〕　刘伟：《论民间高利贷的司法化犯罪化的不合理性》，载《法学》2011 年第 9 期，第 132 页。

〔2〕　黄风译注：《最新意大利刑法典》，法律出版社 2007 年版，第 192~193 页。

重的处三年以下有期徒刑或拘役，并处违法所得一倍以上五倍以下罚金；情节特别严重的，处三年以上七年以下有期徒刑，并没收全部财产。单位犯前罪的，对单位判处罚金，并对其直接负责的主管人员和其他直接责任人员，处三年以下有期徒刑或者拘役。"

2. 增设"暴利罪"

依照本书在非经营性高利放贷板块阐述的理由，我们可以将触犯刑法的非经营性的高利放贷行为特征归纳为三个方面：一是在以非法占有为目的的支配下侵犯他人的财产权；二是在借款人危困状态下发放高利息贷款牟取暴利；三是双方获取利益的不对等性加重了借贷人履行贷款的风险。因此，本书建议将非经营性高利放贷行为中符合犯罪条件的部分行为以"暴利罪"进行约束与规制。尽管这类罪行在我国属于新兴问题，但世界上很多国家和地区已经制定了成熟的规定来针对这种暴利行为。例如，德国、日本大都采用"暴利罪"这一名称。因此本书也建议将罪名定为"暴利罪"。

就"暴利罪"的法益而言，其保护的法益主要是借款人的整体财产权益。前文提到过整体财产是权利人具体财产的集合，包括权利人拥有的各种具有经济价值的物以及权利。在非经营性高利放贷交易双方中，借款人需要偿还远高于同期银行利率的高额利息，这部分过度支出的利息正是借款人损失的合法权益。不论是借款人偿还的本金、符合法定利率部分的利息还是超出法定利率的部分利息都来自借款人的整体财产。尽管我国刑事法律中的财产犯罪通常是针对个别财产的犯罪，但非经营性高利放贷这一拉高利率出借贷款的行为，事实上侵害了借款人的整体财产，这一点是不可否认的。因此，本书认为"暴利罪"保护的法益是借款人的整体财产权益。

就"暴利罪"的罪状而言，《德国刑法典》第 291 条规定："利用他人处于困境、缺乏经验、缺乏判断能力或严重的意志薄弱，让他人向自己或第三人就下列事项予以允诺：住房的出租或与此相关的从给付；提供信贷；其他给付；或上述给付之一的中介。"[1]由此可见，相关立法较为成熟的国家对交易过程中弱势方的交易地位和"重利"行为比较重视。本书认为应当在此基础上强调放贷人的牟取暴利的非法目的，即"行为人具有非法牟利的目的，违反国家规定，利用他人急迫、轻率、无经验、缺乏判断力或显然的意志薄

---

[1] 徐久生、庄敬华译：《德国刑法典》，中国方正出版社 2004 年版，第 141 页。

弱贷以金钱或其他物品，取得与原本显著不相当之重利的行为"。

就"暴利罪"的构成要件而言，仍应从我国传统四要件理论出发：第一，"暴利罪"的犯罪客体要件是指刑法所保护的，被非经营性高利放贷者实施的非法牟取暴利行为侵害的社会关系。第二，"暴利罪"的犯罪客观要件是指非经营性高利放贷者的具体表现。主要表现为前述罪状呈现的状况——行为人以非法牟利的目的，违反国家规定，利用他人急迫、轻率、无经验、缺乏判断力或显然的意志薄弱贷以金钱或其他物品，取得与原本显著不相当之重利的行为。第三，"暴利罪"犯罪主体同样作为高利放贷者应当等同于"高利放贷罪"的主体，即一般主体。第四，根据前述分析，"暴利罪"的主观方面应当是故意并具有牟利目的。

就"暴利罪"的法定刑而言，我国在针对非经营性高利放贷者牟取暴利犯罪中存在立法空白，但可以借鉴其他国家或地区的成熟立法来确定具体的量刑标准，例如前述提到的德国。《德国刑法典》第 291 条中对于暴力罪的法定刑规定了两个档次，即"允诺或给予财产利益，而该财产利益与给付或给付的中介显失公平的，处 3 年以下自由刑或罚金刑。数人作为给付人，中介人或以其他方式，共同造成全部财产利益与对待给付之间显失公平的，第一句的规定适用于每个为自己或第三人取得高额财产利益而利用他人处于困境或其他弱点的行为人。情节特别严重的，处 6 个月以上 10 年以下自由刑"。[1]"暴利罪"与"高利放贷罪"都源于高利放贷行为，都是通过发放高利贷款牟取高额利润。据上文分析，经营性质的高利放贷行为的社会危害性要远远高于非经营性高利放贷行为，因此"暴利罪"的法定刑刑期应当在"高利放贷罪"之下，但同为牟取暴利的犯罪行为应当处以同样的财产刑。由此可窥知暴利罪的法定刑应当规定 1 年有期徒刑和 3 年有期徒刑两个档次，并同时参照"高利放贷罪"处以两档财产刑，同时将"暴利罪"与"高利放贷罪"规定在同一章节。

综上所述，可以将"暴利罪"规定为："行为人具有非法牟利的目的，违反国家规定，利用他人急迫、轻率、无经验、缺乏判断力或显然的意志薄弱贷以金钱或其他物品，取得与原本显著不相当之重利的，情节严重的处 1 年以下有期徒刑或拘役，并处违法所得 1 倍以上 5 倍以下罚金；情节特别严重

[1]　徐久生、庄敬华译：《德国刑法典》，中国方正出版社 2004 年版，第 141 页。

的，处 1 年以上 3 年以下有期徒刑，并没收全部财产。单位犯前罪的，对单位判处罚金，并对其直接负责的主管人员和其他直接责任人员，处 3 年以下有期徒刑或者拘役。"

高利放贷行为自古以来就是国内外经济发展过程中产生的一种社会经济现象。高利放贷行为不仅是法学的研究对象，同时也是社会学和经济学的研究对象。纵观民间借贷的演进史，民间借贷产生伊始确实给社会经济发展带来了动力，在经济发展中发挥着积极意义。但随着生产力的不断发展，民间借贷逐渐分化出了高利放贷，这种现象不断引导经济发展走向恶性循环。在史学界和经济学界，对高利贷的负面看法曾经占据主导地位，而近年来这种看法有所改观。区别于这两种学说，本书从刑法学角度展开对民间借贷行为的分析，尤其是对异化的高利放贷行为的刑法规制。刑法学界与史学界和经济学界类似，有些学者关注高利放贷行为带来的社会危害，有些学者则关注高利放贷行为产生的促进资金流通的积极意义，因此众多学者对高利放贷行为的评价褒贬不一。正是因为史学界、经济学界和法学界的研究共同指出了民间借贷行为的双重影响，本书才要通过具体阐述将不同类型的民间借贷行为进行区分，避免不加区分地将所有民间借贷行为一律入罪。故而本书从高利放贷的中外制度演进、划分异化民间借贷类型、明确刑民交叉的规制立场合理确定规制高利放贷行为的限度，大力支持对合法民间借贷行为的鼓励与立法保护。

对高利放贷的概念以及一系列衍生概念进行界定是合理划分规制范围的必要前提，以避免过度规制合法的民间借贷行为。虽然高利放贷行为的核心关注点在于利率，但利率并非唯一的判断标准，而且并非高利率的借贷都属于高利贷。在明晰高利放贷的相关概念时，应当区分商事信贷与高利放贷，经营性高利放贷与非经营性高利放贷，通过以利率为主要标准并辅以其他条件划分出不同的借贷类型，再分别予以规制或规范。普通的偶发性的高利借贷行为仅存在于有情感基础的个人之间，偶尔的高利息借款并不会给社会带来影响，因此这一行为属于合法的自愿借贷行为，法律无权禁止。商事信贷是本书倡导的应当大力支持的民间借贷活动，尽管商事信贷的利率高于一般金融机构的贷款利率，但该利率是严格限制在法律允许的范围之内的。商事借贷机构作为降低金融机构放贷压力，缓解中小企业资金压力的辅助性贷款机构，给市场经济的流通带来了莫大的积极意义。应当通过立法严格限制商事信贷的市场准入条件，规范运行规则，建立健全商事信贷行业的退出机制，这一举措不仅能够利用民间借贷行为的积极作用推动社会主义市场经济的发展，还能够与高利放贷行为划分界线。经营性高利放贷与非经营性高利放贷是高利放贷行为最主要的两大类型。经营性高利放贷行为侵害了市场经济秩序、金融管理秩序、他人的财产权益甚至连带人身权益，也给社会安全带来了极大的不安定性，给市场经济带来了极大的不稳定性。将经营性高利放贷行为以非法经营罪论处，虽然在法律解释层面尚且行得通，但深层次探析可知，高利放贷行为的犯罪要件与罪质与非法经营罪格格不入。为了避免非法经营罪陷入"口袋罪"之嫌，同时确保对高利放贷行为进行准确、合理的规制，本书建议设立"高利放贷罪"合理限定经营性高利放贷行为的处罚范围，并明确具体的法定刑。非经营性高利放贷行为由于其缺乏对外经营特性，并没有侵害到我国的金融管理秩序和市场经济秩序，而是对国民整体财产的侵犯。鉴于我国刑法中规定的财产犯罪都是针对个别财产，非经营性高利放贷行为无法借助司法解释入罪。能否通过立法的方式对其进行规制是法学学者们最大的争议焦点，有些学者基于契约自由的角度认为将非法经营性高利放贷行为入罪是对社会公众自由交易的过度干涉。但根据前文的具体论述，本书认为非经营性高利放贷行为的社会危害性虽然小于经营性高利放贷行为，但放贷者本身就携带着非法占有的目的，并借用自身在交易中的优势地位支配着契约内容的形成。因此非经营性高利放贷交易不应被认定为契约自由的体现，而是放贷者牟取暴利的手段，因此应当在刑法中设立"暴利罪"对非经营性高利放贷行为进行规制。

高利放贷行为大概率会衍生的暴力性犯罪主要存在于获取资金阶段和索债阶段，获取高利贷资金行为的刑法规制，主要是数罪并罚的问题。而索债阶段的暴力行为要考察索取金额的范围问题，如果索债金额在合理范围内，仅评价该行为采取的手段，不评价行为目的；如果超出了合理范围，应当同时评价行为的目的和手段。套路贷并不是独立的犯罪行为，其属于高利放贷行为的异化形态，应当根据具体的罪刑条款进行评价与惩治。

高利放贷与经济生活紧密相随，能够合理利用民间借贷的积极部分推动经济发展，规制民间借贷的异化部分（高利放贷），以降低其对经济社会秩序的危害是本书撰写的初衷，通过本书的阐述与建议，期望能够给我国对于民间借贷与高利放贷相关研究带来些许价值，为其他学者提供一些灵感。

整体而言，高利放贷行为是存在了几千年的经济现象，这一现象不仅是法学研究对象还是经济学、历史学和金融学的研究对象，自古以来就存在诸多争议。有息借贷产生之初是出于善意与帮助，但随着社会经济的发展，金钱观逐渐成为主流，有息借贷的利息不断升高，不论是古代的多数学者还是现代的学者们，大都认为高利放贷行为会对社会产生极大的弊端，但近年来也有学者认为高利放贷行为在特殊时期也发挥着积极作用。不同于其他学科，从刑法学角度而言，研究高利放贷行为的目的是能够准确规制高利放贷的立场与方式，协同经济学、历史学与金融学对高利放贷的不同观点与不同角度进行研究，本书致力于避免不加区分一律入罪的简单立场，尝试从划定高利放贷行为的范围（经营性与非经营性）、明确规制立场及具体规制方式上提出规制高利放贷行为的具体建议。

明晰高利放贷行为的本质概念是认识高利放贷的基础，是划定规制领域的前提。本书提出的合理规范高利放贷行为的范围是指刑法介入范围，以此避免干扰正常民间借贷的有效运行。顾名思义，高利放贷的核心是高利率，但并非涉及高额利率的放贷行为就是本书提出的高利贷，因此在界定高利贷的概念时应当注意区分正常民间借贷—非经营性高利放贷—经营性高利放贷三者的关系。为了保证立法的规范性与司法的准确性，根据相关司法解释的规定，借贷利率超出当前无效利息界限即可认定为高利息。

刑法规制立场是指导评价高利放贷行为的理论基础。本书通过解析域外国家与地区对高利放贷的历史态度，发现大多学者认可高利放贷行为的违法性与可罚性，域外国家与地区的立法也是如此。但我国面对高利放贷行为的规制方式却存在较大争议，甚至存在不同流派，由于这些争议混淆了法益侵害性和社会危害性的不同，导致当前对于刑法是否应当介入高利放贷行为，一直未能形成明确的参考标准。本书认为要想明确高利放贷行为的具体属性，应当先坚持三个基本立场：区分经营性高利放贷行为与非经营性高利放贷行为；区分高利放贷行为本身与伴生行为；区分高利放贷行为的立法评价与司法评价。其中对高利放贷行为的经营性与非经营性的区分是本书的重点。

经营性高利放贷行为是规制重点，其主要侵害了我国的金融市场经济秩序与经济安全。当前我国针对经营性高利放贷行为也提出了针对方案——以非法经营罪论处，但经过本文前述分析可知，虽然在法律解释层面这一措施存在正当性与合理性，但这一罪名不能完全规制经营性高利放贷行为，而且前置法也很难独当一面。为了防止"兜底条款"规制经营性高利放贷行为可能产生的弊端，区分前置法违法与刑事违法，通过利益衡量合理限定经营性高利放贷行为的处罚范围尤为重要。

非经营性高利放贷行为虽然没有侵害金融管理秩序与安全，但这一行为侵害了国民的整体财产权益。当前我国对高利放贷行为的规制重心主要放在经营性高利放贷行为上，非经营性高利放贷行为在立法与司法上皆是一片空白。鉴于我国刑法规定的财产犯罪是针对个别财产的犯罪，因此非经营性高利放贷行为很难司法入罪。但本书讨论的关键是能否通过立法的方式将非经营性高利放贷行为入罪。对此，有学者从契约自由角度出发，认为刑法规制非经营性高利放贷行为属于过度干涉，但本书前述曾针对这一观点提出过：契约自由必须建立在双方地位实质平等的基础上，并且契约自由要求双方必须实现共同利益。反观非经营性高利放贷行为，表面上是你情我愿的借贷交易，放贷者仅是基于"时间理论"获取自己应得的利息，而高额利息也是商议的结果。但通过深度剖析非经营性高利放贷行为的交易关系来看，通常情况下是放贷者利用自己的经济优势支配着契约内容的形成，因此这一契约仅实现了放贷人的利益，并没有实现利益共生。因此认为非经营性高利放贷行为体现了契约自由显然是不合适的。同时考虑到前置法不能有效规制非经营性高利放贷行为，因此本书建议增设"暴利罪"来规制非经营性高利放贷行为。

除此之外，高利放贷行为带来的一系列伴生行为无法忽视。主要包括获取资金的前行为、私力索债行为以及套路贷、校园贷等各种由高利贷引发的行为，其中通常涉及数罪并罚问题。对于放贷者私力实现高利贷的行为，原则上仅评价手段行为即可，当索取高利贷的金额范围超出了合理范围，就应当同时评价行为人的手段与目的。对于套路贷的评价不应独立看待，而应当将其作为高利放贷的伴生行为，结合具体条款进行刑法评价。

参考文献

一、书籍

（一）国内书籍

1. 《古兰经》。

2. 《管子·轻重丁》。

3. 《圣经繁体中文和合本》，中国传教士大会 1919 年版。

4. 《管子·山国轨》。

5. 《汉书·王子侯表》，出自《二十四史》，光明日报出版社 2018 年版。

6. （汉）班固：《汉书食货志》，光明日报出版社 2018 年版。

7. （元）脱脱、阿图鲁：《宋史》，光明日报出版社 2018 年版。

8. 《宋刑统》（第 26 卷），薛梅卿 点校，法律出版社 1999 年版。

9. （唐）长孙无忌等：《唐律疏议》，袁文兴、袁超注译，甘肃人民出版社 2017 年版。

10. （北齐）魏收《魏书·释老志》，光明日报出版社 2018 年版。

11. 《中华传世法典：大明律》，怀效锋点校，法律出版社 1999 年版。

12. 《大清律例》（第 14 卷），陈颐点校，法律出版社 2022 年版。

13. 徐正英、常佩雨译注：《周礼》，中华书局 2014 年版。

14. 姚遂主编：《中国金融史》，高等教育出版社 2007 年版。

15. 刘秋根：《明清高利贷资本》，社会科学文献出版社 2000 年版。

16. 严中平等编著：《中国近代经济史统计资料选辑》，科学出版社 1955 年版。

17. 涂世虹主编：《中国法制通史》（第 2 卷），法律出版社 1999 年版。

18. 韩玉林主编：《中国法制通史》（第 6 卷），法律出版社 1999 年版。

19. 中央档案馆编：《中共中央文件选集（1942–1944）》，中共中央党校出版社 1980 年版。

20. 薛军：《批判民法学的理论建构》，北京大学出版社 2012 年版。

21. 颜鹏飞主编：《西方经济思想史》，中国经济出版社 2010 年版。

22. 岳彩申、张晓东主编：《民间高利贷规制的困境与出路》，法律出版社 2014 年版。

23. 黄仲夫：《刑法精义》，犁斋社有限公司 2016 年版。

24. 刘隆亨：《银行金融法学》，北京大学出版社 2005 年版。

25. 高铭暄、马克昌主编：《刑法学》，北京大学出版社、高等教育出版社 2011 年版。

26. 陈正云主编：《金融犯罪透视》，中国法制出版社 1995 年版。

27. 邓小俊：《民间借贷中金融风险的刑法规制》，中国人民公安大学出版社 2016 年版。

28. 最高人民法院刑事审判庭编：《刑事审判参考》（总第 69 集），法律出版社 2009 年版。

29. 王仲文：《私有财产权的行政法保护研究》，人民出版社 2009 年版。

30. 王泽鉴主编：《债法原理》，北京大学出版社 2013 年版。

31. 王明星：《刑法谦抑精神研究》，中国人民公安大学出版社 2005 版。

32. 张明楷主编：《刑法学》（第 6 版），法律出版社 2021 年版。

33. 高铭暄、马克昌主编：《刑法学》，北京大学出版社、高等教育出版社 2016 年版。

34. 王钢：《德国判例刑法（分则）》，北京大学出版社 2016 年版。

35. 赵廉慧：《财产权的概念——从契约的视角分析》，知识产权出版社 2005 年版。

36. 王安异：《非法经营罪适用问题研究》，中国法制出版社 2018 年版。

37. 李坤轩：《法治政府理论热点与实践进路研究》，人民出版社 2023 年版。

38. 马玉丽：《地方政府向社会组织购买公共服务研究》，人民出版社 2022 年版。

39. 孙森焱：《民法债编总论》，法律出版社 2006 年版。

40. 张旭昆编：《西方经济思想史 18 讲》，上海人民出版社 2007 年版。

（二）国外书籍

1. ［英］爱德华滋：《汉穆拉比法典》，沈大銈译，中国政法大学出版社 2005 年版。

2. ［古希腊］亚里士多德：《政治学》，吾寿彭译，商务出版社 1965 年版。

3. ［法］菲利普·阿利埃斯、乔治·杜比：《私人生活史Ⅰ：古代人的私生活》，李群等译，三环出版社、北方文艺出版社 2007 年版。

4. 黄风译注：《最新意大利刑法典》，中国人民政法大学出版社 1998 版。

5. 徐久生译：《瑞士联邦刑法典》，中国法制出版社 1999 年版。

6. 徐久生、庄敬华译：《德国刑法典》，中国法制出版社 2000 版。

7. ［美］詹姆斯·W. 汤普逊：《中世纪晚期欧洲经济社会史》，徐家玲等译，商务印书馆 1992 年版。

8. 中共中央马克思恩格斯列宁斯大林著作编译局编：《资本论》（第 3 卷），人民出版社 2004 年版。

9. ［德］本德·吕特斯、阿斯特丽德·施塔德勒：《德国民法总论》，于馨淼、张姝译，法律出版社 2017 年版。

10. ［美］迈克尔·J. 桑德尔：《自由主义与正义的局限》，万俊人等译，译林出版社 2011 年版。

11. ［德］奥托·基尔克:《私法的社会任务》,刘志扬、张小丹译,中国法制出版社 2017 年版。

12. ［日］山本敬三:《民法讲义Ⅰ》,解亘译,北京大学出版社 2012 年版。

13. ［日］平野龙一:《刑法的机能的考察》,有斐阁 1984 年版。

14. ［美］道格拉斯·胡萨克:《过罪化及刑法的限制》,中国法制出版社 2015 年版。

15. ［日］西田典之:《日本刑法各论》,王昭武、刘明祥译,法律出版社 2020 年版。

16. ［德］卡尔·拉伦茨:《德国民法通论》,王晓晔、邵建东等译,法律出版社 2013 年版。

17. Norman P. Tanner, *Decrees of the Ecumenical Councils*, *Vol. I*.

18. Roy C. Cave, Herbert H. Coulson, *A Source Book for Medieval Economic History*.

19. John T. Noonan, *The Scholastic Analysis of Usury*.

20. Trebilcock, *The Limits of Freedom of Contract*, Harvard University Press, 1993.

二、法律规定

1. 《外汇管理条例》。

2. 《出版管理条例》。

3. 《关于办理赌博刑事案件具体应用法律若干问题的解释》。

4. 《关于办理危害食品安全刑事案件适用法律若干问题的解释》。

三、案例

1. ［2020］云刑终 431 号。

2. ［2021］云刑终 56 号。

3. ［2019］内 01 刑终 152 号。

4. ［2020］鲁 08 刑终 373 号。

5. ［2021］黔 23 刑终 102 号。

6. ［2020］云 06 刑终 537 号。

7. ［2021］晋 07 刑终 58 号。

8. ［2020］鄂 09 刑终 255 号。

9. ［2022］皖 18 民终 1245 号。

10. ［2023］辽 06 民终 165 号。

11. ［2003］汉刑初字第 711 号。

12. ［2014］浙杭刑初字第 112 号。

四、文章

（一）国内文献

1. 刘秋根：《元代官营高利贷资本述论》，载《文史哲》1991 年第 3 期。

2. 马少彪：《伊斯兰法文化中禁止高利贷与鼓励善贷理念之探析》，载《中国穆斯林》2009 年第 5 期。

3. 林毅夫、孙希芳：《信息、非正规金融与中小企业融资》，载《经济研究》2005 年第 7 期。

4. 李腾：《论民间高利贷不应司法犯罪化》，载《法学杂志》2017 年第 1 期。

5. 龙登高等：《高利贷的前世今生》，载《思想战线》2014 年第 4 期。

6. 邱兴隆：《民间高利贷的泛刑法分析》，载《现代法学》2012 年第 1 期。

7. 岳彩申：《民间借贷规制的重点及立法建议》，载《中国法学》2011 年第 5 期。

8. 刘道云：《民间借贷的法律类别及其区分意义》，载《新金融》2013 年第 1 期。

9. 张忠民：《前近代中国社会的高利贷与社会再生产》，载《中国经济史研究》1992 年第 3 期。

10. 刘宪权：《中国刑法发展的时代脉动——97 刑法颁布实施 20 年的刑事法治纵览与展望》，载《法学》2017 年第 5 期。

11. 吕如龙、冯兴元：《"高利贷"的问题及其对策》，载《学术界》2017 年第 9 期。

12. 陶建平：《高利贷行为刑事规制层次论析》，载《法学》2018 年第 5 期。

13. 朱和庆等：《〈关于办理非法放贷刑事案件若干问题的意见〉的理解与适用》，载《人民司法》2019 年第 34 期。

14. 李朝民：《利息本质的再探讨：利息贡献奖赏论》，载《西安交通大学学报（社会科学版）》2009 年第 1 期。

15. 吴强、吴世绿：《论利息的本质和利率水平的决定因素》，载《广西农村金融研究》1992 年第 3 期。

16. 章红兵等：《民间融资、高利贷行为识别和商业银行风险防范措施探析》，载《浙江金融》2012 年第 10 期。

17. 赵秉志、李昊翰：《民间放高利贷行为入罪问题探讨》，载《河南大学学报（社会科学版）》2020 年第 2 期。

18. 茅于轼：《重新认识高利贷》，载《农村金融研究》2006 年第 9 期。

19. 高石钢：《高利贷的概念界定与历史作用的评价问题之我见》，载《宁夏社会科学》2017 年第 2 期。

20. 朱海就：《高利贷的理论依据》，载《浙江金融》2012 年第 8 期。

21. 张瀛、冀延卿：《马克思的生息资本理论与民间高利息率借贷》，载《经济经纬》1999年第6期。

22. 冯国波：《高利贷行为的刑法规制》，华东政法大学2020年博士学位论文。

23. 郭芳、施建表：《疯狂的高利：贷浙江地下融资组织化扩张调查》，载《中国经济周刊》2011年第27期。

24. 杨中旭、袁满：《温州钱殇（下篇）·破解致命链条》，载《财经》2011年第24期。

25. 陆青：《试论意大利法上的高利贷规制及其借鉴意义》，载《西安电子科技大学学报（社会科学版）》2013年第1期。

26. 潘为：《非金融机构贷款人法律制度研究——以疏导民间借贷为视角》，吉林大学2012年博士学位论文。

27. 陈庆安、罗开卷：《民间高利贷刑法规制的困境与路径选择》，载《广东社会科学》2015年第4期。

28. 邱兴隆：《民间高利贷的泛刑法分析》，载《现代法学》2012年第1期。

29. 刘文晖：《高利贷是否应当入刑》，载《检察日报》2014年11月19日。

30. 吴高飞：《犯罪的二次陛违法理论再探究》，载《河南公安高等专科学校学报》2008年第3期。

31. 李兆阳：《犯罪对于私法"二次违法性"之批判》，载《中国刑警学院学报》2018年第4期。

32. 焦旭鹏：《现代刑法的风险转向——兼评中国当下的刑法观》，载《西南民族大学学报（人文社科版）》2018年第12期。

33. 江奥立、杨兴培：《犯罪二次性违法特征的理论与实践再探讨》，载《江汉学术》2016年第5期。

34. 刘伟：《民法典语境下高利贷刑法规制路径的反思与重构》，载《东南大学学报（哲学社会科学版）》2020年第3期。

35. 刘伟：《论民间高利贷的司法犯罪化的不合理性》，载《法学》2011年第9期。

36. 李腾：《论民间高利贷不应司法犯罪化》，载《法学杂志》2017年第1期。

37. 王志祥、韩雪：《论高利放贷行为的刑法命运》，载《法治研究》2015年第5期。

38. 秦正发：《高利贷的刑法规制研究》，西南财经大学2014年博士学位论文。

39. 共偌馨、秦夕雅：《互联网金融"野蛮生长"的休止符》，载《第一财经日报》2016年1月29日。

40. 资琳：《契约法基本制度的正当性论证——一种以主体为基点的研究》，载《环球法律评论》2009年第6期。

41. 杨兴培：《刑民交叉案件中"先刑观念"的反思与批评》，载《法治研究》2014年第9期。

42. 周光权：《积极刑法立法观在中国的确立》，载《法学研究》2016 年第 4 期。

43. 付立庆：《论积极主义刑法观》，载《政法论坛》2019 年第 1 期。

44. 袁继红：《隐性高利贷纠纷司法调解的法理分析》，载《社会科学战线》2014 年第 9 期。

45. 周锋荣、王文红：《对隐性高利贷不可掉以轻心》，载《中国县域经济报》2004 年 5 月 8 日。

46. 张小宁：《经济刑法机能的重塑：从管制主义迈向自治主义》，载《法学评论》2019 年第 1 期。

47. 蓝学友：《互联网环境中金融犯罪的秩序法益：从主体性法益观到主体间性法益观》，载《中国法律评论》2020 年第 2 期。

48. 赵长青：《民间高利贷不宜认定为非法经营罪》，载《检察日报》2012 年 4 月 25 日。

49. 李玉雪：《论合同自由的限制》，载《法制与社会发展》2001 年第 4 期。

50. 胡学相、蔡若夫：《论牟取暴利行为的刑法规制》，载《贵州社会科学》2014 年第 7 期。

51. 张惠芳：《高利转贷罪有关问题浅析》，载《河北法学》2000 年第 1 期。

52. 张明楷：《催收非法债务罪的另类解释》，载《政法论坛》2022 年第 2 期。

53. 张明楷：《不能以"套路贷"概念取代犯罪构成》，载《人民法院报》2019 年 10 月 10 日。

54. 孙丽娟、孟庆华：《"套路贷"相关罪名及法律适用解析》，载《犯罪研究》2018 年第 1 期。

55. 李伟：《"套路贷"的套路、危害与治理》，载《人民法治》2018 年第 7 期。

56. 黄京平：《恶势力及其软暴力犯罪探微》，载《中国刑事法杂志》2018 年 3 期。

57. 赵秉志、李昊瀚：《民间放高利贷行为入罪问题探讨》，载《河南大学学报（社会科学版）》2020 年第 2 期。

58. 张勇：《高利贷行为的刑法规制》，载《江西社会科学》2017 年第 7 期。

59. 郑孟状、薛志才：《论放高利贷行为》，载《中外法学》1992 年第 3 期。

60. 周铭川：《论刑法中高利贷及其刑事可罚性》，载《法治研究》2018 年第 4 期。

61. 胡斌勇、马翔宇、沈安俊：《浅议高利贷活动的刑法规制及犯罪侦查》，载《上海公安高等专科学校学报》2011 年第 6 期。

62. 潘庸鲁、周莛：《民间借贷、高利贷与非法发放贷款疑难问题探究——兼对"非法发放贷款"入罪观点之批驳》，载《金融理论与实践》2012 年第 1 期。

63. 王志祥、韩雪：《论高利放贷行为的刑法命运》，载《法治研究》2015 年第 5 期。

64. 王绍旺：《论民间高利贷域外法律规制及其对我国的法律启示》，载《求索》2012 年第 2 期。

65. 陈兴良：《论发放高利贷罪及其刑事责任》，载《政法学刊》1990 年第 2 期。

66. 徐德等：《民间放高利贷行为入罪问题探讨》，载《河南大学学报（社会科学版）》2020 年第 2 期。

67. 杨怡敏：《中日高利贷比较与法律控制》，载《前沿》2011 年第 6 期。

68. 郭浩：《民间高利贷行为的刑法双向规制——基于刑事法网扩张与限缩的分析》，载《刑事法评论》2018 年第 1 期。

69. 高志雄：《增设"职业放高利贷罪"确有必要》，载《人民检察》2005 年第 18 期。

70. 刘道云：《民间金融法律规制研究》，复旦大学 2013 年博士学位论文。

71. 王宏：《中国高利贷规制制度研究》，武汉大学 2017 年博士学位论文。

72. 于佳佳：《刑法对高利贷的"打击点"——以日本法为比照的评析》，载《浙江学刊》2020 年第 2 期。

（二）国外文献

1. Norman P. Tanner, S. J. , "Decrees of the Ecumenical Councils", *Sheed&Wardand Georgetown University Press*.

2. Norman P. Tanner, "Decrees of the Ecumenical Councils", Vol. I, p. 200, canon13；COD, p. 176, canon13.

3. KindhGuser, Neumann, Paeffgen, Strafgesetzbuch , Band 2, 3. Aufl. , 2010, 291, Rn. 6.

4. Frank, RStGB, 18. Aufl. 1931, 302a Anm. I；IV 转引自 Scheffler, a. a. O. , S. 4.

5. Walter S. Hilborn, "The Small Loan Act", *American Bar Association Joural*, vol. 19, April 1993, pp. 215.